Super ET

Dello stesso autore nel catalogo Einaudi

Dannati e leggeri
Dove abitano le emozioni (con M. Botta e G. Zois)
La ragione dei sentimenti
Naufragi
Sull'amore

Paolo Crepet

La gioia di educare

Non siamo capaci di ascoltarli
Voi, noi
I figli non crescono piú

Con una nuova prefazione dell'autore

Einaudi

I testi sono stati in precedenza singolarmente pubblicati come segue:

Non siamo capaci di ascoltarli. Riflessioni sull'infanzia e l'adolescenza

Voi, noi. Sull'indifferenza di giovani e adulti

I figli non crescono piú

www.einaudi.it

ISBN 978-88-06-19497-0

Prefazione all'edizione tascabile

Per un autore, l'occasione di rieditare un proprio libro è una festa. Significa, innanzitutto, un atto di fiducia e un riconoscimento da parte dei lettori.

Per me, questa volta, è qualcosa di piú.

Scrissi *Non siamo capaci di ascoltarli* quasi dieci anni fa e non avrei mai pensato che poi sarebbe stato pubblicato *Voi, noi* e, ancora qualche anno piú tardi, *I figli non crescono piú*. Nascono, tutti e tre i libri, dalla stessa esigenza, quella di raccontare un'Italia vissuta da una conferenza a un'altra, da una piazza a una scuola, da un municipio a un'associazione. Dall'ascolto della gente, delle persone da cui ho avuto il privilegio di imparare a conoscere aspettative, dubbi, speranze, tormenti. Una grande forza che mi ha spinto a continuare a proporre idee e provocazioni, a confrontare la mia con la loro indignazione per ciò che, assieme, temiamo.

Questi tre libri, che ora giustamente vengono raccolti come fossero capitoli di una stessa opera, parlano di un'unica, grande e dimenticata questione: l'emergenza educativa. Dieci anni fa forse non avrei usato il termine «emergenza», ma questo tempo trascorso mi costringe a riflettere su quanto poco le istituzioni e i cittadini si siano interessati a ciò che si dovrebbe ritenere nodo cruciale per la crescita di una nazione.

Non si tratta, infatti, solo di un aspetto, come qualcuno vorrebbe far credere, strettamente pedagogico, già di per se stesso drammatico, come è illustrato soltanto dall'ultimo dei dati riferiti alla nostra scuola: il 70 per cento dei ragazzi e delle ragazze di media superiore ha accumulato almeno un'insufficienza (percentuale che sale all'80 per cento per gli istituti tecnici).

Si tratta, niente di meno, del futuro della nostra comunità. Per capirlo basterebbe pensare a quel terzo di aziende che non potrà passare il comando alla generazione successiva – non per colpa della globalizzazione o dei cinesi e indiani che sono entrati in competizione con noi – ma semplicemente perché i figli dei vecchi capitani d'industria non sono capaci a fare pressoché nulla, non possiedono il merito, la formazione né le caratteristiche psicologiche necessarie per rinnovarsi.

Questa catastrofe annunciata ha dunque una matrice squisitamente educativa, nasce cioè dalla profonda crisi di chi dovrebbe far crescere le nuove generazioni.

La famiglia – che tanto spesso viene tirata in ballo in modo cosí retorico – non riesce piú a essere il perno di questo progetto per ragioni quantitative e qualitative. È diventata troppo piccola e fragile: cosa ci si può aspettare da una struttura che funziona, se va bene, un quarto d'ora al mattino davanti al caffè e una mezzoretta a cena? Non è piú supportata né da un intreccio di persone che avevano un ruolo educante (nonni, figli piú grandi, parenti, comunità solidale), né da quelle agenzie che storicamente sono state a essa complementari (la crisi delle parrocchie e, appunto, della scuola è davanti agli occhi di tutti).

Le ragioni qualitative della crisi vanno ricercate tra le difficoltà che gli adulti hanno nel trovare un ruolo di guida: non mi riferisco soltanto alla loro citatissima «crisi di autorevolezza», ma soprattutto alla difficoltà che hanno nel credere in se stessi. I genitori sono infatti diventati spesso erogatori di *pensioni di sostentamento* per i propri figli (forniscono senza battere ciglio vitto, alloggio, automobili, vacanze, paghette), ovvero si sono sostituiti alla necessità che ogni giovane debba costruire da sé il proprio futuro. Ciò accade principalmente perché anche noi abbiamo smesso di farlo, accontentandoci di vivere un presente infarcito di piccoli privilegi e di un pizzico di libertà.

Se a un bambino si regala tutto, gli si sottrae ciò che è fondamentale: il desiderio, ovvero il sentimento fondamentale per costruire una passione. Come potrà divenire una comunità la cui classe dirigente non conosce desiderio né passione? Non oso nemmeno immaginarlo.

È da qui che si deve partire, dalla ricostruzione di una vita reale – che include dolore, fatica e rabbia oltre alla gioia – non già dall'effimero privilegio di cui i piú giovani godono.

Qualche sera fa, un treno mi porta da Venezia a Milano. A una stazione sale una ragazza, cappuccio della felpa tirato sopra la testa, occhiali scuri (nonostante fosse già buio), i-pod con cuffie ben piantate nelle orecchie. Si siede vicino, apre lo zainetto, estrae un piccolo computer, vi introduce un dvd e si mette a guardare un film.

La osservo. È completamente sola e isolata dal mondo. Perfetta metafora di una generazione. Quella ragazza si basta, possiede un piccolissimo mondo virtuale e vi si rispecchia, ma soprattutto è ostile a chiunque non sia parte di quella tecnologia, forse mi odia. A molti adulti quella ragazza fa comodo: le vende musica, film, sms, telefonate, fotografie e l'illusione di non avere bisogno d'altro, che tutto è già stato inventato e realizzato. Non resta che consumare ciò che c'è.

Ecco perché in questi libri ho parlato di «crisi educativa». Significa mettere una generazione in grado di progettare. Per farlo occorre che ognuno di loro possa stimarsi, vivere appieno la propria autonomia, essere creativo. E qui nasce un problema, una grande contraddizione: il sospetto che tra benessere economico/sociale e creatività vi possa essere un rapporto inversamente proporzionale. Troppa biada fa male al cavallo, dicevano i vecchi.

Qualche mese fa ho letto un'intervista a Bill Gates e a suo padre, noto e affermato avvocato. Il giornalista chiedeva a quel signore attempato cosa avesse fatto di speciale per educare un figlio cosí e lui, senza esitazione: «Ho tolto qualcosa». Fantastico! Ha ragione, il compito dell'educatore oggi non è quello di aggiungere, ma di togliere, perfino qualche sicurezza eccessiva. Occorre donare di meno per far capire loro quanto è bello conquistarsi le cose da sé. Il che implica fare in modo che i nostri figli si assumano qualche responsabilità in piú (nel primo libro, qui raccolto, avevo proposto il voto a 16 anni, oggi ce ne sarebbe ancor piú bisogno), imparino a costruire, a sbagliare e a riprovarci. Vedo troppi genitori capaci di tutelare i loro figli in tutti i modi possibili (quanto sono radicati i sensi di colpa nelle nostre generazioni!), senza capire che per educare occorre assumersi il rischio di credere in loro prima ancora che abbiano fornito la prova di essere persone capaci. Penso con tristezza alle biciclettine con le piccole ruote che si regalano ai bambini perché non cadano e non si sbuccino le ginocchia. Forse qualcuno penserà che cosí si previene un inutile dolore, invece si impedisce loro di provare una gioia, quella di tirarsi su e montare in sella con nuova rabbia, contenti sebbene feriti.

Per inventarsi un futuro occorre trovare il coraggio di rischiare, lo sapevano i nostri nonni, perché lo abbiamo dimenticato?

Il bello, la gioia dell'educare oggi risiede in un piccolo segreto: fare di meno, fare meglio. A volte chiedo ai genitori perché insistono a rifare i letti o a svegliare i loro figli per andare a scuola. Non ho mai ricevuto una risposta convincente, perché non c'è. In quel modo li si vuole proteggere senza pensare che cresceranno solo piú deboli e ricattabili. In realtà è un modo egoistico per ritagliarsi un ruolo salvifico senza pensare che la vita non è una corsa di cento metri, ma una magnifica maratona.

Questa trilogia rappresenta – ben di piú e meglio di ciascun libro separatamente – un'idea, una modesta proposta. È nata dagli sguardi e dalle parole di tanta gente che forse ha capito di aver commesso qualche errore, ma che è anche pronta ad accettare, gioiosamente, la piú straordinaria e difficile sfida che una comunità può porsi: fare in modo che la generazione che verrà possa essere migliore della nostra.

PAOLO CREPET

Aprile 2008.

La gioia di educare

Non siamo capaci di ascoltarli

a Maddalena

Un sincero ringraziamento a Daniela Palvarani per il prezioso contributo di ricerca d'archivio.

I rintocchi che scorrono sui prati
da questa fosca guglia
suonan per queste ombre senza amore
che all'amore non servono.

WYSTAN H. AUDEN, *La verità, vi prego, sull'amore*.

Se mi chiedessero di scrivere una lettera a una bambina che sta per nascere, lo farei cosí.

Cosa hai sentito finora del mondo attraverso l'acqua e la pelle tesa della pancia di mamma? Cosa ti hanno detto le tue orecchie imperfette delle nostre paure? Riusciremo a volerti senza pretendere, a guardarti senza riempire il tuo spazio di parole, inviti, divieti? Riusciremo ad accorgerci di te anche dai tuoi silenzi, a rispettare la tua crescita senza gravarla di sensi di colpa e di affanni? Riusciremo a stringerti senza che il nostro contatto sia richiesta spasmodica o ricatto d'affetto?

Vorrei che i tuoi Natali non fossero colmi di doni – segnali a volte sfacciati delle nostre assenze – ma di attenzioni. Vorrei che gli adulti che incontrerai fossero capaci di autorevolezza, fermi e coerenti: qualità dei piú saggi. La coerenza, mi piacerebbe per te. E la consapevolezza che nel mondo in cui verrai esistono oltre alle regole le relazioni e che le une non sono meno necessarie delle altre, ma facce di una stessa luna presente.

Mi piacerebbe che qualcuno ti insegnasse a inseguire le emozioni come gli aquiloni fanno con le brezze piú impreviste e spudorate; tutte, anche quelle che sanno di dolore. Mi piacerebbe che ti dicessero che la vita comprende la morte. Perché il dolore non è solo vuota perdita ma affettività, acquisizione oltre che sottrazione. La morte è un testimone che i migliori di noi lasciano ad altri nella convinzione che se ne possano giovare: cosí nasce il ricordo, la memoria piú bella che è storia della nostra stessa identità.

Mi piacerebbe che qualcuno ti insegnasse a stare da sola, ti salverebbe la vita. Non dovrai rincorrere la mediocrità per riempire vuoti, né pietire uno sguardo o un'ora d'amore.

Impara a creare la vita dentro la tua vita e a riempirla di fantasia.

Adora la tua inquietudine finché avrai forze e sorrisi, cerca di usarla per contaminare gli altri, soprattutto i piú pavidi e vulnerabili. Dona loro il tuo vento intrepido, ascolta il loro silenzio con curiosità, rispetta anche la loro paura eccessiva.

Mi piacerebbe che la persona che piú ti amerà possa amare il tuo congedo come un marinaio che vede la sua vecchia barca allontanarsi e galleggiare sapiente lungo la linea dell'orizzonte. E tu allora porterai quell'amore sempre con te, nascosto nella tua tasca piú intima.

Conferenza in una nota località sciistica. Il tempo è brutto, gli impianti sono fuori servizio, cosí viene ad ascoltarmi anche qualche giovane indigeno. Dopo la conferenza, mi invitano a cena: i commensali sono in gran parte maestri di sci, persone simpatiche, per nulla musone e taciturne come di solito noi cittadini ci figuriamo i montanari. Alla fine della lunga chiacchierata, uno di loro, particolarmente estroverso e ironico, mi consiglia di tornare piú spesso in quel paese perché, secondo lui, le settimane bianche sono un osservatorio inconsueto per chi vuole analizzare meglio le famiglie italiane dal loro interno. Gli chiedo di spiegarsi. – Le faccio un esempio, – dice il maestro di sci. – Tutti noi che lavoriamo sulla neve ci siamo dati una regola, quella di non accettare nelle nostre scuole bambini sotto i quattro anni, per ovvi motivi ortopedici. Bene, ha un'idea di quanti genitori barano sulla data di nascita del figlio al solo scopo di non fargli perdere nemmeno un inverno?

È davvero cosí o esagera il giovane maestro? L'indomani, basta una passeggiata vicino agli impianti, finalmente riaperti, per accorgersi di quanto abbia ragione: ovunque genitori affaccendati a vestire di tutto punto i propri bimbetti, sí e no in grado di stare in piedi sulla neve, come degli olimpionici in miniatura.

Per convincermi ancor di piú, il giovane maestro mi consiglia di assistere al rito di chiusura della settimana, il sabato pomeriggio.

Una settimana bianca che si rispetti deve finire con una competizione sulla neve, ovviamente, con tanto di cancelletto di partenza, cronometri, minicoppa per i piccoli vincitori. Una sparuta folla di adulti e bambini è raccolta vicino al casotto da dove si parte per lo slalom, in cima al canalone. I bambini – tutti molto piccoli – sono già pronti in fila: guaina colorata aderente, casco con annessi occhialoni griffati, pettorale ben in vista. Uno dietro l'altro aspettano il turno per partire. Tre, due, uno... via! Scattano i cronometri, i bimbi spingono sui bastoncini per acquistare subito velocità, ai lati del cancelletto di partenza i genitori applaudono e urlano come forsennati. Uno di loro – un quarantenne, particolarmente preso dall'avvenimento – rivolge alla figlioletta che si sta gettando nel canalone un'invocazione: – Mordi quella porta!

La sera, in albergo, incontro un gruppo di genitori ancora ebbri per le imprese dei loro piccoli campioni. Alle mie espressioni di perplessità rispondono increduli. – Dove vive, lei? – mi fa una di loro. – Questa è una società competitiva e prima mio figlio lo impara, prima si saprà difendere e andare avanti nella vita.

Ma è davvero come dice la signora, tutto cosí ovvio e scontato? È questa l'unica pedagogia che possiamo, sappiamo e vogliamo offrire ai nostri figli? Certo, la competitività è parte di una cultura diffusa e condivisa che trova conferme anche negli ambienti meno sospetti: quante generazioni di bambini hanno visto lo *Zecchino d'oro*? Non insegnano anche i frati dell'Antoniano di Bologna a trasformare un gioco in una gara? Cosa c'entra l'amore per la musica e per la canzone con una competizione canora? Non si pensa a quanta ansia debbano assumere quei bimbi chiamati a esibirsi davanti a milioni di telespettatori, a quanta angoscia possano sentire all'idea di essere scartati, di perdere?

Aveva proprio ragione il maestro di sci, le vacanze sono un buon punto di osservazione: guardavo quei genitori cosí sicuri e sprezzanti, sempre di fretta, gente capace di comandare e di pretendere. Se sono cosí affannati, incapaci di ritagliarsi un'ora di quiete o di comunicare se non per asserzioni durante la settimana bianca, chissà come potranno diventare in quella successiva, finalmente reimmersi nella quotidianità nevrotica del loro habitat naturale.

Ma è poi vero che la competizione è l'unica legge possibile per sopravvivere in questa nostra comunità? Le persone competitive e vincenti sono anche le piú serene e felici? E la scuola deve per forza assecondare queste richieste da parte di una componente della nostra società per trasformare tutti i bambini in piccoli amministratori delegati? O potrebbe tentare di essere anche un luogo mite capace di insegnare a sopravvivere anche a quei bimbi che non vogliono diventare gladiatori ma persone sensibili?

Milano, qualche mese piú tardi. Un incontro presso la sede di Assolombarda con i giovani dell'ultimo anno di scuola media superiore: si parla del loro inserimento nel lavoro. A un certo punto, in ritardo, arriva il presidente per i saluti di rito. Dice cose di buon senso, ha l'aria del bravo papà che conosce i segreti della vita e pensa che i giovani siano tutti un po' deficienti. Durante il discorsetto pronuncia una frase apparentemente banale, in realtà significativa: – E poi, cari ragazzi e care ragazze, mettetevi bene in testa che nella vita ci vogliono denti aguzzi –. È arrivato il grande maestro, dico tra me e me. Durante l'intervallo chiedo a un gruppo di ragazzi cosa pensino delle parole del presidente. – Si vede subito che quel tipo sa come si vive, – mi fa uno che ha l'aria del portavoce, – è un uomo vincente, a noi piacciono le persone come lui... – Da cosa si vede che è un vincente? – gli chiedo. – Possibile che non l'abbia capito? Se proprio se ne vuole convincere, allora prenda il primo corridoio, lo percorra tutto, esca sul marciapiede, parcheggiata a sinistra c'è una Mercedes nera che non so nemmeno quanto è lunga... mio padre ha una Panda: tra i due chi ha vinto, secondo lei? Se per vincere bisogna avere i denti aguzzi, allora ce li limeremo tutte le sere, invece che lavarceli con il dentifricio. Giusto?

Forse quei ragazzi hanno le loro buone ragioni. Se non vogliamo fare le anime candide e ci guardiamo attorno, non è difficile accorgersi che buona parte dei nostri figli sono nati e cresciuti in questo modo di pensare, sembrano essere rassicurati soltanto da adulti competitivi, un po' cinici ma sicuri di sé, che credono fermamente che la vita o è vincente o non è, e lecito ogni mezzo per centrare questo obiettivo. In questa visione della realtà, non solo le regole dell'etica e della morale ma perfino una doverosa valutazione del merito diventano intralci fastidiosi. Il raggiungimento dello scopo viene sventolato mostrando i simboli che la nostra comunità ha evidentemente imposto come emblemi del successo: potere, soldi, sfoggio del superfluo, arroganza, violenza. È così che molti bambini vorrebbero la figura del genitore, del maestro di vita?

Ogni tanto durante i dibattiti cui partecipo si alza qualcuno a fare un predicozzo, tuona contro «la società che ha perso i valori fondamentali»; spesso sono persone di chiesa che poi, quando arriva il mese di maggio, puntualmente chiedono l'otto per mille al contribuente: soldi, soldi, ancora soldi, non certo opere di bene. E allora perché i figli non dovrebbero assumere queste regole, farle proprie con la stessa, assoluta certezza con la quale i loro genitori le hanno adottate?

Molti adulti sono convinti che questo sia il miglior mondo possibile, indignarsi per ciò che non va sembra diventato un esercizio anacronistico.

A guardarsi attorno, un punto di vista diverso e meno rassegnato si troverebbe: si potrebbe cominciare a discutere di un'educazione basata su criteri diversi, dove le emozioni e le relazioni affettive possano funzionare non come limite ma come catalizzatore delle capacità individuali. Forse la nostra comunità potrebbe riscoprire la gioia e l'orgoglio di progettare un futuro meno scontato e appiattito, meno omologato e piú creativo per le future generazioni.

Bambini, adulti bonsai

C'è una trasmissione che dovrebbe rimanere negli annali della storia della televisione come la peggiore dal punto di vista pedagogico: *Bravo bravissimo*. La conduce un mostro sacro del tubo catodico, Mike Bongiorno, e da diverse stagioni gode di un grande successo di pubblico. I protagonisti sono dei bambini che vengono vestiti e fatti muovere come bonsai di adulti: devono cantare, suonare, ballare, esibire il loro talento in erba nel modo piú serio e professionale possibile, adeguato a un concorso internazionale.

Come in un'enorme corte medievale, con bimbi al posto dei nani, il pubblico adulto si sollazza con i minicampioni della trasmissione. Lo spettacolo è deprimente, eppure immagino che tra i milioni di spettatori abituali vi siano molti genitori che invidiano i papà e le mamme di quei piccoli disgraziati lamentandosi perché il loro pupo si rifiuta persino di andare in piscina.

Non riuscite a crederci? Andate a vedere una di quelle partitelle di calcio per bambini che si giocano la domenica mattina: vedrete i bordi del campo gremiti di genitori assatanati che incitano i loro figlioli come fossero alla finale olimpica; divorerebbero l'allenatore, se si permettesse di richiamare fuori campo il loro campioncino prima del tempo.

Forse alcuni adulti ritengono che la scuola – e la vita piú in generale – debba insegnare a emergere fin da bambini. Credono che la verifica di questa capacità rappresenti una sorta di garanzia. Ma essere bravissimi nella prima parte della vita non porta automaticamente a eccellere nella seconda.

Salvatore Accardo, uno dei piú grandi violinisti viventi, spiegò questo concetto ricorrendo all'esempio del Premio Paganini. È il concorso per giovani violinisti piú prestigioso che ci sia, esiste da piú di trent'anni e si tiene a Genova, dove arrivano promettenti talenti selezionati in ogni parte del mondo. Si tratta di professionisti che già hanno iniziato la carriera in modo stupefacente: durante il soggiorno genovese devono esibirsi in una serie di prove, tutte molto selettive. Alla fine viene prescelta una terna e da essa il vincitore, che ha l'onore di suonare lo strumento utilizzato da Paganini, il mitico Guarnieri del Gesú conservato presso il comune di Genova. Si dovrebbe dunque ritenere che alla fine la selezione premi un artista di sicuro valore, destinato a diventare in breve tempo un grande violinista. E invece no. Il maestro Accardo sosteneva che solo tre, tra oltre trenta vincitori del Premio, sono diventati davvero grandi interpreti. Il che significa che tra possedere assolute capacità virtuosistiche e diventare un «grande» passa qualcosa che non è tecnicamente declinabile, ma ha a che vedere con le caratteristiche psicologiche del giovane: il suo grado di autostima, la sua capacità di far fronte a eventi negativi (in psicologia si chiama *coping*), di assorbire lo stress, le sue risorse affettive... E queste caratteristiche psicologiche non vengono certo massimizzate da un'educazione competitiva. Anzi.

Bambini Abarth

La scuola ha recepito l'infinita pretesa avanzata da molti genitori, cosí come molti bimbetti si sono adattati a essa. Famiglie e scuola si sono alleate per richiedere ai nostri piccoli nulla di meno che la perfezione, l'assoluto.

La figura del bambino e dell'adolescente che incarna meglio questa insana richiesta è quella del «primo della classe». Sono quelli che chiamo «bambini Abarth», ovvero i figli dell'ambizione piú sfrenata. Ricordate le utilitarie di moda negli anni Sessanta? All'esterno erano delle normali Cinquecento o Seicento, eppure sotto il cofano covavano motori truccati, esagerati e roboanti per far colpo sulle ragazze. Avevano un difetto: duravano molto poco.

I bambini Abarth non si riconoscono dall'esterno ma il loro cervello è stato truccato per farli andare sempre al massimo, costantemente fuori giri. Non devono solo avere buoni risultati a scuola, devono essere semplicemente i primi. Sono quei bambini che quando tornano a casa e dicono a papà di aver preso sette in Italiano, si sentono rispondere: – Ma non prendevi sempre nove? Allora stai perdendo tempo, ti stai distraendo.

I primi della classe non hanno alternative, vivono in un'unica dimensione: l'eccellenza. Molti insegnanti condividono a tal punto questo dissennato disegno di distruzione della spontaneità dei bambini da aver forgiato frasi celebri del tipo «Suo figlio è intelligente ma può fare di piú». Come dire: «Cari genitori, avete ragione a far funzionare i vostri figli al massimo, trasformateli in campioni». Ma se un bambino o un adolescente è intelligente, non basta? Perché mai dovrebbe fare di piú? E poi, cosa c'è di piú dell'intelligenza?

Essere i primi della classe – tranne quei pochi casi in cui un bimbo è un talento naturale e va benissimo a scuola anche senza far quasi nulla – comporta uno sforzo che espone l'individuo a un notevole rischio psicologico. Quei bambini e quegli adolescenti non possono comportarsi normalmente, non possono sbagliare, sono spinti in modo sconsiderato verso l'onnipotenza.

Di solito sono figli poco amati, accettati solo se bravissimi, adorati esclusivamente nella loro presunta perfezione. L'affetto che ricevono è condizionato, limitato: «Ti voglio bene se prendi tutti nove, altrimenti te ne voglio di meno...» Quei genitori comunicano, senza saperlo, disistima. Ai bambini Abarth viene negato il diritto fondamentale che ogni essere umano acquisisce nel momento in cui viene al mondo: il diritto all'amore e all'accettazione incondizionati dei suoi genitori.

Il danno psicologico piú consistente non deriva solo dall'essere costretti a primeggiare nello studio per venire amati e accettati, ma anche dall'errore madornale che quei genitori commettono affidando al rendimento scolastico la valutazione complessiva del loro figliolo. Si tratta di un pensiero basato su una tautologia: se si va bene a scuola vuol dire che si è bravi, e questo giudizio non ha bisogno di altre conferme; se si va male, non c'è nulla di lui o di lei che possa salvarsi.

Ora, a parte il fatto che la scuola italiana è del tutto inadeguata a valutare complessivamente un bambino o un adolescente, come non capire che è ingiusto costringere i nostri figli a essere rappresentati da una pagella?

Basterebbe pensare alla creatività: se la scuola non sa come valutarla, i genitori rischiano di non apprezzarla nei figli, i quali a loro volta la riterranno del tutto marginale nella valutazione di sé.

Si pensi altrimenti all'esame di maturità: la scuola è in grado di fornire un giudizio complessivo del candidato? E se avessimo la pretesa di fare «l'esame della maturità», gli insegnanti sarebbero in grado di formulare un giudizio? Potremmo affermare che chi ha tradotto alla perfezione dal greco o dall'inglese è per ciò stesso da considerarsi una persona matura?

A volte il giovane Abarth si blocca, il suo motore truccato si guasta e gli effetti possono essere dirompenti. Spesso accade alla fine di un ciclo scolastico: egli sente di aver perduto l'unico terreno ove potersi guadagnare l'affetto e la considerazione degli adulti, teme di non esistere piú. Tende allora a odiarsi, a disprezzarsi, ritiene di avere fallito. Arriva a dubitare anche delle reti amicali. Persino il rapporto con l'altro sesso rischia di diventare terreno incerto, insidioso.

Molti dei percorsi che portano un adolescente a farsi del male nei tanti modi possibili iniziano da una perfezione forzata, da una coazione all'assoluto.

Genitori, insegnanti, allenatori, preti hanno un ruolo e una responsabilità: la competizione non è per tutti e soprattutto non seleziona i migliori, solo i meno sensibili.

Una notte d'inverno a Mestre. I viali vicino alla stazione sono invasi da presenze colorate. Passeggiano tra i platani guardando appena le macchine che si incolonnano davanti a loro: i fanali lampeggiano, i pneumatici si bloccano rumorosamente. A un tratto un'auto della polizia irrompe nel mercato proibito facendo fuggire clienti e guardoni, individua un piccolo gruppo di ragazze, le insegue per un breve tratto. Due di loro desistono subito, vengono portate alla centrale per accertamenti. Sono molto giovani, è il trucco a farle sembrare piú mature. Sicuramente provengono da un Paese dell'Est. Gli agenti scorrono i documenti: no, sono italiane, anzi indigene, abitano in una città a pochi chilometri. Potrebbero essere loro figlie: una ha appena quindici anni, l'altra sedici. Giurano di aver scelto liberamente e che questa è solo la terza volta che si prostituiscono, alla mamma hanno raccontato che andavano in discoteca. Una dice di trovare divertente vedere quanti uomini sono disposti ad andare con loro per soldi. L'hanno fatto solo per denaro, sostengono: finalmente si potranno comprare i vestiti firmati che hanno visto addosso a qualche compagna di classe appena piú abbiente; a casa avrebbero giustificato gli acquisti con un lavoretto da bariste in un pub di amici.

Ciò che colpisce non è la notizia in se stessa: alla prostituzione non si è costretti solo dalla miseria, la si sceglie anche spinti dal desiderio di concedersi il superfluo con poco sforzo. Semmai fa pensare l'età: che a quindici anni si possa maturare un desiderio e una scelta del genere fa rabbrividire.

Eppure nemmeno questo aspetto è poi cosí sorprendente. Da una recente ricerca condotta da un gruppo di pediatri americani è emerso che l'inizio dello sviluppo sessuale è sempre piú precoce e che nelle ragazzine si attesta mediamente intorno ai nove-dieci anni. Ciò suonerebbe a conferma della tesi – ormai largamente accettata – secondo la quale nella nostra società i processi maturativi stanno sempre piú accelerando, a discapito dell'infanzia, sottraendo tempo al gioco. Ma le cose sono solo in parte cosí.

Il processo di maturazione non è unitario né sincrono: ha diverse componenti – cognitiva, affettiva, relazionale, sociale – e alcune di esse hanno subito negli ultimi decenni una forte accelerazione. Ad esempio, lo sviluppo della sfera cognitiva avviene oggi sotto la spinta di un'enorme ricchezza e varietà di stimoli esterni come permette l'applicazione delle nuove tecnologie.

Qualche tempo fa collaboravo con un noto teatro per l'infanzia, il Testoni di Bologna. Ricordo che una mattina un editore multimediale offrí in dono al teatro una decina di computer con tanto di tastiera pensata appositamente per essere utilizzata dai bambini, il tutto corredato da un cd-rom interattivo. Provai a giocarci, ma non era per nulla facile; secondo le istruzioni stampate sulla scatola, l'età consigliata era quattro-cinque anni. Le solite esagerazioni commerciali, pensai.

Di lí a poco arrivò un gruppetto di bimbi di quell'età. Facevano un baccano tremendo, le maestre non riuscivano a chetarli. Entrati nella sala dei computer, si sedettero sugli sgabelli colorati e cominciarono a giocare con il cd-rom. In qualche minuto, il silenzio: gli occhi sullo schermo, la mano sul mouse, era come se lo conoscessero da sempre. Erano seri e impegnati.

Se un bimbo di quarant'anni fa fosse inserito in una scuola elementare di oggi, la maestra chiamerebbe immediatamente una psicologa: penserebbe a seri problemi di apprendimento. Nell'arco di qualche decennio le capacità cognitive dei piccoli si sono sviluppate in modo sorprendente, ma ciò non implica che i nostri bambini siano in complesso piú maturi.

Nello stesso periodo di tempo infatti alcune altre componenti del processo maturativo hanno subito un forte rallentamento. Si guardi alla maturità sociale, ovvero alla capacità di un giovane di assumersi responsabilità nei propri e altrui confronti.

Fino a qualche decennio fa molti ragazzi a soli diciotto anni avevano famiglia, lavoro, una propria abitazione. Oggigiorno molti genitori lamentano che i figli adolescenti dimostrano scarsa autonomia e forte difficoltà rispetto alle regole di vita: il che denota un notevole grado di immaturità sociale (ben descritto dall'espressione «adolescenza protratta»).

Tra i tanti fattori che hanno indotto questo fenomeno, uno è rappresentato dalla scomparsa nella vita dei bambini dei luoghi che permettevano loro di giocare da soli, senza la presenza degli adulti. I cortili, i parchi, i prati sono oggi inospitali o pericolosi e inducono i genitori a vietarne l'utilizzo. I bambini cosí sono costretti a trascorrere il tempo con la costante presenza di un adulto: qualcuno responsabile per loro delle regole di comportamento.

Ai miei tempi c'era un giorno – forse uno dei piú importanti della nostra vita – in cui la mamma ci diceva: «Domani vai a scuola da solo». Questo succedeva nei primi anni delle elementari e rappresentava l'uscita ufficiale dall'infanzia: da allora in avanti era chiaro che saremmo diventati sempre piú adulti.

Una volta, i ragazzini che si davano appuntamento in un prato per giocare a pallone dovevano, ognuno per proprio conto, assumere le regole del gioco: ora, i bambini iscritti alle società sportive delegano l'applicazione di quelle stesse regole a un adulto che funge da arbitro. Dunque crescono senza imparare ad assumersi responsabilità.

Educazione sessuale o sentimentale?

Un'altra componente della maturazione individuale che rischia di seguire un tempo molto piú rallentato riguarda il mondo emozionale e relazionale. Un esempio per tutti è la sessualità. Se da un lato la crescita biologica – accelerata e migliorata da una dieta piú ricca e bilanciata e da una maggiore cura del corpo – ha portato a una precocità dello sviluppo sessuale (negli ultimi tre decenni l'età media della comparsa del menarca si è abbassata di due anni), dall'altro lato ciò non ha comportato una crescita della serenità nei rapporti tra adolescenti. Per questi motivi la scuola e la famiglia dovrebbero occuparsi non tanto di un aggiornamento nel campo dell'educazione sessuale, quanto di quella sentimentale.

L'accelerazione di alcune componenti dei processi maturativi contrapposta all'inibizione di altri realizza un profondo conflitto di identità. Molti dei nostri bambini e adolescenti stentano a capire chi sono proprio perché da un lato sono cresciuti sempre piú capaci, costretti a imparare tecniche e nozioni, esposti alla seduzione di un mondo adulto per loro sempre piú virtuale; dall'altro intuiscono che la corsa affannosa a crescere si scontra con l'assoluta impossibilità di mettere in pratica ciò per cui sono stati allevati. In altre parole, è come se avessimo previsto di insegnare a guidare ai quattordicenni e proibito di acquistare l'auto prima dei quarant'anni.

La crescita innaturalmente affrettata costringe a sviluppare attese sempre piú complesse, aspettative che spesso si scontrano con un futuro immiserito e disincantato.

Abbiamo il coraggio di togliere il piede dall'acceleratore? Chi e come risarcirà tanti adolescenti e giovani adulti dell'infanzia rubata?

Qualche mese fa mi hanno invitato in una scuola elementare di Roma che ha fama di essere aperta alle novità in campo pedagogico. In realtà mi è sembrato di essere capitato in un piccolo lager moderno dove i bambini iniziano l'attività alle otto e venti e non sanno quando mai finiranno. Ascoltavo la discussione animata di un gruppo di genitori e di insegnanti: si chiedevano se, tra le quattro e mezzo e le sei di pomeriggio, fosse meglio che quei bimbi facessero ginnastica, danza o animazione teatrale e musicale.

Bambini costretti a «lavorare» quasi dieci ore al giorno come operai di cinquant'anni fa.

Bambini come trottole, sbattuti da un'attività a un'altra per dimostrare ai loro genitori e insegnanti che sanno adeguarsi a qualsiasi loro esigenza, già pronti a guadagnarsi un posto in società.

Bambini annichiliti all'ora di cena, incapaci perfino di

raccontare cosa è successo in una giornata trascorsa come quella di un manager.

Un bimbo ha diritto di vivere il proprio tempo non come un incubo ma come divertimento, gioco, gioia. Invece nemmeno le feste si salvano piú. Alcuni adulti particolarmente sadici si sono inventati uno straordinario stratagemma per stanare quei piccoli fannulloni che vorrebbero trascorrere l'infanzia senza far nulla di produttivo: l'invenzione si chiama «animazione» e chi la esegue solitamente è travestito da clown. L'animatore viene pagato dai genitori per trasformare una festicciola di bambini nell'ennesima occasione per rassicurare mamma e papà sulle doti di comunicazione e di socializzazione del loro figliolo.

Socializzazione, una parola che ormai fa rabbrividire.

Se l'animatore scopre un bimbo nascosto dietro il divano che mangia patatine e beve Coca-Cola subito gli chiede: – Perché non giochi con gli altri? Perché non ti metti in fila per il girotondo? Perché non attraversi anche tu la stanza con in bocca un cucchiaio con sopra una pallina senza farla cadere? Che fai lí tutto solo soletto, eh?

La mancata socializzazione è diventata lo spauracchio dei genitori e degli insegnanti: se un bimbo o un adolescente tende a isolarsi scatta l'apprensione, si consultano gli psicologi e i neuropsichiatri infantili. Secondo questo bizzarro modo di pensare l'infanzia e l'adolescenza, i nostri figli devono essere mediamente socializzati, altrimenti non sono giudicati normali e i dubbi sullo stato della loro salute mentale prendono minacciosamente corpo nella testa dei grandi.

Molti adulti non vogliono capire che isolarsi è spesso indice di maturità, di una crescita particolare e anticipata al punto da far sentire a quel bimbo e a quell'adolescente tutta la banalità della vita dei loro pari. L'età evolutiva scorre per tentativi ed errori, e le crisi – ovvero i nodi dell'esistenza – non sono altro che momenti di una crescita imprevista e non ancora collaudata. Per andare avanti a volte è necessario regredire, come fa l'atleta quando si riposa prima di fare un grande salto.

Ho tentato di insegnare tutto questo in qualche scuola di Genova, l'ho fatto con la collaborazione di alcuni amici attori e musicisti del teatro dell'Archivolto. Lo scopo era educare a perdere tempo, ovvero a rallentare, a sentire non l'altro ma innanzitutto sé. Ai piccoli è piaciuto molto, agli insegnanti un po' meno, ai genitori affatto.

Non si trattava di educare i bambini all'ozio, come è stato detto. Perdere tempo non significa alienarlo ma declinarlo secondo la dimensione meno conosciuta ai bambini e agli adolescenti: quella emotiva e relazionale. Solitamente la cadenza dei tempi di vita che i bimbi apprendono è connotata in senso cognitivo: la giornata è una scaletta di compiti da eseguire e di orari prestabiliti; tutto deve scorrere convulsamente veloce.

Se dimostriamo loro che i tempi della quotidianità possono essere meno rigidi e precodificati, piú flessibili e adattabili alle esigenze di ognuno, potranno percepirli come una latenza che si riempie di una dimensione emotiva nuova e inconsueta: il lento fluire delle loro emozioni.

Non è facile spiegare a un bimbo che si può bere un bicchiere di aranciata in un minuto invece che in un secondo: quel bimbo opporrà qualche resistenza perché non sa cosa può succedere in quel tempo improvvisamente dilatato, penserà di essere giudicato male per quella strana e improvvisa lentezza. Se invece impara a percepire che rallentare gesti e pensieri significa arricchirsi – ad esempio bere piú lentamente permette di parlare meglio con i propri amici e ridere di piú – allora cercherà quella dimensione diversa.

Parlare del tempo con i bambini è importante perché nella nostra vita è diventato una cosa rara e sconosciuta: piú ne abbiamo a disposizione e meno sappiamo impiegarlo. È quindi necessario insegnare loro che perdere tempo significa riempire di senso un agitarsi frastornato e vano.

Occorre che sappiano che il tempo è luogo di comunicazione, transito di affetti, crocevia di emozioni; che è silenzio, sguardo, ascolto; che è regno dei sensi, dove tatto, gusto, manualità tornano a centrare un'esistenza distratta.

Il tempo è curiosità delle diversità, è immaginarle e riempirle di fantasia, è passaggio segreto di desideri. Ma anche solitudine, a volte disincanto.

Se riusciamo a dare il tempo ai nostri bambini, insegneremo loro a cercarlo, a conservarlo, cosí, forse, potranno inventarsi una vita meno scontata.

Per capire quanto questo insegnamento sia urgente basterebbe pensare alle ricadute possibili (alcune già sotto i nostri occhi) della rivoluzione tecnologica in atto.

Non mi riferisco alla New economy: anche mia madre, senza saperlo, la usava quando telefonava al negozio di alimentari sotto casa per ordinare qualche etto di prosciutto. Adesso gli acquisti avvengono via Internet in tutto il mondo, ma sempre attraverso il cavo telefonico.

Ciò che di straordinario e rivoluzionario le reti tecnologiche permetteranno riguarda piuttosto il tempo: per la prima volta nella storia dell'uomo si potrà guadagnare lo stesso o di piú lavorando meno. La tecnologia aiuterà i cittadini del mondo occidentale (per molti decenni solo noi saremo i privilegiati) a evitare la burocrazia, i trasferimenti, le code, le riunioni. Insomma risparmieremo un'enorme quantità di ore e il lavoro sarà concentrato solo sull'attività produttiva, liberando la nostra creatività e la nostra immaginazione.

E qui sorge il problema: che ne faremo del tempo sottratto al lavoro e alla burocrazia? Saremo capaci di non lavorare senza sentirci in colpa? Da che mondo è mondo la cultura dell'uomo è imperniata sul lavoro, sulla sua etica e sulle sue regole. Quando vogliamo fare un complimento a qualcuno diciamo: «È un gran lavoratore!» Se davvero Internet ci libererà da questo assillo – del resto, in parte la pura sopravvivenza è, per la maggioranza di noi, già assicurata dalla nostra economia – come impegneremo il nostro tempo?

In una tavola rotonda a Perugia incontro un noto industriale, il quale sentendomi fare queste considerazioni mi ferma: – La prego, non continui con questi discorsi, mi fanno salire l'ansia... Vede, mi capita anche quando vedo la pubblicità di un'isola del Pacifico, con le spiagge intatte, il mare blu... mi viene immediatamente da chiedermi: pensa se dovessi passarvi due settimane senza telefonino, segretarie, fax, e-mail, morirei...

Quello che mi stava parlando è un uomo antichissimo, ragiona come un nostro antenato del paleolitico, con l'unica differenza che fino a qualche decennio fa il lavoro era necessario per vivere, mentre oggi serve per permetterci il superfluo.

Il futuro potrebbe dunque portare al definitivo tramonto dell'*homo faber*. Rimane la questione: chi lo sostituirà? Se non sarà piú il lavoro a dire dell'identità, cosa ci definirà?

Un vecchio amico imprenditore mi invita a cena a Verona. A tavola incontro alcuni suoi giovani colleghi: tutti impegnati a guadagnare molti soldi con la New economy. Mi aspettavo una noiosa serata a parlare di budget e automobili di lusso; niente di tutto questo: per la prima volta in vita mia ho passato una cena con soli uomini a parlare di bambini! La spiegazione è semplice. Questi ricchi e giovani imprenditori lavorano molto in un lasso di tempo concentrato e poi si godono la loro ricchezza. Come? Passando molte ore con i figli, ad esempio. In altre parole, quei signori sono per metà gran lavoratori e per l'altra uomini sentimentali, occupano cioè il loro tempo con relazioni emotive: sono uomini in transizione verso il futuro.

Se lavoreremo di meno, il resto della giornata dovrà essere impiegato nella cura della nostra vita emotiva, dovremo quindi rallentare, imparare a sentire e a conoscerci. È un processo già in buona parte in atto: mio nonno si concedeva solo qualche ora di svago alla domenica, io faccio i week-end, spero che mia figlia faccia fine settimana lunghi almeno tre giorni. Ma cosa farà in quel tempo di non lavoro? Ne avrà angoscia come l'imprenditore di Perugia o saprà vivere serenamente in quella nuova dimensione di vita? Che ne sarà della sua vecchia identità?

Forse in un futuro non cosí lontano potrà capitare che quando un signore incontra un altro per la prima volta non dirà piú «Piacere, ingegner Rossi», offrendo di sé oltretutto un'informazione inutile, bensí «Piacere, signor Rossi, attualmente molto innamorato». Liberando quella componente della propria identità – quella sentimentale ed emotiva – da sempre sottovalutata.

Perché i bambini di oggi possano essere uomini e donne «sentimentali» di domani occorre che la scuola non sia piú finalizzata unicamente alla costruzione di un'identità basata sul lavoro ma anche sul non lavoro. Gli insegnanti dovrebbero educare i loro bambini a perdere felicemente e senza sensi di colpa il loro tempo. Finalmente la nostra comunità non giudicherà piú i suoi cittadini solo dalla carriera che hanno fatto e dai guadagni percepiti, ma anche dalle loro capacità relazionali, dalla loro abilità a trasformarsi in risorse emozionali.

Coccole cablate

L'Associazione italiana dei genitori separati dai figli ha proposto di ricorrere a Internet per «mantenere un rapporto continuativo con il proprio figlio», per colmare il vuoto tra una visita e l'altra.

Internet è una risorsa straordinaria e non è certo un male se un genitore lontano parla con il proprio figlio attraverso il computer, magari provvisto di web-cam. Eppure certi usi delle conquiste tecnologiche e scientifiche segnalano un sentimento di resa della collettività. Pur possedendo mezzi di comunicazione, fino a pochi decenni fa impensabili, sembriamo paradossalmente aver smarrito l'essenziale per dire e sentire, come se il senso della nostra comunicazione fosse perduto per sempre, rimpiazzato da una relazione virtuale algida.

Gli emigrati di un tempo comunicavano con i parenti rimasti al paese d'origine solo attraverso un telegramma o una lettera sempre troppo lenta; un videotelefono consente di percepire anche l'emozione di un viso caro. Questo progresso può arricchire la nostra esistenza, ma rischia di stravolgere la natura delle nostre relazioni.

Non possiamo allora rassegnarci all'idea che il rapporto con un figlio – soprattutto quando è di per sé fragile, come nel caso di genitori separati – possa essere sostituito da qualche frase affidata a una rete virtuale.

Tuttavia il fatto che qualcuno ci abbia pensato dice che il nostro panorama affettivo si è molto inaridito. La proposta dell'Associazione italiana dei genitori separati ci mostra che viviamo appunto cosí, che i nostri rapporti sono già cablati, che le nostre comunicazioni viaggiano oramai piú attraverso i telefonini che attraverso la vicinanza fisica. E tutto ciò ha profondamente trasformato il senso della nostra relazione.

Di questo non si stupiranno certo i nostri figli, cresciuti piú con le tecnologie che con le coccole.

Qualche mese fa, in una scuola elementare di una grande città del Nord, il direttore ha dovuto proibire ai suoi piccoli allievi l'uso dei telefonini. In un liceo un ragazzo mi mostra con orgoglio il suo nuovo portatile, dice che questo è il migliore perché contiene le *emotional icons*, ovvero i simboli della nuova comunicazione emozionale.

Comunicazione virtuale al posto di carezze, baci, abbracci: che ne sarà di un bimbo allevato cosí?

Ho chiesto ad alcuni bambini di una scuola elementare di una borgata romana di disegnare a colori una mucca. Pochissimi ne hanno saputo riprodurre le forme e ancor meno sono stati in grado di colorarne correttamente il manto: un paio di loro erano addirittura convinti che il pelo fosse di color viola, proprio come quello dell'unica vacca vista in vita loro, apparsa nello spot pubblicitario di una famosa marca di cioccolato.

Se non sono molti i bambini che sanno come è fatta, ancor meno sono quelli che conoscono l'odore di una vacca o che hanno idea della sensazione che dà accarezzarle il pelo. Questo non è solo un loro problema: in realtà il nostro quotidiano è sempre piú impoverito dal punto di vista sensoriale. L'ambiente dove passiamo la maggior parte del nostro tempo è limitato e limitante, raramente l'uso dei sensi veicola sensazioni emotivamente coinvolgenti. In parte è l'effetto inevitabile del progresso: la lotta per la sopravvivenza della specie umana non richiede piú l'uso strategico delle nostre capacità sensoriali. Le abilità si misurano piuttosto sul nostro talento cognitivo: intelligenza, memoria, capacità predittiva o adattativa, reattività. In questo modo ci illudiamo di comunicare meglio, mentre in realtà lo facciamo solo piú velocemente e in maniera superficiale. Non solo i riti delle relazioni affettive ma anche il gioco della complicità amorosa rischia di essere sempre piú appiattito da una rapidità di fruizione che schiaccia inesorabilmente una piú completa e diversificata assimilazione attraverso i sensi: la seduzione rischia di trasformarsi in un fast-food insapore.

L'affettività degli adolescenti si è profondamente trasformata. Alcuni di loro descrivono il desiderio sessuale come una necessità fisiologica da soddisfare nel piú breve tempo possibile e con il minor coinvolgimento emotivo e sensoriale: come estrarre una Coca-Cola dal frigo e berla d'un fiato senza nemmeno sentirne il sapore. Noi adulti abbiamo evidentemente trasformato i giovani, come direbbe Ingmar Bergman, in «analfabeti delle emozioni», deprivati dei sensi come tanti piccoli autistici.

C'è dunque da chiedersi: come possiamo reinventarci

una pedagogia in grado di indurre la capacità di sentire le emozioni, di farsi coinvolgere dalle passioni senza temerle come fossero un terreno infido e pericoloso? L'alfabetizzazione delle emozioni non può che partire dalla piena riacquisizione di tutti i nostri sensi. La famiglia e la scuola devono aiutare il bambino a prendere possesso di questa sua enorme potenzialità, troppo spesso inibita e rimossa.

I bambini passano molto del loro tempo libero guardando la televisione o le videocassette, strumenti comunicativi in grado, nel migliore dei casi, di sviluppare solo due dei cinque sensi: la vista e, secondariamente, l'udito. Il video infatti non si tocca, non si gusta né si odora. E comunque anche la vista e l'udito sono utilizzati passivamente. Occorre dunque offrire ai bambini metodi pedagogici piú complessi e attivanti, adeguati cioè alle loro sempre piú ricche aspettative.

Per fortuna qualcuno ci sta pensando: il Museo del bambino del comune di Firenze e la Città dei bambini di Genova dimostrano che si può intervenire in modo intelligente.

Provate a chiedere a vostro figlio se ha mai immaginato di usare gli occhi come un falco o se ha idea di come un serpente a sonagli individua la sua preda nell'oscurità o ancora se riesce a indovinare come fa un coccodrillo a vedere nell'acqua. Portare i bambini in quei luoghi significa far scoprire loro quanto sia affascinante entrare in un mondo fatto di sensazioni. I bimbi non sono interessati esclusivamente al Game-boy che gli avete regalato, ma si emozionano anche a giocare a distinguere gli odori degli animali o a usare i polpastrelli per indovinare con il tatto qualche strano oggetto contenuto in uno scatolone. Potrebbe essere utile anche ai genitori: comunicare con i figli non significa solo parlare e ascoltare, ma anche accarezzare, baciare, amare odori e sapori della loro pelle.

Spesso mi capita di sentire un genitore ammettere di non essere riuscito a portare il proprio bambino al funerale del nonno o della nonna per timore di «impressionarlo».

C'è una cosa infatti che i genitori di oggi sembrano temere sopra tutto: parlare ai propri figli del dolore e della morte. Forse non si sentono adeguati, forse temono troppo questi due termini perché riflettono le loro stesse fragilità. Il dolore e la morte vengono espulsi dal mondo affettivo del bambino: comportano significati ingombranti, stonano con la patina edulcorata con la quale abbiamo avvolto l'esistenza dei piccoli rendendola cosí spesso irreale e fredda.

I genitori mi raccontano che i loro bimbi hanno paura della morte e del dolore. I bambini però hanno soprattutto paura delle nostre paure, delle paure degli adulti; il loro timore finisce per riflettere la nostra incongruità di educatori, il nostro disagio e la nostra difficoltà a pensare la sofferenza e la perdita con sufficiente serenità.

Eppure l'esperienza del dolore e della morte è essenziale, strategica per la costruzione dell'identità del bambino.

Un tempo, poiché si nasceva e cresceva in famiglie assai piú numerose di quelle attuali e in cui coabitavano diverse generazioni, accadeva spesso che i bambini assistessero alla malattia e alla morte di un familiare anziano. Effettivamente un evento cosí drammatico era difficile – lo è anche oggi – da spiegare a un bambino, quindi i genitori e gli altri adulti della famiglia sentivano, inconsciamente, di dover mettere in atto una strategia in grado di tutelare il piccolo da quella grave e dolorosa perdita: il bambino riceveva, proporzionalmente alla gravità dell'evento, sempre piú coccole, attenzioni e tenerezze, ma anche deroghe a regole quotidiane: gli veniva regalato quello che aveva chiesto a lungo e per varie ragioni non aveva ricevuto, gli si permetteva di giocare mezz'ora di piú o lo si riempiva con dolci solitamente proibiti.

In altre parole, per il bambino l'esperienza della morte non significava solo dolore ma anche piacere, non implicava solo una perdita ma anche un'aggiunta (di rassicurazioni affettive). Il dolore e la morte non si configuravano soltanto come sottrazione, abbandono e lutto, ma contenevano il sapore di un risarcimento emozionale, di un bilanciamento affettivo.

Oggi il panorama appare opposto: i bambini vengono privati di queste esperienze essenziali allo scopo di evitare loro un'esperienza di dolore, un trauma giudicato inutile. Cosí non solo non possono piú assistere e capire la malattia del nonno, ma non elaborano nemmeno la sua perdita. L'esperienza negata rende piú fragile il bambino proprio perché privato della cognizione affettiva contenuta nel dolore e nella morte. Non solo non ne capirà il senso, ma non potrà che temere e rimuovere quegli eventi.

Come spiegare un funerale a un bimbo? Come dirgli della gente che piange, di una bara che scende nella terra, di una persona che non potrà piú essere tra noi? Al funerale non si parla a quel bambino della morte del nonno, ma della sua vita: «Ti ricordi quando ti portava a prendere le paste alla domenica... di quando andavate a passeggiare in campagna con i suoi cani?» La morte dunque spiega la vita, conferisce senso al nostro esistere: quel bimbo crescerà anche attraverso l'elaborazione di quella sottrazione, di quei ricordi, di quelle emozioni.

Ciò cui invece un bambino viene esposto frequentemente è lo spettacolo del dolore e della morte, ovvero il loro lato anaffettivo, quello privato di senso. Cosí la morte reale equivale a quella vista centinaia di volte in un telefilm o al telegiornale, ma anche a quella ancor piú virtuale di un videogioco: le sale giochi odierne che altro sono se non la consacrazione della morte come gioco multimediale? Quanti bambini e ragazzi si divertono a uccidere mostri e marziani? La morte per le nuove generazioni rischia dunque di essere un Game-over.

Il dolore ritorni materia pedagogica, grammatica quotidiana: le mamme e i papà – ma anche gli insegnanti e gli educatori – non temano di parlare di un evento luttuoso con i propri piccoli, non insegnino che nella vita bisogna prevenire ogni frustrazione. È importante prendere qualche brutto voto a scuola, riuscire a far fronte a una disillusione amorosa, essere in grado di reagire a un'ingiustizia patita. Il bimbo impara cosí a conoscere i propri limiti, a misurarsi con la delusione, a familiarizzare con il proprio meraviglioso meccanismo psicologico.

I bambini sono sempre piú precoci, quindi elaborano molto presto anche un'idea della malattia e della morte. Per noi adulti è necessario adeguarsi a questo cambiamento delle fasi di crescita.

Riuscire a farlo con serenità vuol dire far crescere figli

meno fragili e ricattabili, dimostrando loro che un adulto può far fronte agli eventi difficili della vita senza lasciarsi travolgere o annullare dalla paura.

Qualche tempo fa sono stato invitato a Foligno per presentare un libro di poesie scritte dai bambini di una scuola media della città, *Piccole storie di una grande paura*, frutto dell'ammirevole lavoro di alcuni insegnanti che hanno permesso ai propri giovanissimi allievi di elaborare la paura del terremoto, della devastazione delle loro case. Una serie infinita di scosse telluriche che hanno minato non solo il benessere materiale, ma anche e soprattutto l'equilibrio interno delle persone, riducendo, giorno dopo giorno, la capacità di far fronte a eventi cosí inattesi ed estenuanti.

Quel piccolo libro rappresenta la riprova delle straordinarie risorse di cui i bambini godono, risorse di gran lunga superiori a quelle che comunemente gli adulti accreditano loro. Cosí può diventare occasione di crescita e di maturazione anche una tragedia come il terremoto. Un dolore imprevisto e imprevedibile che lacera il loro mondo incantato, un dolore che spaventa e atterrisce per primi i genitori costringendoli a mostrare tutta la propria fragilità e inadeguatezza. Agli occhi dei bambini si salvano solo i vecchi, soprattutto le nonne, evidentemente forgiati da disgrazie ancor piú grandi e definitive, forse per questo le sole persone in grado di essere un riferimento.

Bambini che si trovano quasi a dover consolare le paure dei grandi e lo fanno con enorme dolcezza, riuscendo a trovare il lato avventuroso ed emozionante anche nello scontro continuato con un nemico invisibile e subdolo che arriva di notte con un boato e una forza distruttrice superiori a quelli immaginati nelle favole piú terrificanti. Visto cosí il terremoto diventa una grande storia da raccontare ad altri bambini piú fortunati ma che non hanno conosciuto un grande evento emozionante: come si fa a spiegare a un bambino che non ha vissuto quell'esperienza la sensazione di essere salvati da un grande cavaliere nero che, sprezzante di ogni pericolo, ti raggiunge con una scala fin sul davanzale della finestra della tua camera e ti salva la vita? Come si fa a spiegare che i pompieri sono esseri miracolosi che vengono dal cielo nella notte piú lunga, uomini coraggiosi che vogliono bene soprattutto ai bambini e ai vecchi?

Una catastrofe che diventa risorsa, una magia che solo un bambino riesce a fare: il terremoto non soltanto distrugge e allontana, ma paradossalmente riesce a creare e avvicinare. La paura riunisce le persone, costruisce legami piú forti di una insipida quotidianità. E quando si ricordano quelle tragedie, si usano i toni di un evento che conduce in sé non solo lutti e lacrime, ma anche affetti e tenerezze.

È il segreto di ogni grande fiaba. Contiene mostri, paure e imprevisti, rassicura e sbalordisce. I piú grandi scrittori per bambini erano un po' sadici perché amavano spaventare i piccoli lettori, eppure nessuno di loro avrebbe mai potuto immaginare che le storie meravigliose che avevano raccontato sarebbero finite nella videocassetta che un bimbo avrebbe visto seduto sul divano in un pomeriggio di sconfinata solitudine. L'affabulazione prevede vicinanza, comunicazione sensoriale, contatto, non abbandono.

I bambini di Foligno insegnano che la paura, il dolore, le perdite nascondono anche un lato affettivo, che la vita non può essere emendata se non a costo di farla diventare una banale fiction televisiva: essa è al lordo di tutto, dolore compreso. Ciò che interessa l'uomo sono le emozioni, che non sono solo gioia e felicità.

Per molte persone il piú grande avvenimento televisivo degli ultimi anni non è stato una partita di calcio, un'Olimpiade, un incontro tra potenti del mondo, ma il funerale di una giovane principessa morta improvvisamente nel fiore dei suoi anni e di una storia d'amore.

Per sentire di esistere ognuno cerca anche la propria tragicità.

Voglia di spiritualità, ricerca di autorevolezza

Una splendida giornata di primavera. L'eremo è adagiato sulle colline pettinate dai vigneti della Franciacorta, a Rovato, non lontano da Brescia. Pochi frati in un luogo di straordinaria bellezza. Andandoci mi aspetto una conferenza per pochi intimi, invece il salone e il lungo loggiato invaso dal sole sono gremiti di giovani. Siedono in silenzio, gli occhi curiosi e attenti. Che cosa li porta lí? Non certo il tema del dibattito o il mio nome. Sono i sei frati che abitano il convento a calamitare sul colle quei ragazzi e quelle ragazze. Si aggirano mischiati ai giovani: conoscono tutti e tutti conoscono loro. Ad affascinare devono essere i modi silenziosi e sobri dei religiosi, un'affabilità che non sa mai di convenienza, una cultura non ostentata eppure consistente, la naturalezza nel porsi e nell'ascoltare. In quell'atmosfera di grande serenità s'intuisce il lavoro convinto e tenace di tessitura di una rete di legami e relazioni che ha creato un sentiero comune, forse un linguaggio e una cultura condivisi, certamente un fortissimo sentimento di appartenenza. In quel luogo non si percepisce formalismo né ritualità, ma un mite esercizio d'autorevolezza.

La scorsa estate Roma è stata invasa da centinaia di migliaia di giovani provenienti da tutto il mondo. Forse i piú sono venuti seguendo un percorso di fede, alcuni per stare insieme e vivere una grande emozione, altri per voglia di appartenere: tutti per ascoltare le parole di un Papa vecchio e malato. Esprimevano il bisogno di qualcosa che non si trova facilmente oggi, qualcosa che la nostra comunità non propone come e quanto loro desidererebbero. Forse quei ragazzi e quelle ragazze non cercavano nemmeno un Papa, ma piú semplicemente un papà, ovvero una figura genitoriale, un adulto autorevole capace di dettare le regole, di farle rispettare e rispettarle lui stesso. Non dev'essere facile, stranamente, per un giovane del nostro tempo trovare un maestro di vita, credere in una giusta causa, avere un eroe.

Quelle migliaia di ragazzi hanno probabilmente turbato qualche adulto. Il mondo dei giovani ci appare sempre piú contraddittorio: da una parte la loro coscienza sembra essere del tutto svincolata dalla necessità del mito e sempre piú governata da opportunismi e visioni egocentriche, dall'altra – e i Papa boys lo confermano – sembrano affamati di spiritualità e autenticità.

Eppure la contraddizione è soltanto apparente: il cinismo e l'egoismo che spesso si riscontrano tra gli adolescenti altro non sono che la risposta a una ricerca frustrata. L'autorevolezza è necessaria a crescere quanto le regole. Di queste un bambino ha un bisogno assoluto, quando non gli vengono impartite le richiede, anche a costo di provocare il genitore.

Che guaio chi confonde la giusta e sacrosanta necessità di essere autorevoli con l'inutile esercizio dell'autoritarismo! Non molti anni fa un'intera generazione si è scontrata con la violenza dei propri genitori; ne è nata una transizione che ha portato a grandi conquiste di libertà (al divorzio, alla chiusura delle scuole speciali e dei manicomi). Tuttavia proprio quella stessa generazione, quando si è assunta la responsabilità di mettere al mondo i figli, ha fatalmente confuso la necessità di combattere le nuove forme di autoritarismo con l'obbligo di essere autorevoli. Ne è nata un'immensa confusione di ruoli e relazioni: le mamme diventavano le migliori amiche delle loro figlie, i padri, piuttosto che assumere una decisione, preferivano essere assenti o dire «Lascia perdere».

In poco tempo si è dunque passati dai genitori maneschi e autoritari ad altri confusi e privi di sicurezze. Caratteristiche che hanno aggravato la fragilità delle nuove generazioni di bambini e adolescenti.

Si è molto parlato in questi anni della necessità per un genitore di pronunciare i «no». Quando il papà o la mamma arrivano a dire a un bimbo «Fai come ti pare» hanno di fatto abdicato alla propria autorevolezza. Il «sí» infatti può significare indifferenza, segnalare un disimpegno.

Eppure il modo piú frequente di educare è oggi basato assai piú sul sí che sul no e questo dipende in buona misura dai sensi di colpa che gran parte dei genitori si sentono addosso come pietre: il sentimento di inadeguatezza di fronte alle responsabilità dell'educare, il timore di essere troppo lontani e assenti o distratti, il sapere di aver lasciato i figli soli in casa o delegati a una baby-sitter, la consapevolezza di aver compiuto scelte di vita (ad esempio la decisione di vivere in una famiglia mononucleare) troppo centrate sugli interessi degli adulti. Spesso poi il genitore, o l'educatore, non trova una sponda per stemperare i propri sensi di colpa che rischiano di ingigantirsi e di pesare ancor piú sulla relazione con i piccoli. Spesso sono i padri della nuova generazione a essere piú tolleranti e propensi ad accondiscendere a qualsiasi richiesta del figlio: si tratta sia di un tentativo spesso inconscio di bilanciare un senso di colpa, sia di una sensibilità senz'altro cresciuta rispetto a quella dei loro padri che li espone a un piú doloroso vissuto di inadeguatezza.

Non c'è maggior fragilità per un genitore che basare la propria funzione educativa su sensi di colpa irrisolti.

La regola e il divieto non hanno importanza solo in quanto istruzioni alla convivenza familiare e sociale, ma come rinforzi a un legame. Il «no», perché abbia probabilità di essere ben recepito dal bimbo, richiede la presenza del genitore o dell'educatore, dunque ha in sé un valore relazionale, quindi affettivo.

I no, come le buone regole, aiutano a crescere ancor piú dei sí proprio perché permettono a chi deve educare di manifestare autorevolezza.

Un no, perché abbia peso e valore, deve essere spiegato, non può essere solo imposto. Un no, come una regola, richiede coerenza, componente essenziale dell'autorevolezza. Un papà non ha alcuna probabilità di essere considerato autorevole – dunque di essere rispettato – se, dopo aver urlato che oltre mezzanotte non si torna a casa, il giorno successivo dimentica il compleanno del figlio e arriva con un'ora di ritardo alla sua festa.

In campo educativo l'esercizio dell'autorevolezza è assai piú complesso in quanto coinvolge la coppia genitoriale. Quando un papà afferma una regola poi smentita o messa in discussione dalla mamma, o viceversa, il tasso di credibilità educativa della coppia di genitori – non solo dell'uno o dell'altra – crolla vertiginosamente agli occhi dei figli.

Il passaggio dalle forme di autoritarismo a quelle di autorevolezza misura la crescita di una civiltà pedagogica. Trent'anni fa alcuni sociologi tedeschi, riferendosi a ciò che era accaduto nel loro Paese con l'ascesa al potere del nazionalsocialismo, parlavano di una «società senza padri»: ovvero di una comunità senza regole, dunque anaffettiva, che non sa educare alla relazione. Il nazismo è stato costruito da adulti «autistici», incapaci di sentire emozioni. Simone Weil scriveva:

> Viviamo in un'epoca in cui la maggior parte delle persone sente confusamente, ma vivamente, che la cultura illuministica, compresa la scienza, costituisce un nutrimento spirituale insufficiente, anche se questo sentimento sta per condurre l'umanità verso i peggiori destini.

Il bisogno di spiritualità implica, rincorre la necessità di una società etica, cioè di una comunità delle regole. Dunque il verbo «educare» non può essere declinato senza il sostantivo «autorevolezza»: è il binomio a offrire una comunicazione affettiva tra genitori/educatori e figli/allievi, a creare appartenenza emozionale.

Possibile allora che ciò accada solo in un convento o sia opera di qualche genitore o insegnante coraggioso? Torna alla mente uno straordinario film, *L'attimo fuggente*. Che cosa offre quel curioso insegnante di Letteratura americana ai propri allievi se non un percorso di appartenenza che si realizza attraverso la comunicazione di una passione, ovvero una stupefacente capacità seduttiva? Come si possono insegnare le regole di una materia se non attraverso l'esercizio di una mite autorevolezza dell'educatore? In quel film questa necessità si compone come una metafora della sopravvivenza. Al ragazzo cui il padre proditoriamente nega, uno a uno, tutti i progetti per una possibile appartenenza emotiva (giornalino scolastico, squadra di football, gruppo di amici poeti) non rimane che constatare quanto la vita abbia perso senso. E si uccide.

Per crescere è indispensabile sentire di appartenere a qualcosa e a qualcuno: un amore, un'ideologia, una bandiera, una fede, un amico, un maestro, un mito.

I ragazzi di un mondo ancora vivo vanno a piedi dal Papa, altri cercano la serenità di un frate, altri vorrebbero un maestro capace di affascinarli, altri un papà che non ha paura delle regole e le amministra con emozione.

Tutti i bambini e gli adolescenti vorrebbero un capitano coraggioso, capace di guidarli con forza e mitezza, capace di donarsi con competenza e passione. Chi di loro non riuscirà a trovarlo, non avrà affetti e crescerà piú solo.

Che strano Paese è quello in cui i cittadini fanno una colletta miliardaria per sollevare le sorti di Telefono azzurro e poi, appena qualche settimana piú tardi, la Corte di cassazione stabilisce che colpire un bambino con uno scudiscio non deve essere considerato un maltrattamento, ma soltanto un «abuso di mezzi di correzione».

Nella scuola che ho frequentato vigeva un malinteso senso dell'ordine e delle regole: appartengo infatti a una generazione in cui gli insegnanti bacchettavano le mani degli allievi e li facevano stare dietro la lavagna per ore. Ricordo con orrore e pena la mia maestra alle elementari che mi fece rimanere in ginocchio per un'ora di seguito su una manciata di noccioline – allora portavamo tutti i calzoni corti – perché mi ero comportato in modo, secondo lei, indisciplinato. Né potrò scordare i commenti dei professori del liceo quando vedevano i segni delle cinghiate sulla pelle di un mio compagno di classe; dicevano sottovoce: – Chissà cosa avrà fatto? – Come a dire che un padre era legittimato a picchiare il figlio e che nessun insegnante era autorizzato a occuparsi della vita domestica dei propri alunni.

Nessun pedagogista ha mai potuto affermare che quelli fossero metodi educativi fondati, perfino l'antica regola imperniata sul premio-castigo appare sofisticata se confrontata con quei rudi mezzi correttivi.

Mi si potrebbe chiedere allora se anche un ceffone deve essere considerato un abuso o addirittura un maltrattamento. Uno schiaffo può scappare anche al genitore piú mite, in ogni caso esso segna malinconicamente la nostra incapacità a capire e a educare. È come se pensassimo che dare una botta alla radio che non funziona possa portare a migliorarne l'ascolto.

Riconoscere un valore alle botte significa, implicitamente, riaffermare un ruolo maschile nell'educazione dei figli. La figura paterna è stata spesso capace di pretendere e raramente di dare: il padre chiede di essere rispettato come capo famiglia ma poi è latitante, sia sul piano fisico che affettivo. Per questo l'educazione autoritaria è sempre andata a pennello al maschio, proprio perché può essere esercitata senza dover esserci, basta tornare a casa tardi, dare un ceffone al figlio da rimproverare e sdraiarsi sul divano davanti alla Tv convinti di essersi comportati da bravo padre severo.

Quando incontro un coniuge in crisi mi sento dire spesso: «Non mi separo per i miei figli, se fosse stato per me l'avrei fatto subito». Questa frase rappresenta una delle icone che meglio raffigurano la moderna versione dell'educazione adultocentrica. Il punto di vista di un bambino e di un adolescente viene sempre considerato per ultimo: a quel genitore non passa nemmeno per la testa che un figlio non ha alcun diritto di assistere tutti i giorni alla trasformazione di un rapporto affettivo in indifferenza, se non in odio. Se davvero un genitore volesse fare qualcosa per i suoi figli dovrebbe ascoltarli, saprebbe allora che non vogliono ipocrisia, detestano quel teatrino in cui si finge di essere una famiglia unita solo perché è la vigilia di Natale e viene a cena la nonna.

In questo modo quel genitore insegna che nella vita l'orgoglio non è cosí importante, che l'amore per sé non è strategico.

Osservate una famiglia al tavolo di un ristorante in un giorno di festa: ci sono i genitori, i figli e forse anche qualcuno dei nonni. Cercate di notare come i genitori si comportano con i figli, come parlano, che tono usano: vi accorgerete che se c'è un bambino la voce probabilmente sarà acuta, la comunicazione avrà quasi sempre un'unica direzione, quella di chi comanda verso chi deve obbedire.

Provate a contare i rimproveri: saranno certamente superiori agli apprezzamenti anche nelle cose piú semplici come sbucciare una mela. Vedete? Il bambino tiene il frutto con una mano e con l'altra impugna il coltello, i suoi gesti sono impacciati, maldestri, guarda con timore uno dei genitori; aspettate solo qualche minuto e vedrete il padre o la madre che, con aria spazientita, gli toglierà il coltello di mano dicendo: – Dài a me che te la pulisco io, se no ti tagli.

Inizia spesso cosí l'insegnamento della disistima. È un processo lungo, a volte dura tutta una vita. Ricordo un signore sui cinquant'anni che dopo lunghe vicissitudini si era separato dalla moglie e dai figli ed era tornato a vivere, non potendo fare altrimenti, a casa dei genitori. La madre – quasi ottantenne – dopo qualche giorno di assestamento della nuova organizzazione domestica aveva ripreso i toni e i contenuti di una comunicazione interrotta trent'anni prima: – Esci? Fuori fa freddo… ti sei coperto bene? Fai attenzione, vai piano che piove…

Dietro a molte forme di apprensione si riscontra la difficoltà di un genitore a fidarsi del proprio figlio; ciò nasconde, a sua volta, un'assoluta certezza: «Se non ci fossi io… chissà dove andresti a finire».

Questo egoismo risponde a una necessità: consentire la sopravvivenza di un ruolo, quello genitoriale appunto, che altrimenti sarebbe destinato a un naturale tramonto.

Cesenatico, assemblea con genitori e insegnanti. Si parla di giovani e delle morti del sabato sera, tragicamente frequenti da queste parti. In prima fila due signore parlano tra loro prima a bassa voce, poi sempre piú chiaramente: – Diglielo tu al professore come hai fatto con tua figlia… raccontagli del camper... – Incuriosito chiedo alla signora tirata in ballo dall'amica di spiegarci il suo metodo.

E lei racconta: – Ho una figlia di sedici anni che, come tutti i suoi amici, da qualche tempo chiede con insistenza di poter andare il sabato sera a ballare in discoteca. All'inizio noi genitori abbiamo traccheggiato, rimandando il permesso, poi abbiamo dovuto cedere. I primi week-end sono stati terribili: finché la ragazzina non tornava a casa non riuscivamo a dormire, in prossimità del sabato il clima in famiglia si faceva irrespirabile. Bisognava trovare una soluzione, non potevamo morire di ansia o costringerla a non frequentare i suoi compagni. Cosí mi è venuto in mente il camper di mio marito...

L'intuizione è brillante. Il sabato sera verso mezzanotte la signora prende il camper, la figlia vestita da discoteca monta a bordo e assieme si dirigono verso il locale. Lí parcheggiano, la ragazza si unisce agli amici mentre la madre si infila la camicia da notte e si mette a letto con il suo bel libro fino a quando si addormenta. All'alba la ragazza bussa alla porta del camper, la mamma si sveglia e insieme tornano a casa felici e contente. Geniale, no?

Apparentemente sí. Chiedo alla signora: – Fino a quando durerà questa storia? Ci sarà un giorno in cui non potrà piú portare sua figlia in discoteca con il camper, e quella notte come la passerà, si fiderà di lei? Sarà diventata autonoma e responsabile, quindi capace di stimarsi?

Stimarsi, volersi bene vuol dire aver raggiunto un buon grado di autonomia, sapere di poter contare sulle proprie forze. Forse quella mamma ha pensato piú alla propria ansia che alla crescita della figlia.

Educare all'autostima un adolescente è indispensabile; dovrebbe diventare un principio pedagogico strategico fin dalle scuole dell'infanzia: il nostro metodo educativo dovrebbe essere fondato sulla promozione dell'autonomia, mentre troppo spesso è imperniato sulla depersonalizzazione dell'allievo premiandone le competenze cognitive piú basse: «Hai capito?» «Sí». «Allora ripeti». Il nostro sistema di apprendimento tende a non basarsi sul rafforzamento delle risorse individuali e perciò autonome di chi impara, ma sulla conferma delle capacità di chi insegna.

Ricordo di avere appreso questo semplice principio molti anni fa quando lavoravo in un'università nella città danese di Aarhus. Un collega mi aveva invitato a visitare una scuola elementare situata nei pressi del mio dipartimento. La didattica era di una semplicità sconcertante. Tutto, apparentemente, si regolava attorno all'avvenimento piú importante della giornata: il pranzo. I bambini eleggevano chi tra loro quella mattina doveva redigere l'elenco dei prodotti da acquistare, raccogliere i soldi, andare al vicino mercato e comprare il necessario per cucinare. Dopo, chi tornava dal mercato doveva render conto di ciò che aveva comprato, per poi consegnarlo ai bambini addetti alla cucina. Infine si preparava il pranzo e si mangiava tutti assieme, insegnanti compresi. In questo modo i bimbi non solo apprendevano a leggere, a scrivere e a far di conto – anzi, apprendevano meglio e piú rapidamente, stimolati da attività che li riguardavano e li interessavano in maniera diretta –, ma soprattutto imparavano a essere autosufficienti, a cavarsela da soli senza che un adulto fosse necessariamente presente a controllarli. Quella scuola insegnava ai bambini a volersi bene. Una volta cresciuti, avrebbero sviluppato le loro risorse di autonomia e avrebbero lottato per raggiungerla in quanto dimensione esistenziale strategica.

L'amore è la forma piú sublime – e sublimata – di autostima. Amare è progetto, sfida, disponibilità a credere. Ma per credere nel proprio futuro occorre volersi bene.

Amare è dunque amarsi. Esistono, sventuratamente, madri e padri che insegnano a non amare. Quante volte ho sentito ragazzi dire che lo sbaglio piú grosso dei loro genitori è stato l'essersi sposati. Vuol dire sentirsi di troppo, vivere se stessi come il prodotto di un'incomprensione, di un fraintendimento. Un adolescente ha il diritto di crescere senza sentirsi vetro attraversato dagli sguardi di chi dovrebbe volergli bene, vuoto, ectoplasma superfluo. Un soggetto neutro.

John Kennedy ha detto che «i posti piú caldi dell'inferno dovrebbero essere riservati a quelli che, di fronte ai nostri momenti di dolorosa transizione, hanno mantenuto una neutralità». Amare, volersi bene significa combattere la neutralità, ovvero l'indifferenza.

Piccoli razzisti

I bambini possono essere razzisti? Trent'anni fa questa domanda sarebbe sembrata retorica: il nostro Paese si era confrontato con il problema della convivenza tra le razze in modo del tutto occasionale e limitato. Oggi per i bambini l'incontro con un coetaneo di colore avviene in tutte le scuole o in qualsiasi giardinetto.

Occuparci delle loro reazioni è importante perché sappiamo che ciò determinerà la futura coesistenza nella nostra comunità: riguarda la possibilità di innescare conflitti o la costruzione di una cultura sociale nella quale diverse etnie riusciranno a convivere.

Fino a pochi anni fa il nostro Paese si era giovato di un pregiudizio positivo riguardo il proprio progresso civile, quasi fossimo pienamente attrezzati, per spirito e cultura, alla coabitazione con la differenza razziale. Le esperienze delle aree dove storicamente la contaminazione etnica aveva proliferato senza eccessive contraddizioni ci avevano illuso: si riteneva che la tradizione cattolica avesse posto le basi per una pacifica coesistenza basata sulla tolleranza – parola di cui diffido perché si fonda su un senso di superiorità del tollerante nei confronti del tollerato – delle diversità. Eravamo convinti che un Paese ormai modernizzato avesse prodotto anticorpi sufficientemente forti per debellare sul nascere antiche e barbariche forme di intolleranza. Cosí non è stato; la cronaca di recenti anatemi pronunciati non solo da leader politici ma anche da qualche cardinale ci obbliga a rivedere speranze e illusioni.

Per convincerci che i bambini hanno assunto in parte questo recente e diffuso senso di diffidenza razziale basta leggere i risultati delle ricerche sociali effettuate negli ultimi anni, in parte fondate sugli scritti di molti alunni di scuole elementari e medie. Eppure nemmeno queste indagini hanno risposto a una domanda fondamentale: l'atteggiamento di paura e repulsione nei confronti del diverso è dato dall'assimilazione di un analogo comportamento familiare e sociale o è innato?

Il grande scrittore marocchino Tahar Ben Jelloun risponde con chiarezza. Sostiene che razzisti si diventa e non si nasce, che tutto dipende da chi e da come si educa; infatti afferma:

> La natura spontanea dei bambini non è razzista. Un bambino non nasce razzista. E se i suoi genitori o i suoi familiari non gli hanno messo in testa idee razziste, non c'è ragione perché lo diventi.

La posizione di Ben Jelloun è idealista, debole in rapporto all'identità culturale di un bambino e fuorviante dal punto di vista dei compiti degli adulti. Non esiste una natura spontanea di un bambino che non sia prodotta dall'influenza e dall'adattamento all'ambiente relazionale in cui vive. Fin dal momento in cui apre gli occhi il mondo esterno ne condiziona certezze e paure. La certezza è ciò che vede intorno a sé, la paura è che tutto ciò possa scomparire. È ben difficile che un bambino nasca e cresca in una realtà perfettamente multietnica. Prima che una questione culturale, vi è dunque un problema di identità che un bimbo focalizza in quella dei propri genitori e del nucleo sociale in cui si forma: vuole e desidera ciò che i grandi desiderano, teme ciò che essi temono.

La «natura spontanea» di un bambino dunque non è né razzista né antirazzista: non formula giudizi ma esprime emozioni. Per lui la diversità – di pelle, di comportamento, di modo di essere – non assume mai un valore etico e morale, e perché questo accada occorre insegnarglielo.

Se dunque si può concordare con l'affermazione di Ben Jelloun che un bambino non nasce razzista, è altrettanto ovvio ciò che lo stesso Ben Jelloun omette: che non viene al mondo nemmeno antirazzista. Non è certo preservando una natura spontanea che cresceremo una generazione meno impaurita dalla diversità. E se gli adulti comunicano attraverso la paura del diverso, come non prevedere che anche i bambini diventeranno ragazzi spaventati dell'altro?

I bambini non apprendono solo da lunghi e faticosi insegnamenti ma anche da battute e gesti apparentemente banali: un insulto ascoltato da papà allo stadio, un moto di stizza di mamma nei confronti di chi chiede di lavare il vetro della macchina ferma a un semaforo. Sono gocce che una dopo l'altra cadono nell'anima di un bambino aumentandone la diffidenza nei confronti di chi non ha il suo colore di pelle o non crede nella sua stessa religione. Cosí cresce, silenziosamente, un piccolo razzista.

A volte non ci accorgiamo che il razzismo piú profondo non lo nutriamo contro i diversi, gli alieni ma proprio nei confronti delle persone che dovremmo amare di piú. Una delle forme meno manifeste e piú diffuse di razzismo si chiama pedofobia.

Un paio di anni fa vennero a trovarmi due giovani coniugi: risiedono in una città del Sud, lui piccolo imprenditore, lei casalinga. Sui volti la tragedia: i due loro bimbi, dieci e dodici anni, erano stati piú volte gravemente molestati da uno zio che abita nello stesso palazzo. La violenza durava da molti mesi, lo zio li aveva ricattati costringendoli al silenzio finché la madre, colpita dalla brusca variazione di comportamento e di umore del piú piccolo, era riuscita a farsi raccontare tutto. I due genitori volevano denunciare lo zio, ma temevano ripercussioni ancora piú negative sui figli. Cercai di informarli sulle lungaggini burocratiche della giustizia e sulla necessità di tutelare i bambini dalle ingerenze che le diverse fasi processuali avrebbero potuto creare.

Qualche settimana piú tardi seppi che con grande coraggio i genitori avevano denunciato lo zio e affrontato i tribunali, l'indifferenza di molti, il sarcasmo del violentatore.

Poi per molti mesi non ebbi piú notizie, fino a quando con una telefonata mi comunicarono che lo zio era stato prosciolto.

Tornarono al mio studio. Non potevano immaginare

che i loro figli avrebbero subito un altro abuso, questa volta legalizzato: mi raccontarono le infinite ore passate tra interrogatori di magistrati, periti, psicologhe, assistenti sociali. E poi le telefonate minatorie, le paure di ogni genere, l'angoscia di una famiglia sola a combattere per tutelare la dignità e l'integrità dei propri figli. Infine la beffa dell'assoluzione, la derisione di parenti e vicini di casa, lo zio libero di incontrare quotidianamente le sue vittime e di sorridere loro.

Nessuno ha voluto credere a quei bambini.

Gli adulti non credono quasi mai ai bambini. La nostra comunità è sempre pronta ad anteporre i diritti degli adulti a quelli dei piú piccoli. Proteggere i bambini è difficile perfino per chi ha il compito di farlo.

In questi ultimi mesi le redazioni dei giornali vengono invase da notizie raccapriccianti: bambini sessualmente sfruttati, torturati e uccisi, viaggi di impeccabili gentiluomini che s'immergono nei piú turpi mercati del sesso, storie di stupri e molestie perpetuati nella complicità familiare, professionisti che di notte si dedicano all'acquisto di bambini via Internet. Notizie agghiaccianti che non sembrano indurre solo disprezzo ma anche malcelata morbosità: il telegiornale piú popolare, all'ora di punta trasmette foto di bimbi violati con la stessa disinvoltura di una notizia economica.

La pedofilia emerge come uno degli scenari piú inquietanti non solo per la sua natura di straordinaria ambiguità, ma soprattutto perché appare come l'atto di violenza piú odioso, proprio perché eseguito contro un essere inerme. Giocando con la loro innocenza, il pedofilo rappresenta nel modo piú degradato la quintessenza dell'odio nei confronti dei bambini, mentre la falsa riprovazione di non pochi adulti nasconde una sordida, malcelata complicità.

In quest'indicibile incoerenza emerge in tutta la sua efferatezza non solo l'istinto di molti adulti a sopraffare i desideri del piú piccolo, ma anche l'incapacità a liberarsi dal male piú profondo: la pedofobia.

La pedofobia è cultura del disprezzo del piú debole, indifferenza, incapacità ad assumere il suo punto di vista. Pedofobia è costringere un bambino già vittima delle violenze di un adulto a sopportare quelle degli apparati burocratici processuali, degli infiniti interrogatori e perizie. Pedofobia è suggerire – e molti miei colleghi lo hanno fatto – l'applicazione di uno dei tanti decaloghi che illustrano le regole di comportamento che i genitori dovrebbero seguire per salvaguardare la vita dei loro figli dai pericoli della pedofilia, regole che se davvero fossero osservate appieno obbligherebbero i nostri bambini a vivere nell'ansia e nel terrore nei confronti di chiunque si avvicini loro.

La pedofilia non è un fungo malnato, un'anomalia che la nostra comunità si appresta semplicemente a estirpare: nasce e si alimenta da un fenomeno assai diffuso e sconcertante. L'odiosa complicità, che permette al pedofilo di tessere la sua viscida tela di ragno, rispecchia il piú infamante ostacolo che il progresso sociale non è riuscito a superare. Può sembrare strano e paradossale ma questa nostra comunità non riesce ad amare i bambini esattamente come diffida dei giovani.

Isabella Bossi Fedrigotti scrive su un quotidiano a commento dell'ennesimo raccapricciante delitto compiuto su un bambino:

> Nella nostra composta vita piú o meno privilegiata [...] non ci immaginavamo che esistessero persone, migliaia di persone, adulti ben sistemati che godono, che provano piacere nel vedere bambini torturati e ammazzati.

Questa signora probabilmente vive su un altro pianeta. Quei delitti non maturano necessariamente in un tugurio, ma anche nei saloni damascati frequentati dalla crema della nostra società. Non possiamo far finta di vivere in un mondo sorretto soltanto da sani principî: quante mamme e quanti papà – magari ricchi e potenti – abbandonano i propri piccoli, li picchiano quotidianamente o li costringono ad assistere a scene di inaudita violenza psicologica e fisica? Come non capire che esiste una contiguità tra insensibilità e sopraffazione e che quest'ultima non potrebbe esserci senza quella forma particolare di disamore?

Forse si vuole negare l'evidenza che molti pedofili sono stati a loro volta bambini violati? E come non capire che proprio quelle brutalità possono diventare bombe a orologeria in grado di scoppiare, magari a distanza di anni, in una condotta di disprezzo e di aggressione di sé o di altri, fino a giungere alle forme piú estreme e orripilanti?

Le tante anime candide che popolano la società vorrebbero far credere ai bambini la fiaba di un mondo diviso tra buoni – i privilegiati – e perversi, ovvero alieni nati e cresciuti in un altro pianeta e atterrati per infierire sui piú piccoli e contaminare i nostri sani principî morali. Una visione manichea che ripartisce le responsabilità tra Dna avariati e raptus – parola magica usata da tutti i giornalisti quando non sanno come spiegare un delitto – che imprevedibilmente portano una persona irreprensibile a deviare.

Non si nasce pedofili, ma lo si diventa e le spore di questa pianta orrenda a volte si nascondono nella «normale anormalità» delle relazioni affettive di molte famiglie.

Persuasori palesi

All'inizio era Carosello. Poi, con la moltiplicazione delle televisioni commerciali, l'assalto ai bambini come veicolo ideale per conquistare nuove fasce di mercato si è fatto sempre piú pressante: non sono diventati solo degli importanti consumatori di merendine, zainetti e videogiochi, ma condizionano anche ciò che gli adulti acquistano. Parole e marchi visti in Tv vengono immagazzinati nella loro memoria per essere ripescati quando accompagnano la mamma al supermercato.

Se il target dei piú giovani è dunque strategico per una componente sempre piú importante del mercato pubblicitario, rischiamo di essere teleguidati dai consigli per gli acquisti che faranno piú colpo sui nostri figli. A Londra una delle maggiori agenzie di pubblicità, la Saatchi & Saatchi, ha da tempo deciso di aprire una sezione per produrre pubblicità televisive «efficaci» per bambini e adolescenti.

Le conseguenze non sono difficili da immaginare. La pubblicità non promette una maggiore libertà di scelta ma una sua restrizione. Proviamo a moltiplicare l'effetto seduttivo della pubblicità sui bambini e sugli adolescenti in relazione a oggetti di largo consumo: il rischio è che i loro gusti e le loro preferenze diventino eterodirette, acquisteranno cioè solo alcune cose e tutti le stesse, cresceranno con lo stampino. Cosí come alcune trasmissioni televisive rischiano di determinare comportamenti e orientamenti culturali omologati.

Questo scenario non può essere contrastato con improbabili e stupide censure, ma assumendo – gli adulti – maggior responsabilità educativa. Altrimenti ci penseranno i mass media.

È dunque giusto che i genitori e gli educatori si preoccupino sempre di piú dell'influenza che la televisione potrà continuare ad avere sui bambini e gli adolescenti?

Spesso gli adulti identificano la televisione come capro espiatorio di qualsiasi questione riguardi i giovani: dai sassi sull'autostrada agli ultras degli stadi, dalla mania delle sette e degli extraterrestri all'anoressia. Sembra che non possano fare e pensare altro da quello che il tubo catodico ha inculcato loro.

Non che la televisione non abbia le sue responsabilità, ma affermare che tutti i bambini e gli adolescenti siano interamente succubi di quella scatola nera pare eccessivo.

Dei messaggi televisivi si tende a sopravvalutare i contenuti e sottovalutare il contesto ambientale in cui vengono percepiti. Poniamo, ad esempio, che un bambino veda un mostro in un cartone animato e che poi non riesca ad addormentarsi o faccia la pipí a letto: la ragione di questo disagio è soltanto correlata al contenuto di quel cartone animato? Le cose non stanno proprio cosí, tanto è vero che su cento bambini che vedono lo stesso cartone animato pochissimi manifesteranno segnali di malessere. Ciò che cambia e fa la differenza è la soggettività di quel bambino e il contesto in cui quel cartone è stato visto. È evidente che se il bimbo era solo e ha dovuto aspettare qualche ora prima di poter raccontare la sua paura a un genitore, le ricadute emozionali saranno del tutto diverse rispetto a quelle di un altro bambino che ha guardato quel programma vicino a qualcuno che ha consolato immediatamente la sua paura con una battuta o una carezza.

Il ragionamento non riguarda solo il rapporto fra bambini e televisione, ma anche gli adolescenti. Si pensi all'anoressia. Sappiamo tutti che questa grave forma di disagio è in parte influenzata dai modelli appresi dai mezzi di comunicazione di massa. Ma la questione non è solo legata all'influenza che la televisione ha su di noi, dobbiamo anche occuparci di com'è cambiato il nostro modo di vivere a prescindere dalla sua influenza. Probabilmente oggi il modello anoressico di Kate Moss cade in una crisi profonda della struttura familiare che non riesce piú a contrastare e far fronte alle forme di disagio degli adolescenti.

Se fossimo davvero convinti che i loro comportamenti – soprattutto quelli violenti – siano il prodotto di ciò che quotidianamente vedono in Tv, basterebbe spegnerla!

D'altra parte, per anni non si sono effettuate nel nostro Paese ricerche che mettessero in luce gli effetti negativi che la televisione ha sui giovani: le nostre case sono state inondate di cartoni animati violentissimi senza che nessuno fiatasse. Ma ciò non autorizza a ritenere che il contenuto di una trasmissione televisiva possa funzionare come causa diretta di un comportamento, semmai può influenzare i soggetti predisposti.

Una signora in un dibattito a Milano mi dice:

– Mia figlia di cinque anni si sveglia un'ora prima del necessario, accende la Tv e guarda i cartoni. Come posso farla smettere? – È evidente che non occore dire alla signora che il televisore è dotato di un interruttore; il problema è che quei cartoni animati assolvono a un comodo ruolo di baby-sitter cui quei genitori non sono disposti a rinunciare.

Non voglio assolvere la televisione e negare le sue responsabilità, ma nemmeno posso sottacere quelle dei genitori. Anche perché cercando di sfuggirle si corre il rischio di colpire il bersaglio meno importante. In Europa negli ultimi cinque anni i giovani tra i quindici e i venti anni hanno dimostrato un profondo distacco dallo schermo a vantaggio dei videogiochi e di Internet. Oggi ce la prendiamo con la televisione, domani con le reti virtuali: un infinito rimbalzo di responsabilità che non aiuta certo a capire qualcosa di piú dei bambini e degli adolescenti.

Bernard Bensaid, famoso psicoanalista francese, mi ha raccontato una storiella. Un signore mentre rincasa di notte incontra una persona che sta cercando qualcosa sotto un lampione. – Posso aiutarla? – chiede. – La ringrazio, ho perso le chiavi di casa, – risponde l'altro. I due si mettono a cercare. Dopo un po', il primo, non riuscendo a trovare nulla, chiede: – È proprio sicuro di averle perse qui? – E l'altro: – Veramente no, solo che qui c'è luce.

Alcune forme di disagio stanno alla televisione come quelle chiavi al lampione: illumina ciò che ci è piú vicino e ciò che è piú consolante per noi, ma allontana dalla verità. Le ragioni sono altrove, non lontane dai nostri cuori e dalle nostre menti. Non saranno né la televisione né Internet a creare disagio ai bambini e agli adolescenti, quanto una certa indisponibilità degli adulti a esserci.

Il giudizio sulla condizione della scuola italiana è complesso e a nulla valgono facili quanto generiche accuse. Tuttavia alcuni dati parlano chiaro. Su mille iscritti alla prima media solo centosettantatre si laureano; su dieci che conseguono la licenza media inferiore soltanto sei ottengono quella superiore; solo il quarantadue per cento dei venticinque-trentaquattrenni possiede un diploma (contro il novanta per cento della Germania, l'ottanta per cento della Gran Bretagna, il sessanta per cento della Francia); negli istituti tecnici industriali e commerciali quasi il sessanta per cento degli studenti riporta un voto medio insufficiente. Basta poi analizzare i dati piú recenti sugli standard qualitativi per verificare che la situazione della scuola italiana è ancora piú negativa rispetto a quella dei nostri partner europei: se infatti la scuola elementare risulta tenere il confronto con gli altri Paesi d'Europa (l'Italia è settima su quindici Paesi analizzati), nelle medie si evidenzia un peggioramento (siamo undicesimi su diciassette), mentre piombiamo all'ultimo posto nella graduatoria per gli studenti di scuola media superiore.

Il peggio è che un'analoga indagine condotta venti anni fa denunciava un quadro identico: non solo dunque la situazione è negativa ma non mostra nemmeno cenni di miglioramento.

La rivolta della maggioranza degli insegnanti italiani contro una possibile valutazione delle loro capacità pedagogiche rischia di creare ulteriore rigidità in un sistema che è già tra i peggiori d'Europa. Tutti sanno che conseguire una laurea in una disciplina non significa saperla insegnare, eppure è difficile trovare un genitore capace di ribellarsi al fatto che gli insegnanti di suo figlio percepiscano uno stipendio senza che nessuno possa verificarne le capacità didattiche. Perché mai si devono mettere i nostri ragazzi in mano a un incapace? Perché invece un insegnante bravo e aggiornato non può essere gratificato, anche economicamente?

Di recente una commissione di saggi nominata dal ministro della Pubblica istruzione – a proposito, perché non si chiama ministro dell'Educazione? – ha suggerito un cambiamento nella formazione iniziale dell'educatore, prevedendo anche un anno di tirocinio con i ragazzi. Perfino in questo caso si sono levate critiche demolitorie da parte di alcuni influenti sindacati.

Forse non si vuole ancora capire che la scuola non deve rispettare prioritariamente i diritti degli insegnanti, ma quelli dei bambini e degli adolescenti.

Nell'immediato dopoguerra venne in Italia, a Rimini, una discepola di Piaget, pioniere della psicologia infantile. Era convinta che il nostro Paese sarebbe risorto dalla distruzione e dall'odio se avesse creduto nei bambini. Per questo cercò di raccogliere dei fondi per costruire un asilo che funzionasse secondo gli insegnamenti del suo maestro. Qualche anziano cittadino di Rimini ricorda ancora quella signora aggirarsi per il cantiere per accertarsi che i muratori collocassero le finestre a sessanta centimetri dal suolo. E quando le chiedevano spiegazioni di quella bizzarria, lei rispondeva: – Perché volete obbligare i vostri bambini ad alzarsi sulla punta dei piedi per vedere se fuori nevica, fate piegare la schiena alla maestra...

Non c'è inizio di anno scolastico che non riproponga notizie sconfortanti, statistiche depressive, interviste a politici su riforme mai compiute, scioperi e agitazioni sindacali ritualmente annunciate. La mediazione con un corpo insegnante spesso scontento e demotivato fa intravedere ciò che ancora non si è fatto o non si è osato fare. La scuola italiana naviga a vista tra concrete speranze di cambiamento e seri pericoli di regresso, preda di una strana contraddizione: tutti – insegnanti, studenti, genitori, esperti pedagogisti – hanno buone ragioni per criticarla, ma nulla sembra scuoterla da una sostanziale immodificabilità.

Eppure qualcosa è cambiato, sarebbe ingiusto non rilevare qualche notevole evoluzione positiva: basti pensare agli asili nido e alle scuole materne. Tuttavia il giudizio deve essere misurato anche con le accresciute aspettative nei confronti dei processi educativi. Come cittadini abbiamo finalmente cominciato a pretendere qualcosa di piú per i ragazzi e forse gli strumenti culturali oggi piú diffusi ci permettono di confrontarci con presidi, insegnanti, direttori didattici senza il senso di subalternità che ha caratterizzato fino a pochi anni fa il nostro rapporto con la scuola.

Oggi lo scontento riguarda la qualità globale dell'offerta educativa. E se dati macroscopici descrivono un progresso della didattica, è pur vero che oltre il cinque per cento dei ragazzi abbandona gli studi senza aver conseguito il diploma di scuola media inferiore, sia pure contro il tasso quasi doppio di fine anni Ottanta: miglioramento dovuto però in parte alla diminuita selezione nella scuola dell'obbligo, in cui la percentuale delle bocciature cala costantemente (dal 12,6 per cento del 1985 al 6,9 per cento dell'ultimo anno scolastico).

Il malumore nasce soprattutto dalla sensazione che la scuola non sia nel complesso adeguata alle esigenze della società civile attuale: ancora non si è riusciti a farne un luogo dei giovani, in cui la gestione del tempo e dei contenuti oggetto di insegnamento/apprendimento sia piú duttile e ricca. Troppe scuole non sono ancora il luogo della vivibilità, del benessere e degli interessi dei ragazzi, non costituiscono un loro spazio per esprimersi, tessere relazioni profonde e in esse imparare, per confrontare esperienze ed emozioni come in un laboratorio stabile, protetto e guidato dal sapere degli adulti cui sono affidati.

Occorre rinegoziare un patto tra famiglia e scuola ove ognuna assuma nuove competenze e obblighi. Nella nostra comunità è transitata una profonda trasformazione che ha toccato ogni angolo della nostra vita: è urgente che la famiglia e la scuola si adeguino alle ricadute che queste trasformazioni hanno comportato.

La scuola deve reinventarsi. Per questo è necessario partire dai tempi dell'educare: solo il tempo pieno – in tutti i Paesi industrializzati è cosí – è in grado di accogliere e gestire i bisogni dei ragazzi le cui famiglie sono diventate tanto piccole: papà e mamma lavorano tutta la giornata, i nonni sono per molte ragioni quasi sempre irraggiungibili.

La famiglia – visto che bambini e ragazzi trascorrerebbero la maggior parte delle ore del giorno a scuola – deve riassumere le proprie responsabilità educative per un tempo sufficiente a riconoscersi: le sere, il sabato e la domenica, i giorni festivi, le vacanze.

Perché allora non si vogliono questi cambiamenti? Perché corporazioni di insegnanti si ribellano alla prospettiva di una revisione degli orari scolastici? Perché, se si tratta di chiudere la scuola il sabato, moltissimi genitori protestano dicendo che cosí non possono mandare avanti le proprie attività lavorative? In Svezia o in Inghilterra, dove nessun ragazzino è mai entrato a scuola il sabato, non ci sono forse interessi professionali e attività produttive da salvaguardare?

Il problema degli orari non è questione secondaria: il tempo pieno permetterebbe alla scuola di passare dall'istruzione all'educazione offrendo tempi, luoghi e attività finalizzati a dare non solo nozioni, ma soprattutto opportunità di crescita; consentirebbe alla famiglia di riconoscersi in un tempo non piú costretto e scandito dai frammenti dei pranzi o delle partite domenicali: una scuola finalmente autarchica, dove i ragazzi iniziano e finiscono il loro impegno senza allungarlo insensatamente con i compiti da fare a casa.

Una diversa organizzazione dei tempi di vita e di lavoro permetterebbe di pensare dalla parte dei ragazzi.

Il malinteso nei confronti della scuola è anche ad altri livelli. Si pensi ad esempio alla tremenda roulette russa che i genitori devono sopportare all'inizio di ogni anno: – Speriamo che mia figlia possa essere iscritta alla Seconda C e non alla Seconda A, sarebbe un disastro! – Se un cattivo insegnante può incidere sul futuro culturale, formativo ed etico dei nostri ragazzi, come è possibile che ciò sia legato a un fattore di assoluta imprevedibilità? Perché tra gli insegnanti preparazione, capacità di insegnamento, addirittura il tempo dedicato al proprio impegno professionale possono variare in modo cosí macroscopico?

Troppo spesso le sacrosante rivendicazioni di un piú decente riconoscimento economico per gli insegnanti sono scisse dalla richiesta di una periodica verifica del proprio livello professionale e del proprio operato, che appunto tali rivendicazioni potrebbe legittimare e sostenere. Le principali preoccupazioni di molti insegnanti diventano liquidazioni, prepensionamenti, pensionamenti. Chi lascia la scuola o ha già un'altra occupazione o può permettersi di vivere con la pensione: comunque ritiene che la battaglia per il rinnovamento culturale del Paese sia perduta per sempre. Quanti di loro sarebbero disposti a sottoscrivere un contratto che preveda aumenti salariali basati unicamente sul merito e non sull'anzianità, orario di lavoro a tempo pieno – o part-time con retribuzione proporzionata –, possibilità di essere esonerati in caso di provata incapacità o ignoranza? Una corporazione senza piú identità né progetto lecca le proprie ferite, professionisti consapevoli del proprio valore – e disposti a sottoporlo a un'adeguata verifica – oserebbero reinventare se stessi negoziando privilegi acquisiti con piú complessi e trasparenti diritti? Quanti scioperi sono stati indetti, quanti blocchi degli esami sono stati minacciati per questioni salariali e quanti per chiedere che sia finalmente riconosciuto un iter formativo specifico dell'educatore ancora sostanzialmente inesistente? Ma come fa un insegnante senza una seria formazione iniziale e continua, senza un salario adeguato né tempo pieno, senza nessuno che possa valutare seriamente i suoi meriti a rispondere a quella domanda di appartenenza emotiva che i ragazzi oggi urgentemente reclamano?

Nonostante gli evidenti limiti della situazione attuale molti insegnanti, con obiettivi e strumenti diversi, si trovano a giocare un ruolo importante nello sviluppo culturale e psicologico dei loro allievi e, sempre piú spesso, ad affrontare il loro disagio. Sono adulti con i quali i giovani si confrontano quotidianamente, rappresentano punti di riferimento strategici per la loro crescita. Dovrebbero saper fornire, con il proprio comportamento, esempi di coerenza, disponibilità all'ascolto, capacità di giudizio, tolleranza. La mancata autorevolezza di genitori a volte disattenti significa per i giovani carenza di personalità di riferimento, che produce, a sua volta, solitudine e insicurezza. Cosí come incontrano amici, vorrebbero intercettare anche professori nei quali identificarsi. In questi momenti delicatissimi genitori e insegnanti dovrebbero saper collaborare, senza contrapporsi in un meschino gioco di ruoli e di potere.

Ma è anche vero che la scuola spesso diventa una sorta di comodo capro espiatorio per i mali della nostra società, tanto da giungere agli estremi di attribuire agli insegnanti ogni responsabilità su ciò che riguarda la vita dei giovani: serve analizzare le variabili di una situazione complessa, ponendo la scuola come un'istituzione strategicamente primaria e indispensabile per riformare la collettività.

I giovani si stanno sempre piú allontanando dalla scuola perché sempre piú faticano a sentirla parte della propria vita e della propria cultura. Troppo spesso in quelle aule non si sentono ascoltati, ma solo giudicati e questo riduce la relazione affettiva con chi a scuola lavora. Occorre dunque ripartire da qui, dalla qualità e dignità dell'educare.

La scuola non riesce a produrre legami forti né con gli insegnanti né con gli studenti, non è in grado di essere accattivante: tutti la guardano con distacco come non fosse né dei cittadini né degli operatori né dei governi. L'impossibilità di amare la scuola è misura dell'impossibilità di appartenerle. In questi ultimi anni molti insegnanti se ne sono andati sbattendo la porta, senza un dibattito reale, senza nemmeno l'elaborazione di un fallimento.

Tutto ciò spiega, almeno in parte, la loro reazione spesso sdegnata nei confronti di chi li critica non certo per attitudine sadica, ma per trovare un varco di comprensione, una lettura serena delle cose che parta dall'analisi del reale e non dalla contrapposizione di pre-giudizi.

Ogni volta che incontro degli insegnanti in dibattiti pubblici o in seminari di aggiornamento ritorna lo stesso imbarazzo: mi trovo a criticare la scuola con la parte piú sana e meno arresa della categoria, quindi con gli interlocutori sbagliati. Se parlo di una scuola inefficiente non mi riferisco a loro, ovvero a chi si aggiorna e compra libri a proprie spese. Il problema sono gli altri, gli educatori meno scrupolosi. Quanti di loro insegnano soltanto, senza svolgere nessun'altra attività lavorativa? La questione del tempo pieno è fondamentale non certo per una volontà punitiva nei confronti di una categoria professionale, ma per la dignità dell'insegnamento. Un impegno che deve essere visibile (quindi non a domicilio), pienamente riconosciuto e remunerato, comprensivo di una formazione non iscritta nella laurea conseguita. Mi sembra strano che gli insegnanti accettino di essere pagati anche per ciò che nessuno può controllare: il lavoro che fanno a casa. Come se un operaio della Fiat si portasse dietro a fine giornata un tergicristallo da montare…

E poi: che genere di formazione? Sono in grado gli insegnanti di riconoscere e affrontare il disagio dei ragazzi, è compito loro? Sono pagati per questo? Forse potrebbero impararlo, in una scuola disposta ad accogliere collettivamente quel disagio senza delegarlo allo psicologo di turno. Se pretende di educare, la scuola ha il compito di saper ascoltare. L'ascolto è un problema reale degli insegnanti.

Una giovane professoressa di Matematica incontrata durante un corso di aggiornamento a Bologna mi racconta di un suo allievo particolarmente triste e scontroso. Gli chiede cosa sia capitato. Il ragazzo racconta, lei ascolta. Qualche giorno addietro, poco prima della chiusura, la piccola gioielleria dei genitori è stata svaligiata. Due giovani a volto scoperto e ben vestiti sono entrati: improvvisamente, uno ha estratto una pistola, l'altro con un coltello in mano ha tenuto ferma la madre nel retrobottega. I gioielli erano in buona parte di proprietà dei fornitori, l'assicurazione copriva solo parzialmente.

L'insegnante propone al ragazzo di parlarne in classe con i compagni, anche solo per sfogarsi. Ne sorge inevitabilmente una discussione partecipata e a tratti violenta. – Al posto tuo se incontrassi quei ladri li ammazzerei... – Bisogna aumentare il numero dei poliziotti... anzi no, bisogna difendersi da soli... – Quelli della Polizia non servono a nulla... sono solo dei corrotti... – Ci vuole la pena di morte... – L'insegnante cerca di spiegare la complessità del problema, ma non c'è niente da fare. I ragazzi inveiscono, l'accusano di debolezza: parole rabbiose, eco di quelle degli adulti. Non è la loro violenza verbale a spaventarla, ma il sentirsi inutile, infinitamente lontana, incapace di comunicare. Come far fronte a questa violenza, come affermare il proprio diritto a non pensarla in quel modo senza correre il pericolo di perdere autorevolezza?

E invece proprio ciò che ha fatto quell'insegnante è la forma piú alta di relazione. Concedere ai ragazzi di esprimersi come credono e possono o permettersi una replica rovescia il ruolo cui si sente costretto chi insegna: piuttosto che limitarsi a sorvegliare e giudicare, concede e si concede spazio e tempo per ascoltare il dolore e il disagio di un alunno. Facendo questo, lo aiuta a fuoriuscire dall'angustia dell'angoscia, conferisce dignità alla rabbia e ragione all'impotenza. Fa in modo che i ragazzi si confrontino non su un tema generico, ma sul problema concreto di un compagno. Tutto sommato, il contenuto del confronto è meno importante del metodo. Cosí si dà senso all'insegnamento, si educa a vivere. La paura dei ragazzi diventa ancor piú profonda se temono di rimanere soli, di non essere piú tutelati dagli adulti: dando libero sfogo al confronto, si fa emergere la paura per poi elaborarla in un secondo momento. I genitori sono spesso confusi e ciò li porta a non saper distinguere tra cose e persone, a trascurare di insegnare ai figli che queste ultime sono sempre e comunque piú importanti.

Quando un insegnante spiega le proprie idee non può pretendere di trovare immediata comprensione: la persuasione richiede tenacia, dunque tempo. Lasciamo ai ragazzi la possibilità di innamorarsi gradualmente della nostra forza e della nostra coerenza, se l'abbiamo: impareranno a utilizzare, senza saperlo, la forma piú alta della comunicazione.

Ma mille possono essere le opportunità di relazione in una scuola che sa cogliere la possibilità di dubbi e meditazioni in tutti gli stimoli che la cultura sollecita. L'articolazione della complessità dev'essere lenta e la bravura di un insegnante sta proprio nel farla percepire ai ragazzi come una loro conquista, non come una verità calata dall'alto. Troppo spesso i programmi ministeriali da finire rubano spazio alla riflessione, all'apprendimento.

E allora, ad esempio, il teatro, ma un teatro speciale. Per saperne un po' di piú basterebbe andare a Medicina, un paesino vicino Bologna. Ogni anno, in tarda primavera, quel piccolo borgo diventa il luogo di un avvenimento in apparenza marginale che invece rappresenta un'esperienza straordinariamente utile a tanti genitori e insegnanti. La manifestazione – coordinata dal teatro Testoni di Bologna – si chiama *Canto di lavoro* e si svolge in mezzo a un campo. Vi partecipano ragazzi e ragazze con una comune passione per il teatro: sono affascinati dall'uso della parola, del gesto, del corpo. Quei giovani offrono ai loro coetanei lo spettacolo cui hanno lavorato durante l'anno scolastico, ma soprattutto parlano tra loro, e con i teatranti che li hanno seguiti, del significato della propria passione e del desiderio di comunicarla.

L'animazione teatrale è una straordinaria messa in scena che permette ai ragazzi di rileggere se stessi, i propri conflitti, drammi e fantasie. Si respira un clima particolare: c'è il senso del riunirsi, del convenire in un posto per incontrare, per raccontare di sé. I teatranti che hanno preso parte all'iniziativa raccontano di esperienze che vanno oltre la macchina scenica o il desiderio di esibirsi: si creano legami assai piú forti di quelli che generalmente gli adolescenti vivono nella loro quotidianità. È proprio questo che cercano i giovani: un'occasione per comunicare al di fuori delle regole e degli spazi precostituiti, un'opportunità per sentire l'altro oltre la convenzione, oltre una banale ritualità.

Lavorando tutti assieme – fra loro e con gli adulti – riescono a trovare le note giuste per dire ciò che nessuno ha mai voluto ascoltare, ciò che gli altri hanno solo sfiorato. Lí allora tirano fuori da sé la rabbia, ne parlano, la agiscono. E quella rabbia si riempie di senso, produce significati: contamina anche chi ha voluto scartarla. Coetanei che non volevano capire o non riuscivano a farlo, proprio perché le loro parole non trovavano codici interpretativi comuni, si trovano inevitabilmente coinvolti e perdono ogni timidezza. E il teatro svela l'oscuro, supera lo stupore dell'imbarazzo.

Una ragazzina da mesi non mangia e non ha piú le mestruazioni: è piú utile per lei un'ora di Letteratura italiana o uno spazio in cui il linguaggio del suo corpo martoriato finalmente si manifesta? Un ragazzo iperattivo e violento: per lui è meglio un corso di Cibernetica o la possibilità di usare la propria esuberanza per riuscire a trovarsi al centro dell'attenzione senza essere subito escluso? L'una e l'altra cosa, probabilmente, ma allora perché la scuola si fa bastare la Letteratura o la Cibernetica?

Il teatro non lo intendo certo come un ennesimo compito da eseguire, ma come scelta libera e creativa, in cui il testo è il mondo culturale dei giovani: ciò che hanno da dirci.

Certo, un rischio c'è, e lo sanno bene quegli straordinari e sensibili professionisti che hanno dato il loro tempo per permettere ai ragazzi di costruire uno spazio fisico e mentale del tutto inedito per loro. Il rischio è che questa esperienza induca nuove e piú alte aspettative nei confronti degli adulti. Infatti non cambia solo chi la fa, ma anche la scuola che la propone. Come ha detto un professore, «Ora che abbiamo vissuto questa esperienza assieme è impossibile tornare a fare l'insegnante come prima».

Chiaravalle, piccolo comune alle porte di Ancona; una abbazia, una fabbrica di tabacco, qualche altra industria. Un teatro appena restaurato, un centro di accoglienza per giovani che si inaugura. C'è molta voglia di fare qualcosa, da queste parti. I ragazzi hanno dipinto le pareti di questo centro e qualche altro muro ancora. Piú in là, lungo un viale alberato, campeggia una scritta gigantesca: «Difendete i tigli e colorate le suore».

Qualche giorno piú tardi sono a Lucca per incontrare gli insegnanti che con le proprie classi collaborano al progetto *Pensare la città*. Chiediamo ai bambini cosa vorrebbero nei loro quartieri, che cosa manca alla città. Le risposte sono tante e diverse, ma una richiesta è plebiscitaria: – Perché non ci costruite una casa di legno tra i rami di un albero? – In un'assemblea con il sindaco l'idea viene riproposta e lui, dopo aver soppesato la questione, mi dice sottovoce: – Secondo lei, cosa dirà la Asl?

Sono liberi di sognare i nostri bambini e i nostri ragazzi? C'è qualcuno disposto ad ascoltare la loro creatività?

Un paese nelle Marche qualche mese dopo il terremoto. Un gruppo di insegnanti mi chiede di partecipare a un lavoro di elaborazione della grande paura dei bambini. Si decide di farli scrivere, disegnare, dipingere e quei bimbi scrivono pagine di diario e poesie bellissime. Alla fine sono loro a chiedere che questo lavoro non vada perduto, cosí si trova una tipografia e si stampa un libro che viene presentato una bella mattina di maggio. La sala comunale gremita, i bambini eccitati, gli insegnanti orgogliosi. Vengono letti quelli che i bambini stessi hanno ritenuto essere i racconti piú interessanti, le migliori poesie: ogni bimbo legge ciò che ha scritto e viene premiato dal sindaco. Tutti meno uno: Mirko, prescelto per ben tre poesie. Ma Mirko non c'è, non legge le sue poesie, non ritira il premio.

Preoccupato, chiedo di lui agli insegnanti, che mi rassicurano: non ha avuto la casa lesionata, non è malato, semplicemente sarà bocciato. Perché Mirko non studia, va malissimo in matematica e in inglese, disturba e fa molte assenze.

Eppure era il piccolo poeta del paese: cosí avevano deciso i suoi compagni di scuola. Le sue poesie erano le piú belle di tutte.

Naturalmente non sto accusando di scarsa sensibilità gli insegnanti del paesino terremotato: hanno fatto molto per quei bimbi impauriti. Quanto è accaduto a Mirko rappresenta una metafora della nostra cultura pedagogica. L'assenza di quel ragazzino contiene in sé una doppia implicazione, ovvero una sottrazione e una promozione. A ventisette, ventotto bambini è stato sottratto Mirko, ovvero una risorsa emozionale: le sue poesie, il suo talento. Contemporaneamente, tutti quei bimbi (escluso Mirko, appunto) sono stati selezionati positivamente sulla base della loro mediocrità: una sufficienza stiracchiata in matematica o in inglese. Cosa dovrà pensare Mirko quando si presenterà a ripetere l'anno? «Con la poesia non mi fregate piú... adesso prendo un bel sei meno in tutte le materie e vedrete che sarò promosso...»

Quei bambini – e tantissimi ogni anno altrove – non solo vengono depauperati di fantasia e creatività, ma viene insegnato loro che quel sogno ti fa naufragare: meglio scegliere una sana mediocrità senza emozioni, proprio come hanno fatto tanti adulti.

La scuola non può permettersi di perdere Mirko, i bambini non possono crescere senza sogni e speranze, senza utopie: è la nostra intera comunità a perdere l'occasione di rinnovarsi, di ripensarsi. La mediocrità annichilisce, appiattisce, rende tutti uguali. La fantasia e i sogni sottolineano le nostre risorse interne, cioè il nostro stesso segreto di vivere.

Come ogni sabato sera una ragazza va con il fidanzato a vedere delle macchine che girano a folle velocità lungo una rotatoria vicino a Bologna. Una notte, un lampo, un bolide esce di strada, la investe in pieno. Aveva vent'anni.

Il caso fa scalpore, le televisioni e i giornali ne parlano fornendo tutti i dettagli possibili. Il sindaco della città e il prefetto tuonano parole di fuoco richiamando le forze dell'ordine a un maggior controllo, decidono di mandare una pattuglia per qualche sera a presidiare quel rondò. Ma di rondò ce ne sono altre decine intorno a quella e a chissà quante altre città. Passato il clamore tutto viene inghiottito dal silenzio, nessuno si chiede piú dove siano migliaia di ragazzi spettatori abituali di corse clandestine: hanno avuto paura della voce grossa di un sindaco? Si sono dissolti nella notte all'arrivo di una gazzella della Polizia?

Ogni anno centinaia di giovani muoiono dopo una serata in discoteca o al pub. Ogni volta le autorità mostrano i muscoli, vagheggiano un intervento severo, per qualche giorno si riparla di chiusura anticipata dei locali; poi arriva l'estate e l'interesse per il grande business del divertimento dei giovani assopisce le coscienze.

Non è poi passato tanto tempo dalle notti in cui i ragazzi lanciavano pietre dai cavalcavia delle autostrade. Anche allora polemiche e cattiva coscienza sono durate il tempo di un telegiornale. Anche allora definizioni, ipocriti palpiti nei confronti di generazioni «che non sanno piú distinguere tra bene e male… che non sanno piú cosa siano i valori». E quando il teatrino del dolore collettivo si chiude, cosa succede? La nostra comunità sa davvero cogliere il senso dei comportamenti di quei giovani delinquenti, riesce a capire che quelli altro non sono che metafore, ovvero segnali che potenzialmente riguardano migliaia di loro coetanei?

Qualche settimana dopo quei fatti incontro un gruppo di studenti in una scuola di Valenza Po, pochi chilometri da Tortona, teatro della tragedia. Chiedo ai ragazzi cosa è successo dopo quella notte terribile, se in qualche modo la loro quotidianità è rimasta toccata da quella storia. Nulla, non è successo nulla. Stessi bar, stesse serate al pub, stessi sabato sera a correre nella nebbia per raggiungere qualche discoteca dove far l'alba. Stessa noia. Li guardo, hanno sguardi arresi, di chi non si aspetta granché dalla vita: mi chiedo cosa li ha trattenuti dal continuare a gettare sassi, quale sarà il prossimo gioco di morte...

E gli adulti che si sono percosso il petto per la disperazione, che hanno pianto il tragico destino dei giovani, quegli adulti cosa sono stati capaci di fare? Nulla. Anzi no: hanno messo due cartelli sotto ogni ponte autostradale.

– Conoscete la noia? Quanto peso ha nella vostra vita quotidiana? – chiedo ad allievi delle scuole medie superiori di una città dell'Umbria. Risultato: circa due terzi di loro hanno dichiarato di annoiarsi tutti i giorni.

A un ragazzo non basta vivere in una città ricca, bella, a misura d'uomo, dove tutti vanno in bicicletta, l'ambiente è rispettato e c'è piena occupazione.

La noia è un pericolo nella vita di un adolescente. La noia è il sentimento che ha originato tante piccole e grandi sciagure in ogni generazione di giovani, è la precondizione alle piú diverse forme del loro disagio psicologico. La noia vera viene da dentro, non da fuori: i piú irreparabilmente annoiati sono spesso proprio i giovani privilegiati, quelli che hanno già «tutto», compreso un tempo che sembra non finire mai e che non sanno come impiegare. Un bambino lasciato vagare liberamente in un enorme negozio di giocattoli, dopo la meraviglia e la frenesia del primo impatto non sa cosa fare: l'eccesso di stimoli deprime la creatività, rende quel piccolo apatico e passivo.

La noia è una forma di aspettativa frustrata e le aspettative dei giovani sono tanto piú spropositate quanto piú alto è il tenore di vita di una società. Immaginate di chiedere a vostra nonna cosa avrebbe voluto fare da grande quando aveva diciotto anni e poi chiedetele cosa in realtà riteneva che avrebbe fatto: constaterete che tra le due risposte non c'è grande differenza. Ponete ora i due quesiti a una diciottenne di oggi: tra la prima e la seconda risposta noterete uno iato enorme e quel vuoto segnala una frustrazione, una difficoltà a disegnare la propria identità, il proprio progetto esistenziale.

La noia si apprende: la si può ben insegnare a un adolescente proteggendolo da tutto, colmandolo del superfluo, sottraendogli la voglia, la fantasia, la necessità di sperimentare il nuovo. Egli crescerà senza sapere quanto sia bello e importante costruire ciò che gli manca, dunque essere intraprendente, temerario. Chi subisce una simile – pessima – pedagogia tende a crescere rinunciatario, arrendevole. È portato a temere l'ambizione in quanto sacrificio, a vivere l'esistenza in modo passivo, attendendosi dagli altri sempre e comunque il massimo. Si adatta a vivere di pretese.

Se dunque è possibile imparare a diventare noiosi, dev'essere altrettanto possibile insegnare ai bambini a non annoiarsi da adolescenti e da adulti. L'unico antidoto alla noia è costituito dall'intelligenza creativa. Non è certo facile apprenderla, ma proviamo a domandare a un genitore quante volte ha portato suo figlio o sua figlia in un museo o è rimasto con lui/lei per mezz'ora (e non per due minuti) a guardare il calar del sole. Pochi di loro lo credono indispensabile piú dell'iscrizione in piscina o a una società sportiva.

Provate a chiedere a un adolescente di raccontarvi come suo padre rientra a casa la sera. Vi descriverà un film in programmazione da lustri, sempre uguale. Stessi gesti, Stessi rumori. La ripetitività uccide i migliori sentimenti. La creatività assomiglia alle emozioni piú forti: occorre reinventarle, indurle giorno per giorno, non certo pretenderle.

Quanti piccoli talenti scompaiono inghiottiti da una scuola capace di appiattire l'individualità? Quante volte ci capita di ammirare la sensibilità riflessa nel disegno di un bimbo di cinque o sei anni, la libertà di quelle forme, la capacità di accostare colori in modo inusuale? Spesso sono sufficienti tre o quattro anni per indurre quel bimbo a disegnare una casa con il camino che fuma e la stradina di fronte all'ingresso: esattamente come gli altri bambini, tutti ugualmente condannati alla stessa mediocrità.

Troppo spesso la scuola non aiuta i genitori a credere che l'intelligenza debba essere un'espressione libera dell'individualità dei figli.

«Suo figlio è intelligente ma non si applica», pronunciano da decenni generazioni di insegnanti. Essi vogliono cosí dire che nella nostra cultura educativa l'intelligenza e l'espressività di un bambino o di un adolescente devono essere ricondotte all'applicazione, cioè all'esercizio di capacità cognitive di livello inferiore (tutti i bambini fanno di conto imparando a memoria le tabelline, ma non per questo possiamo essere sicuri che siano intelligenti). Tali capacità infatti non hanno nulla a che vedere con il bisogno e la disponibilità del bimbo o del giovane a sentire controllato il proprio processo di apprendimento. Un insegnante in grado di seguire e sostenere un progetto individuale, l'evolversi della capacità espressiva peculiare a ogni bambino o adolescente, non si potrà mai sentire rassicurato dalla progressiva spoliazione di soggettività dei suoi allievi: forse direbbe – o almeno penserebbe – «Suo figlio è intelligente, *quindi* non si applica».

Noia e carenza di intelligenza creativa hanno bisogno non di interventi ortopedici, ma di azioni capaci di rivoluzionare le modalità di apprendimento di ciascun bimbo e di ciascun adolescente.

Se invece di pensare a palliativi che offendono l'intelligenza di chi li propone – mandare una pattuglia di Carabinieri sui rondò, chiudere un'ora prima le discoteche, mettere un cartello per ogni ponte autostradale – si cominciasse a riflettere sui motivi che portano un giovane a passare il tempo in modo degradato e degradante, si potrebbe persino progettare una nuova stagione di politiche giovanili. Per capire ciò che cerca il sabato sera un ragazzo o una ragazza, occorre cercare di sapere ciò che non riescono a vivere durante la settimana: se dal lunedí al venerdí il loro tempo passa – o è vissuto – come uguale e monotono, è evidente che il sabato cercheranno qualcosa di speciale, di emozionante, di inusuale.

Un giovane – ma anche un adulto, un vecchio – ha diritto a vivere pienamente le proprie emozioni.

E allora, invece di impegnarsi a controllare gli eccessi

da week-end dei nostri ragazzi, non si potrebbe cercare di rendere la loro quotidianità un po' meno noiosa?

Non penso solo a una famiglia o a una scuola, ma anche a una città capace di affascinare i propri ragazzi.

Mesi fa ho avuto il piacere d'incontrare il sindaco di Forlí, una persona molto preparata e disponibile. Si è parlato di un progetto che potrebbe riguardare una vasta area pubblica dismessa; la mia proposta è stata di utilizzare quel luogo, ampio e in pieno centro storico, per realizzare un centro dedicato alla creatività giovanile. Un luogo aperto di giorno e di notte, dove organizzare spettacoli, allestire una sala di registrazione musicale, dipingere, declamare le proprie poesie, cenare in ristorantini autogestiti. Insomma, un'officina dell'immaginazione dei giovani, dei loro progetti, della loro produzione culturale. Ma anche un luogo dove semplicemente stare, incontrarsi, perdere del tempo insieme. Non si tratta di trovare un'alternativa alle discoteche, ma di offrire una risposta al diritto di fare qualcosa di emozionante senza aspettare il sabato e senza dover per forza dipendere dalla birra, dalle pastigline, dalla velocità nella nebbia. È possibile? È un'utopia? Perché una città non può prevedere una risposta ai bisogni dei propri cittadini piú giovani? Perché un sindaco non può avere l'ambizione di combattere la loro noia e di sollecitarne la creatività realizzando uno spazio che consentirebbe anche a tanti genitori e insegnanti di capire meno superficialmente i propri ragazzi, di accompagnarli a distanza nel loro processo di crescita senza temerli?

Da Forlí aspetto risposte, e soprattutto le aspettano i giovani di quella città. Con fiducia, naturalmente.

Invito a un incontro dal comitato dei ragazzi che occupa un liceo di Roma. Clima interessante, fermento, molta piú creatività rispetto a una scuola non occupata. Alla fine del dibattito una ragazza mi fa leggere un questionario elaborato con un gruppo di amici e sottoposto ai compagni di scuola. Le domande vertono sulla loro vita: aspettative, speranze, progetti. Sfogliando le pagine di quell'inventario noto che non compare mai una parola: felicità. Chiedo spiegazioni alla ragazza: se ne sono accorti anche loro, ma trovano quel termine «imbarazzante».

Questo imbarazzo nasconde una prematura paura di vivere? La nostra cultura fatica a incontrare la felicità e sono soprattutto gli adulti imbarazzati a parlarne con i giovani. Siamo ancora vincolati dalla paura atavica della precarietà che ha accompagnato l'esistenza dei nostri predecessori. Secoli di cristianesimo pauperista ci hanno insegnato a vivere le gioie come dovessimo solo temerle, aver paura di incontrarle, quasi arresi all'obiettivo della mera sopravvivenza. Per Sigmund Freud

> il prezzo del progresso della civiltà si è pagato con una crescente riduzione della felicità dovuta all'intensificarsi del senso di colpa... l'uomo ha sempre maldestramente barattato la felicità con la sicurezza.

Ciò aveva senso per la generazione dei nostri nonni, vissuti senza sapere mai se quella appena finita sarebbe stata l'ultima guerra – o epidemia o carestia – della loro vita. Oggi la maggioranza dei cittadini di questo piccolo pezzo del pianeta imbottito di superfluo può dirsi sufficientemente sicura, eppure si ostina a non voler parlare di felicità.

Parafrasando Theodor Adorno, dovremmo convenire che la felicità è come la normalità: non la si ha, ci si è dentro. Nessuno che sia felice può sapere di esserlo; per vedere la felicità – direbbe Adorno – bisognerebbe uscirne. Proprio per questo le generazioni precedenti hanno fatto fatica a proporre modelli pedagogici positivi, per questo siamo ancora incapaci di preferire il sentire al fare. Cosí per un adolescente è diventato difficile misurarsi con la domanda piú naturale che un adulto dovrebbe fare: sei felice? Uno psicoanalista che tiene una nota rubrica di lettere su un quotidiano mi dice di essere sorpreso che nessuno gli chieda mai se si sente felice. E se nemmeno un uomo con strumenti culturali non usuali, baciato dal successo, ricco, amato dalla gente potesse dire di esserlo?

Un tempo la sofferenza era indotta dal non possedere e ciò comportava fame, miseria, morte. Poi, conquistato il necessario, abbiamo preferito l'accumulare – oggetti, denaro, cose: la nostra identità? – al comunicare, al sentire. Abbiamo fatto finta di non sapere che la vera ricerca della felicità attraversa quella dell'autenticità e della sobrietà. Tendere alla felicità implica una grande pretesa: quella di vivere emozioni vere. E se una parte dei giovani ne avesse paura?

Una studentessa di un liceo classico di Mantova mi confida che la piú grande tra le tante paure che ha è quella di innamorarsi. – Bella fregatura, – dico io, – e come fai? – Una soluzione l'avrei trovata: mi faccio piacere quelli che non mi piacciono tanto. Appeno intuisco che qualcuno mi potrebbe far perdere la testa, scappo via.

Ecco cosa hanno trasmesso molti genitori ai figli e molti insegnanti agli allievi: le grandi emozioni sono pericolose, sabbie mobili dove è rischioso avventurarsi. Meglio scegliere la mediocrità, aggrapparsi alla banalità di un reddito, meglio un buon 740 che una bell'anima inquieta e inquietante. Molti adulti preferiscono allentare i modi di sentire dei ragazzi.

Sempre piú l'educare appare disgiunto dall'emozionare.

Pordenone, incontro insegnanti e genitori di bambini di scuole elementari. Invito le maestre presenti a una semplice prova. Chiedo loro, quando l'indomani passeggeranno tra i banchi, di accarezzare all'improvviso e senza motivo la testa di uno dei bimbi: otto volte su dieci quello farà un salto sulla sedia. La carezza pare essere diventata non tanto un'ovvia e imprescindibile forma di comunicazione affettiva, quanto un premio, un gesto eccezionale. – Ed è bene che sia cosí, – interviene con voce perentoria una signora, – mando a scuola mia figlia perché venga istruita, non accarezzata.

A un gruppo di insegnanti di scuola elementare di Verona riferisco lo sfogo di una mamma: al figlio di sette anni con problemi di adattamento e apprendimento è stato cambiato l'insegnante di sostegno otto volte in un anno scolastico. Quale sadismo può superare questa violenza? Una delle insegnanti mi risponde candidamente che nella sua scuola il direttore teorizza il distacco, ritenendo – lei si diceva d'accordo – che i legami affettivi siano controproducenti per l'apprendimento.

Due maestre di una scuola di Treviso mi fanno leggere una lettera inviata in forma riservata dal preside, con la quale si invita il corpo docente ad astenersi da qualsiasi manifestazione fisica d'affetto per evitare fraintendimenti, considerata la grande preoccupazione di molti genitori per i casi di pedofilia riportati dalla stampa.

Cosa intendono la signora di Pordenone, la maestra di Verona, il preside di Treviso per insegnare? Come si fa a educare senza relazione, come si può stabilire un rapporto con un bimbo dove non sia prevista una comunicazione emotiva, quindi una carezza o un bacio?

Un'insegnante di Lettere di un corso di aggiornamento per scuole medie superiori di Grosseto mi chiede: – Come si possono insegnare le emozioni? – Insegnando Italiano con passione, – rispondo io. – La passione l'ho perduta vent'anni fa, – dice lei, nemmeno troppo sconsolata. Possiamo pensare che nelle nostre scuole tanta gente non sappia piú cosa sia la passione, che tanti bambini e tanti adolescenti che non hanno ricevuto e non sono stati educati a sentire emozioni possano produrle e ricercarle da adulti? Non è questa l'antitesi della buona pedagogia?

Oliviero Toscani mi ha insegnato un gioco. A una decina di bambini di nove-dieci anni si dà tutto il necessario per colorare. Poi si consegna a ognuno un foglio di carta con disegnato al centro un grande quadrato suddiviso in tanti quadratini. Si chiede ai bimbi di colorare quegli spazi come meglio credono e alla fine di firmare il disegno con il proprio nome. Si ritira il tutto e si fa in modo che i bimbi siano distratti da altri giochi e non pensino piú a ciò che hanno appena colorato. Passato il tempo necessario, si consegna un altro foglio identico al precedente; ma, prima di domandare nuovamente di colorare i quadratini, si chiede ai piccoli di fare silenzio, di concentrarsi bene, di chiudere gli occhi e di pensare alla persona che in quel momento odiano di piú. Quando si è certi che i bimbi stanno pensando intensamente a quell'orribile essere, si chiede loro di riaprire gli occhi e di colorare subito il foglio. Si prende poi il foglio di ciascun bimbo e lo si confronta con il precedente: qual è piú bello? Sempre il secondo, quello dell'odio. Non certo per l'odio in sé ma perché, tra il primo e il secondo disegno, è passata un'emozione.

Emozionare significa catalizzare le capacità, aiuta a far emergere il talento espressivo di un bambino o di un adolescente. Ogni progetto educativo dovrebbe tenere conto di questo semplice principio.

Giulia, una ragazza che abita in una grande città del Nord, passa ogni week-end d'inverno in una nota località sciistica dove è stata realizzata una discesa verticale che permette di raggiungere velocità pazzesche. È una ragazza intelligente, bella, benestante ed è davvero difficile capire perché sia cosí determinata a rischiare di morire ogni domenica per una folle corsa sugli sci. Intervistata, risponde: – In quei pochi secondi mi sento risucchiata in un vortice meraviglioso, non provo piú nulla... l'esterno, la vita per un attimo non esiste piú...

Giulia appartiene a una generazione in cui molti hanno imparato a vivere su una corda tesa: camminano senza pensare al mondo che li circonda, sotto i piedi percepiscono il baratro e sanno che è una sensazione intensa, vera.

Per questi giovani l'emozione è il metro quadro che calpestano, non esiste una realtà diversa da quella che possono toccare. Per molti di loro è andata perduta la dimensione del viaggio: non sembrano interessati a esercitare la fantasia, non sembrano sentire l'esigenza di una evasione vera. È paradossale che proprio loro che, come nessuna generazione precedente, godono di mezzi di trasporto e finanziari per muoversi manifestino una cosí spiccata difficoltà all'idea dell'andare, come se la loro mobilità fosse ingessata dalla paura di perdersi. Forse il benessere invece di funzionare da catalizzatore agisce come un ricatto affettivo che li incolla al loro privilegio.

Le cicliche transumanze verso luoghi e culture lontane e diverse appartengono a un passato superato: quanti ragazzi, quante ragazze girano ancora il mondo in autostop? Oggi si va per una notte a Rimini o per un soggiorno di studio negli Stati Uniti con il biglietto di ritorno prenotato. I ragazzi di oggi preferiscono un trasloco sicuro a quello indefinito dettato dall'inquietudine. Questa difficoltà a sentirsi cittadini del mondo si rispecchia tra le righe di un aspetto rappresentativo della loro letteratura: una scrittura spesso autoreferenziale, limitata alla realtà minimale in cui vivono ma anche incapace di parlare a piú di una generazione.

Leonardo Sciascia ha scritto che

> il gusto del viaggiare è quello di non conoscere, nei luoghi in cui si va, nessuna persona o pochissime; di non avere commendatizie da consegnare e appuntamenti cui consegnarsi; di non avere impegni con se stessi, per vedere senza affanni le cose che abbiamo desiderato vedere e che di solito non sono moltissime…

Forse è questa ricerca di estraneità che molti delle nuove generazioni indirizzano verso se stessi e lasciano alla virtualità la curiosità per ciò che non conoscono. Per questi giovani acrobati che vivono sul filo sospeso sopra i tetti delle nostre case, temerario non è attraversare montagne e deserti a Oriente o a Occidente, ma ciò che possono costruire in casa, nel proprio nido.

Questi ragazzi e queste ragazze vogliono immaginare il mondo piú che conoscerlo. Forse, quel che ne hanno intravisto – ossia ciò che di esso restituiamo loro – gli dev'essere estraneo, e brutto.

Un noto professionista viene a parlarmi del figlio sedicenne con il quale ha un pessimo rapporto. I due non si parlano da mesi, il ragazzo a scuola va sempre peggio, il clima familiare è diventato esplosivo. Chiedo a quel signore di entrare un po' piú nel dettaglio, di raccontarmi qualche episodio che lo ha turbato in modo particolare, e lui si sofferma su un piccolo avvenimento quotidiano che lo ha incuriosito: da qualche settimana il suo ragazzo, ogni mattina appena alzato, prende il telefonino del padre e scrive sempre le stesse tre parole: «Papà ricordati motorino». L'uomo, che ha una folta barba bianca, si ricorda anche che qualche sera prima, mentre stava sdraiato sul divano a vedere la televisione, ha avuto la sensazione che qualcuno gliela sfiorasse, quella barba. Si era girato di scatto e aveva visto suo figlio in piedi vicino al divano.

Chiedo da quanto tempo suo figlio non lo accarezzava. Anni, fa lui.

Non credo sia necessario uno psicoanalista per capire che il ragazzo avrebbe voluto scrivere un altro messaggio su quel telefonino, ad esempio «Papà, ricordati di me» oppure «Papà, fatti accarezzare». È piú facile chiedere un motorino o una carezza? E quanto tempo ci vuole per comprare un motorino, quanto per accarezzare o farsi accarezzare se per anni non è accaduto?

Il rito del donare è complesso, a volte lo si fa con spontaneità, altre volte il dono maschera una necessità ricattatoria: donare non è gratuito, richiede sempre qualche altra cosa in cambio.

In questo rito si incrociano linguaggi diversi: quello del dare e del chiedere, del donare e del ricevere. Troppo spesso l'oggetto diventa la soluzione piú semplice, ubbidisce a una richiesta inconscia di bilanciare un rapporto tra persone che si avverte squilibrato.

Lo dovrebbe sapere bene chi fa l'educatore. Se un insegnante potesse visitare la camera da letto di un suo piccolo alunno capirebbe molte cose, ad esempio, contando gli oggetti stipati sopra il tavolino o sul letto: se sono tanti, troppi, allora c'è qualcosa che non va. Troppi orsacchiotti e troppe bambole rappresentano una richiesta di perdono da parte dei genitori: per essere stati latitanti o poco disponibili o distratti. I regali rischiano di diventare pedine di scambio necessarie all'adulto per lenire i propri sensi di colpa.

Se un genitore, con un po' di coraggio, invece di comperare un oggetto costruisse alternative che implicano la propria diretta disponibilità, si accorgerebbe che molte volte la richiesta di un dono altro non è che la richiesta di una presenza affettiva. Il regalo è dunque spesso la forma piú semplice ed efficace per tacitare questa richiesta. I doni spesso si fanno proprio perché non richiedono molto a chi li fa, solo i soldi.

Se i ragazzi crescono vedendo elusa ogni richiesta attraverso il dono di un oggetto, saranno portati a idolatrare gli oggetti a scapito delle relazioni. Anzi, le temeranno al punto da volerle evitare. Si potrebbe dunque regalare qualcos'altro, la disponibilità del nostro tempo, ad esempio: un piccolo regalo capace di produrre un'enorme emozione.

Nella nostra cultura il linguaggio del dono rischia dunque di ridursi a scambio, a baratto tra oggetti e rassicurazioni. Gli oggetti sostituiscono il sentire, l'intuire; l'emotività e l'accettarci nella nostra individuale differenza portano alla omogeneizzazione. Ogni osmosi fra generazioni viene cosí a perdersi, come monadi impazzite noi e i nostri figli perdiamo la possibilità di parlarci, intenderci, comprenderci. Ogni affetto si dissolve nella semplificazione terrificante di silenzi esistenziali dove risuona solo il valore del denaro. Sfuma cosí ogni possibile ricchezza nella diversità. Resta solo uno scambio meccanico, metafora del vuoto che divide.

Impossibile comprendere turbamenti, sensi di ribellione, linguaggi trasversali usati per dire quello che non si riesce. Nessuno comprenderà piú la diversità dell'altro, i suoi dolori, le sue paure e il suo desiderio d'affetto. Alla fine resta la solitudine, impacchettata con un nastro d'argento.

Sola sul *Titanic*

Castelfranco Emilia, uno dei tanti paesoni placidi, talmente impigriti dal benessere che non sembrano soffrire della ferita inferta dalla strada nazionale che da Bologna li infilza uno a uno fino a Modena e poi Reggio, Parma... Non c'è granché da fare a Castelfranco Emilia se non lavorare o aspettare che i pendolari rientrino la sera; poi arriva il sabato per andare tutti, dai nonni ai nipoti, all'ipermercato e sfogarsi a comprare. Il paese vive immerso in una cultura che rispetta soprattutto il fare: è gente concreta, convinta che il lavoro sia l'unica cosa che possa essere vissuta. Nemmeno si accorge piú di quell'arteria densa di camion e station-wagon di rappresentanti di commercio che spacca il tessuto urbano come un colpo di mannaia. Qui un bimbo è libero di scegliere di respirare nebbia o afa, di vivere tra i gas di scarico o il tanfo di escrementi delle migliaia di suini che circondano la città: qui impara presto che la vita è pericolosa e tossica, come una buona macchina e il grasso del maiale.

A Castelfranco Emilia sulle locandine dei giornali locali non c'è quasi mai niente di eccitante: a volte annunciano la morte di un pensionato schiacciato da un Tir, altre l'ennesimo progetto di circonvallazione che dovrebbe liberare i cittadini inermi da smog e puzza di pneumatici o, se proprio va bene, la fuga d'amore di un imprenditore con la giovane segretaria.

Eppure, Castelfranco Emilia per qualche giorno ha catalizzato l'interesse della stampa nazionale, i telegiornali hanno pronunciato il nome del paese. Al centro di questa insperata storia di provincia, da una parte un film di grande successo, *Titanic*, e il suo protagonista, Leonardo Di Caprio, idolo delle ragazzine di mezzo mondo; dall'altra Marika, una delle tante fan innamorate di quel bel faccino e della storia d'amore e morte consumata sulla tolda dello sventurato piroscafo. Il fatto è che Marika il film lo ha visto piú di cinquanta volte di seguito, cioè tutti i giorni da quando ne è iniziata la proiezione nella sala cinematografica del paese. A Castelfranco Emilia di cinema ce n'è uno solo, e la ragazza ogni pomeriggio aspetta che apra per vedere il suo ennesimo *Titanic*. Certo, si può capire che a chi lo distribuisce abbia fatto molto piacere condire il già straordinario successo del film con i toni dolciastri di una piccola favola di paese; un po' meno si riesce a comprendere l'interesse della stampa, le interviste alla piccola pasionaria, ai suoi genitori, al proprietario della sala che, con gesto sensibile, ha riservato tutti i giorni una poltroncina alla ragazza. Viene persino segnalata la richiesta di qualche compaesano che questo nuovo record da Guinness dei primati possa trovare adeguato riconoscimento da parte della produzione del film, magari con una medaglia o una foto autografata del bel Di Caprio. Per Castelfranco Emilia sarebbe l'apoteosi.

Ma il gossip giornalistico non cita nessuno che si sia chiesto perché Marika tutti i pomeriggi senta l'irrefrenabile bisogno di andare a vedere *Titanic*. Non basta supporre una cotta per il mitico Leonardo, forse c'è di piú, qualcosa che non riguarda solo la condizione di Marika, innamorata di un mito, ma anche quella di molte sue coetanee.

È possibile non preoccuparsi della solitudine di Marika? Non voler indagare sulle cause di questo vuoto esistenziale, sull'assenza di adulti di riferimento? Cosa può fare una ragazzina alle cinque di pomeriggio a Castelfranco Emilia o in qualsiasi altra città d'Italia? Forse, invece di sognare Leonardo Di Caprio, può sorbirsi ore e ore di insulsi talk-show televisivi, frequentare stancamente una palestra o il bar del quartiere, tanto per vedere qualcuno.

Oltre ai soldi, i ragazzi di quelle terre padane cosí ricche cosa ricevono dai genitori, gente che lavora da buio a buio senza smettere mai, accumulando privilegi di cui non ha il tempo di godere? E alla fine, chi è in grado di dimostrare a quegli adolescenti un po' di affetto? Il bagnino della piscina, il padrone della sala giochi, Leonardo Di Caprio? Che cosa propone per quei ragazzi il «buon governo» di quella regione, di quelle città?

E adesso che la programmazione di *Titanic* è terminata, dove sarà andata a finire Marika?

Animali della notte

Videoclip riflessi sulle pareti lunari delle stanze, cuffie al massimo, computer che navigano nel mondo. È notte, il tempo che preferiscono. Le ore giuste per girare in macchina o in motorino in una città finalmente svuotata. E poi pub e discoteche che non chiudono mai. E loro, i giovani della notte, sono lí come tanti mister Hyde a trasformarsi con le tenebre, a cercare di vivere in un'altra dimensione, preclusa agli adulti. Poi giunge l'alba e devono tornare dottor Jekyll, andare bene a scuola, sopportare le paturnie di mamma e i silenzi di papà. Vivono il giorno in apnea, pensano alla notte successiva.

Per buona parte dei ragazzi di oggi, il fascino della notte si è accentuato. Certo, sono meno controllati dai genitori, ma probabilmente il giorno insinua in loro una forma di sottile disagio, fa emergere una difficoltà di relazione con il mondo adulto. Amano la notte perché è l'unico momento della loro vita in cui gli adulti sono assenti. La notte è un tempo svincolato dall'assillo, dall'ansia, dalle richieste. Quando viene la sera gli adulti finalmente dormono, tacciono. E loro possono respirare. Iniziano le ore in cui il giudizio è sospeso.

La notte è lo spazio dove le emozioni vagano piú libere, come la fantasia, un tempo che molti ragazzi vorrebbero infinito. Di notte si può sperare di non essere riconosciuti, soppesati, analizzati. Il buio libera spazio alla virtualità, l'occasione per inventarsi. Dietro l'anonimato notturno delle chat si esprime una libertà che la vita reale nega quotidianamente.

La notte concede soprattutto di non temere l'invisibilità.

Noi amavamo i bar biliardo; ci si andava a giocare, a parlare e a non far niente. Sempre gli stessi amici. Se Mario o Giorgio non venivano per qualche pomeriggio di seguito, andavamo a cercarli. Ognuno di noi sapeva dove abitava l'altro, quale fosse il suo campanello. Dunque esistevamo.

Oggi molti ragazzi passano i pomeriggi nelle sale giochi in cui gli adulti hanno realizzato per loro il piú assoluto autismo tecnologico. E se capita che Mario o Giorgio non si facciano vedere, chi si accorge di loro, chi sa dove abitano, qual è il loro campanello?

Quanti di loro temono di non esistere, di essere diventati solo degli ectoplasmi in una società di esibizionisti? È duro percepire la propria invisibilità in una stagione in cui si vorrebbe spaccare il mondo, gridare la propria voglia di esserci e di essere considerati.

La notte riconduce in un anonimato finalmente scelto: nessuno sa di loro e loro non sanno degli altri. Cosí il gioco è meno doloroso.

Poi però, passato il buio, bisogna inventare un altro giorno. E per molti ragazzi questo diventa sempre piú difficile.

Una notte di bonaccia, il giovane capitano è al timone della sua nave, vestito del solo pigiama. L'equipaggio riposa sotto coperta. Il chiarore della luna illumina a un tratto il corpo di un naufrago. Il giovane capitano lo guarda curioso e perplesso. Chi è quell'uomo in mare che non chiede aiuto? Da dove viene quell'anima, perché quell'inquietante sembianza?

Inizia cosí uno dei racconti piú belli di Joseph Conrad, *Il compagno segreto*.

Quell'uomo altri non è che il capitano stesso, ovvero l'altro da lui, la sua immagine specchiata, la sua uguale e diversa identità. La seduzione di quel corpo, apparentemente inanimato ed estraneo, è dunque quel qualcosa che gli assomiglia, lo turba e pure gli appartiene.

Lo specchio è per un adolescente lo strumento piú utilizzato, indispensabile e temuto. Attraverso quella lastra scruta il proprio corpo, la propria trasformazione, il definirsi di una forma possibile: essa rimanda le paure, condensa il timore che accompagna la crescita di un'identità ancora contraddittoria e ambigua. È il luogo – e il tempo – in cui raffigura l'altra parte di se stesso, spesso quella piú declive, a volte quella piú lontana dall'immagine che vuole costruire per sé. Specchiandosi, l'adolescente crea inconsapevolmente lo spazio della propria duplicità, il proprio doppio, l'immagine della propria segreta, imperscrutabile complessità.

Lo specchio, ovvero la forma di un narcisismo necessario per continuare a cercare non vanamente se stessi. Come ha scritto William Butler Yeats:

From mirror after mirror
No vanity's displayed

I'm looking for the face I hade
Before the world was made.

È difficile essere adolescenti oggi, molto piú complicato rispetto a trent'anni fa. Un tempo si era meno giudicati dai propri pari, si temeva soprattutto il moralismo degli adulti. Oggi per andare in discoteca bisogna essere impeccabili: magri, palestrati, vestiti alla moda, spiritosi, coinvolgenti, seduttivi. Per avere successo a scuola occorre essere aggressivi, competitivi, possibilmente carismatici, performanti. La forza persuasiva che porta ragazzi e ragazze verso un'omogeneizzazione nei modi di essere e negli stili di vita appare sempre piú brutale ed efficace: per esistere devi aderire a quel modello mediale, a una mediocrità condivisa, anche a costo di alienare una parte del tuo aspetto esteriore.

In un dibattito a Como una signora mi ha raccontato che in quella città molte ragazze quando compiono diciotto anni chiedono e ottengono dai genitori come regalo un intervento di chirurgia estetica.

Una parte dei giovani però avverte questa minaccia e persegue a fatica una propria dimensione: ricerca che li conduce all'introspezione, a volte a una sorta di neomisticismo. Ecco il diffondersi delle culture *new age* o il successo nel proselitismo di alcune scuole dottrinali, fino a forme di fanatismo settario. In altre parole, una ricerca – non sempre consapevole – di spiritualità si contrappone alla banale seduzione del consumo materiale cui la maggior parte dei giovani, comunque, non sembra riuscire a sottrarsi.

Lo sguardo degli adolescenti è attirato e allo stesso tempo respinto dalla ricerca del proprio doppio, e le paure che gli adulti hanno della diversità si rispecchiano in loro.

Ricordo che quando Yitzhac Rabin, poche settimane prima di essere assassinato, venne in visita a Venezia pronunciò un apologo riguardo il ponte di Rialto.

> Esso è stato costruito, – diceva Rabin, – esattamente tra Ovest ed Est, in un'epoca in cui la gente che lo percorreva verso Oriente cercava nuovi spazi, nuove terre, nuove genti. Erano gli anni dell'apogeo di una civiltà e la sua consacrazione coincideva con la necessità dell'altro, con la ricerca del nuovo e del diverso. Partirono i piú audaci, i piú autonomi rispetto alle proprie stesse radici, ma a giovarsene fu un'intera comunità che aveva imparato come l'andare verso l'ignoto potesse non significare disperazione ma crescita. Arrivarono ricchezze, scoperte scientifiche, accrescimento culturale per un popolo intero. Poi però quello stesso ponte fu attraversato in senso contrario, da Oriente a Occidente. Furono in molti a ritornare verso la propria casa, a rintanarsi nel proprio orto, tra le mura della sicurezza domestica. Sono stati gli anni della paura dell'altro, l'epoca in cui la diversità da risorsa si fece oscura minaccia. Fu il tempo della piú buia regressione, l'eclissi per questa stessa civiltà.

Basterebbe pensare ai tanti bambini nati e cresciuti nelle villette unifamiliari delle nostre periferie residenziali. Luoghi che avrebbero dovuto contenere un concentrato di benessere e di privilegio sociale sono invece diventati piccoli fortini in cui una famiglia vive asserragliata nel sospetto. Villette difese da recinti, sorvegliate giorno e notte da telecamere a circuito chiuso, con cani feroci a presidiare giardini ben curati. Come diventeranno adulti i bimbi cresciuti in tale angosciante isolamento? Cosa potranno pensare dell'altro, del diverso da sé i bimbi che hanno imparato a temerlo e odiarlo?

Una simile visione paranoica dell'esistenza non può che produrre un progressivo diradarsi e banalizzarsi di relazioni sociali e affettive, non può che comportare un aggravamento della fatica nella ricerca dell'altro. Il raggio d'azione della comunicazione tenderà sempre piú a ridursi, la gente si rivolgerà verso se stessa, quasi un sentimento d'estraneità riuscisse infine a pervadere e annullare ciò che è esterno a ognuno: l'alterità, appunto.

Come non vedere che la cultura della diversità è l'unico antidoto all'indifferenza, ovvero il male piú oscuro per le giovani generazioni? Come non vedere che ciò che di buono si esprime – buona musica, buona architettura, buona arte, buon cinema, l'essenza stessa della migliore creatività dell'uomo – è basato sulla diversità?

L'esaltazione dell'egocentrismo rischia di portare parte delle giovani generazioni a ipervalutare il proprio mondo interiore, compresa quella duplicità che oggi, liberata da semplificanti regole moralistiche, torna paradossalmente ancor piú a inquietare e a sconvolgere.

Un'alta percentuale di adolescenti, deviando verso il proprio sé la ricerca dell'alterità, sono indotti a scoprire il fascino perverso della propria piú intima doppiezza. La esaltano tanto da esibirla come una dote: l'unica diversità accettabile della loro cultura rischia di essere quel tratto ove regna segreta la loro ambiguità come un'indicibile risorsa.

Ecco dunque una delle possibili interpretazioni dell'amore di molti giovani per le piú recenti forme di comunicazione virtuale: ad esempio le chat line che, consentendo un assoluto anonimato, enfatizzano il bisogno di turbamento, la ricerca dell'inconfessato, una diversità altrove non ammessa. Internet e le nuove tecnologie comunicative rischiano cosí di diventare un formalismo anticonvenzionale, l'unico per cui è possibile essere accettati in quanto diversi a patto che, fuori da quest'ambito virtuale, si torni succubi della piú rigorosa omologazione. Proprio come accadeva in alcune discoteche di tendenza qualche anno fa o nei carnevali di ogni epoca e continente.

Sulla calce scrostata di un muro del manicomio di Trieste, liberato dall'abnegazione e dalla creatività di uno dei maggiori talenti della cultura italiana, Franco Basaglia, appariva una scritta a caratteri cubitali: «Visto da vicino nessuno è normale».

La grande paura, che porta sempre piú gli adolescenti a disinteressarsi dell'altro e a concentrarsi su se stessi, offre comunque un'occasione per capire qualcosa di piú di culture e linguaggi comunicativi: è un percorso che li conduce a conoscere meglio la propria vita interiore, a comprenderne la complessità senza ricorrere necessariamente a rimozioni o cure.

Come dar loro torto, visto che gli stessi psicoanalisti si sono talmente spaventati di ciò che hanno incominciato a intravedere da trarre conclusioni assai pessimistiche sulla natura della psiche: se l'uomo non fosse dotato di poderosi sistemi di difesa, sarebbe preda di impulsi distruttivi e autopunitivi.

Una componente della cultura giovanile – innovativa, ancorché minoritaria – crede invece possibile convivere con la propria doppiezza, ritiene che una declinazione dell'esistere si fondi anche sull'accettazione del proprio doppio, della propria ambivalenza.

Secondo questa visione, la vita psichica si esplica in un continuo conflitto tra la tendenza a esorcizzare il male e la necessità di blandire il bene. L'uomo non è l'una o l'altra cosa ma, come in una visione machbettiana, una perdurante commistione dei due opposti: simbiosi tra desiderio e repulsione, tra impellenza del godere e inevitabilità del patire, tra vita e morte.

Fino a non molti anni fa avevamo una coscienza piú limitata di questo groviglio interno e ciò ci permetteva di agire senza essere oppressi dai sensi di colpa. Oggi alcuni giovani conoscono o intuiscono fin troppo bene la propria interiore contraddittorietà: la accettano come un'auspicata mutazione antropologica rispetto all'ipocrita moralismo conformista delle generazioni che li hanno preceduti.

Identità sessuale

Basterebbe osservare il cambiamento del concetto di identità sessuale nelle piú recenti culture giovanili. Un tempo essa era arroccata all'interno di un confine certo e accettato: ogni ambivalenza prevedeva uno scarto dalla norma, dunque portava a una penosa emarginazione dal contesto sociale. Oggi l'identità sessuale non segue piú una appartenenza prestabilita. La letteratura, il cinema, la pubblicità, la moda tendono a utilizzare questa transizione come una risorsa: tra i giovani, la mascolinizzazione della femmina e la femminilizzazione del maschio tracciano una interessante indicazione per comprendere un cambiamento culturale complesso e articolato.

> La parola sessualità è diventata carica di troppe ambiguità. Non si sa piú cosa significhi. Sembra di essere tornati a Babele, al tempo della confusione delle lingue... Forse dunque è necessario smettere di parlare di sessualità, anzi forse occorre essere ancora piú drastici: abolire la parola stessa perché invecchiata e rugosa... Almeno finché non ci saremo riabituati a pensare la sessualità come realtà umana, è opportuno ritornare per un po' di tempo alla terminologia usata da Dio che non parla di sessualità, ma di uomo e di donna.

Cosí recitava – è proprio il caso di dirlo – l'editoriale di una delle piú prestigiose riviste del mondo cattolico.

Colpisce l'accezione negativa attribuita alla parola ambiguità: come se la sessualità non fosse anche doppiezza. Proprio il non essere capaci di considerarla una risorsa – cosí come la diversità – ha reso la sessualità un'inquietudine mal sopportata per molti. Il parlare oggi di uomo e di donna come entità psicologiche distinte è davvero bizzarro: non è bastato un secolo di psicoanalisi, non sono bastati decenni di pensiero femminista a scardinare una velleità da sempre solo maschile. Proprio ora che buona parte dei ragazzi e delle ragazze cominciano a capirci qualcosa dovremmo dunque oscurare la parola sessualità? Proprio ora che i nostri figli frequentano – e imparano a conoscere – l'altro sesso fin dall'asilo nido invece che scoprirlo a quindici anni dovremmo tornare alla separazione, agli steccati intrisi di sessuofobia?

Che cosa fa piú paura a una parte non certo esigua di adulti, l'omosessualità, la maschilizzazione del sesso femminile o la femminilizzazione del sesso maschile? Sono inquietati piú dai leziosi codini dei giovani maschi o dai ruvidi tatuaggi delle giovani femmine? È forse l'intuizione che una pari opportunità finalmente non solo ipotizzata ha condotto molte giovani donne a pensarsi in senso piú autonomo a turbare adulti benpensanti?

Mai come oggi le giovani donne possono osare: progettare una maternità senza un partner, programmarla sfidando limiti biologici fino a ieri invalicabili. La scienza rende tutto questo fattibile. Il «maschio», sempre piú periferizzato, teme la delegittimazione del proprio potere.

In giro per le città si vedono ragazzine spigliate e decise, mentre molti ragazzini appaiono destrutturati e complessati. Tempo fa in un liceo di Treviso, durante un'assemblea in cui si parlava di amare e amarsi, ho ascoltato un ragazzo denunciare con grande coraggio e molta sofferenza la propria pena d'amore, il proprio recente insuccesso sentimentale. Solo vent'anni fa quel ragazzo si sarebbe vergognato di provare sentimenti e di non riuscire a rappresentarsi agli occhi dei suoi pari come il macho capace di spezzare i cuori delle femmine, il maschietto «che non deve chiedere mai», orgoglio di tanti genitori, oggetto simbolico per tanta pubblicità dozzinale.

Oggi, l'emergere di questa incertezza comporta una grande opportunità: una donna che cresce piú forte e decisa saprà certo farsi rispettare meglio di sua madre; un maschio piú sensibile diventerà meno superficiale e indifferente di suo padre alle emozioni.

Alla fine la parola sessualità significa soprattutto relazione. In un'epoca di rapporti affettivi frigidi non credo proprio che debba essere la prima parola da emendare. Piuttosto sarebbe interessante interrogarci sul ruolo che la scuola e le altre agenzie educative potrebbero avere rispetto alla cultura della sessualità.

Ancora implicito è per molti giovani – ma sempre piú consapevole, se li si ascolta da vicino – il bisogno di un'educazione sentimentale: a servire non sono «corsi di educazione sessuale» – inutili – ma percorsi di esplorazione e accompagnamento, situazioni in cui uomini e donne adulti, responsabili e appassionati, siano capaci di educare ragazzi e ragazze all'importanza delle relazioni affettive.

Sono in grado gli insegnanti di affrontare questo senza imbarazzo?

Una cena tra amici, in occasione della visita di un collega danese. Finito di mangiare, stiamo chiacchierando in salotto quando entra la figlia dei padroni di casa, una bella ragazza sulla trentina che si unisce alla nostra conversazione. Il collega danese, forse disinibito dal vino, le chiede come mai sia tornata a casa dei genitori e loro, punti sull'orgoglio, dicono che la loro figliola non ha mai abbandonato la famiglia. Ma lo stupore dello straniero diviene sconcerto quando si accorge che non solo la giovane è ben contenta del proprio stato di dipendenza ma che i genitori sono ancora piú felici che lei lo sia. Cerco di spiegargli che quella non è una famiglia bizzarra, ma rappresenta fedelmente gran parte della realtà italiana: oltre sette ragazzi su dieci decidono di continuare a stare con la mamma anche oltre i trentacinque anni d'età e piú della metà dei single preferisce rimanere ad abitare nello stesso condominio dove vive la famiglia d'origine.

Il collega danese è sbigottito e mi chiede se questo fenomeno abbia un qualche rilievo nella mia pratica clinica. Gli rispondo raccontandogli una scena che si ripete puntualmente nel mio studio professionale.

I protagonisti sono papà, mamma e un figlio o una figlia poco piú che ventenni. Di solito i genitori sono benestanti.

Il ragazzo, o la ragazza, studia all'università ma non fa esami, anzi non fa nulla o quasi se non «frequentare», il che vuol dire uscire la sera, trasferirsi da un bar a un pub, da una pizzeria a una casa di amici, da una piazza a una discoteca, fino all'alba. Bevono e discutono molto, si drogano un po', solo il sabato.

Il copione prevede che la madre domandi al figlio/figlia perché non si impegni di piú negli studi e che il figlio/figlia risponda: – Non mi va e poi ho i miei tempi –. A questo punto il padre chiede perché non si cerchi un lavoro e il figlio/figlia risponde che il lavoro non c'è, tanto meno quello che vorrebbe (ma non riesce a descriverlo). Il padre allora dice: – Ma tu non puoi pretendere di rimanere qui senza far niente, perché non te ne vai fuori di casa?– E la risposta è: – Perché dovrei andarmene, qui ci sto bene e gli affitti sono troppo alti.

La scena di solito va avanti ancora un po', fino alla domanda finale di uno dei genitori: – Ma nella vita cosa vuoi fare? – cui il figlio/figlia risponde: – Assolutamente niente, avete tre appartamenti, dunque uno per voi, uno per me e l'altro me lo posso affittare e ricavarci i soldi per campare... a me basta questo.

Non sono casi isolati, fanno parte di quella realtà che qualche sociologo chiama con ottimismo «adolescenza protratta», ovvero di quel fenomeno tutto italiano per cui i ragazzi e le ragazze vivono nella casa dei genitori come se fosse un *hotel meublé*: ci sono sempre, a pranzo e a cena, portano il partner a dormire nella propria stanza da letto, qualche volta pretendono anche la paghetta come quando avevano quindici anni.

Certo che di motivi «esterni», ovvero di giustificazioni, ce ne sono quanti se ne vogliono: di lavoro effettivamente non se ne trova molto, di affitti decenti meglio non parlare. In fondo in casa si sta davvero bene, ci sono meno conflittualità e maggiori libertà di un tempo, dunque le ragioni per uscirne sono sempre piú deboli e la seduzione a rimanerci diventa irresistibile. In piú ai genitori, tutto sommato, non dispiace che per i figli il proprio ruolo sia ancora cosí fondamentale: è la conferma di un piccolo potere, possono continuare a preoccuparsi di loro.

Per molti giovani del nostro Paese la dipendenza dai genitori è una realtà scontata e indiscutibile: probabilmente ritengono di dover godere di una sorta di risarcimento familiare per ciò che lo Stato non ha fatto per loro. Del resto, l'essere mantenuti dai genitori è diventato un diritto che la Corte di cassazione ha recentemente consacrato con apposita sentenza. Hanno dunque ragione i giovani a pretendere e i genitori a elargire aiuti economici fino a età che un tempo erano ritenute di piena maturità e autonomia?

È pur vero che nessuna nostra amministrazione nazionale o locale ha mai disposto un piano-casa specifico. Le poche volte che si è cercato di proporre qualcosa, tutto si è esaurito in un prestito agevolato riservato alle giovani coppie o a chi si fosse sposato entro breve tempo. Secondo i nostri governi, dunque, i giovani stanno bene dove vivono: se proprio qualcuno di loro dev'essere aiutato, ciò vale solo per chi decide di sposarsi, come se, a quell'età, non fosse indispensabile qualche sperimentazione di convivenza informale.

Una cosí scarsa attenzione alle condizioni necessarie per crescere nell'autonomia cela il vissuto di palese disagio con cui gli adulti affrontano l'avvicinarsi della maturità dei figli. La richiesta di uscire di casa viene letta per lo piú come una forma di rifiuto e di irriconoscenza nei confronti di chi «ha fatto tanti sacrifici per loro».

Il problema è, invece, opposto. Lasciare la casa genitoriale alla fine dell'adolescenza è un percorso doveroso, pedagogicamente indispensabile. Non significa tradire l'affetto di mamma e papà, al contrario permette di capire la saldezza di questo legame al di fuori di una convivenza coatta. Non a caso gli anglosassoni hanno inventato il college, inteso come zona intermedia tra dipendenza familiare e vita autonoma, in grado di tutelare ancora per un tratto di vita l'adolescente obbligandolo però anche a misurarsi con le prime responsabilità di una vita adulta. Non avendo noi come risorsa i college, almeno potremmo incoraggiare i ragazzi che vogliono proseguire gli studi dopo il diploma a frequentare l'università in una città diversa.

Questa scelta li obbligherebbe ad affrontare modi di convivenza diversi e inusuali: disporre di un proprio spazio di vita significa poter verificare se stessi, confrontare le proprie capacità di organizzarsi l'esistenza, esporsi alla possibilità di vivere emozioni e affetti senza il controllo degli adulti. Per poter sperimentare tutto ciò è indispensabile vivere un periodo della propria vita senza l'obbligo di costituire un nuovo nucleo familiare.

Se molti genitori avessero questo coraggio potrebbero aiutare i loro figli a crescere piú maturi e meno fragili, dunque non cosí ricattabili.

La dipendenza dei giovani dai genitori non ha solo una ragione economica. Recentemente, parlando con un gruppo di trentenni della provincia di Udine, mi sono reso conto che la maggioranza di loro, pur avendo un lavoro ben remunerato – quindi la possibilità di pagare un appartamento e vivere autonomamente – non considerava affatto l'uscita dalla famiglia d'origine come un passaggio obbligato della propria età. La questione, evidentemente, è complessa.

I rapporti tra genitori e figli non sono piú da molto tempo conflittuali, anzi in molte famiglie si è fieri di un clima di silenziosa tolleranza reciproca. Fin dalla loro prima adolescenza i figli hanno potuto godere di libertà quasi illimitate.

Ma vi è un elemento che ha modificato ancor piú profondamente il quadro: il peso che i sensi di colpa dei genitori hanno sui loro stili educativi. Durante l'età evolutiva, attaccamento e autonomizzazione sono entrambi determinanti.

Fin dalla vita fetale l'individuo sviluppa nei confronti della madre una straordinaria e pervicace necessità di dipendenza non solo dal punto di vista biologico (ad esempio nutrizionale), ma anche emozionale-relazionale (l'ecografia dimostra che quando la madre sfiora la cute della pancia, il feto nuota verso quella mano e inizia a scalciare quando la mamma smette di accarezzarsi). Naturalmente la fase di attaccamento si prolunga ben oltre la nascita, attraverso l'allattamento, la formazione del linguaggio, la deambulazione. In non pochi casi, le scelte di vita e una talora disinvolta interpretazione dei nostri diritti di adulti hanno infragilito questa fase: il tempo dell'allattamento si è accorciato, lo sganciamento della madre dal neonato si è anticipato, l'ingresso di figure surrogate (baby-sitter, maestre degli asili nido) è diventato corposo e sostitutivo. La consapevolezza di come tale profonda modificazione della prima fase di crescita non sia sempre del tutto necessaria né positiva per un bimbo comporta il sedimentarsi in molti papà e mamme di profondi e laceranti sensi di colpa che inducono comportamenti riparatori e ansiolitici: i genitori diventano meno assertivi, ricorrono al regalo e ai soldi come forma di compensazione dell'assenza, derogano con maggior facilità in rapporto a regole e tempi di vita domestici.

Quando poi ci si avvicina all'età dello svincolo, ovvero all'epoca in cui l'adolescente deve cominciare a sperimentare le proprie capacità di autonomia, l'atteggiamento riparatorio – quello governato dai sensi di colpa – porta a dilazionare all'infinito le tappe dello sganciamento emotivo relazionale. Sono infatti proprio i genitori a non sentirsi pronti ad agevolare il necessario distacco: il rapporto genitori-figli assume cosí i connotati di un confronto fra adolescenti, tra immaturi, mediato da reciproci ricatti affettivi.

Eppure, insegnare un progressivo processo di autonomia è fondamentale. Tanti anni fa, quando mi era possibile, incontravo Cesare Musatti, pioniere della psicoanalisi italiana. Allora lui era già anziano e io un giovane psichiatra idealista che riteneva doveroso tendere alla «guarigione» dei pazienti piuttosto che aiutarli a leggere e ad assumere consapevolmente – autonomamente – la propria diversità. Ricordo che una sera gli domandai: – Come si fa a riconoscere quando una persona sta meglio, quando è sulla strada della guarigione? – E lui, accarezzandosi i lunghi capelli bianchi, rispose con il suo sorriso ironico: – Quando non ti mandano piú i bigliettini per gli auguri di Natale.

Una lezione di vita che non vale certo solo per uno psicoterapeuta, ma per ogni adulto, perché tutti siamo educatori. Amare significa veder crescere, amare la dipendenza è solo esercizio di egoismo.

I processi che ci rendono autonomi sono dunque imprescindibilmente connessi alla scissione dei legami d'amore primari. Maturità è responsabilità, e le responsabilità non sono sventure – come spesso vengono descritte proprio dagli adulti – ma libertà: il massimo dell'irresponsabilità coincide infatti con il periodo dell'esistenza in cui siamo meno liberi – l'infanzia –, mentre al contrario l'età nella quale siamo piú autodeterminati è quella che comporta l'assunzione piena delle responsabilità sociali e familiari.

Insegnare autonomia significa dunque educare a vivere. Un ragazzo un giorno mi ha detto: – Mio papà mi ha sempre fatto il pieno al motorino, adesso che sono cresciuto non so nemmeno dov'è il distributore.

Due adolescenti seminudi seduti sul letto, un bacio che sembra non finire mai ripreso nei minimi dettagli, nessuna colonna sonora se non quella dei loro gemiti, nemmeno una parola sussurrata. Inizia cosí uno dei film piú inquietanti degli ultimi anni, *Kids*: assieme all'assai piú celebrato e plurivincitore di premi Oscar *American Beauty*, rappresenta un contributo imbarazzante, duro, ma terribilmente necessario sulla condizione dei giovani d'oggi.

Poco piú di quarant'anni fa i nostri genitori furono turbati da *Gioventú bruciata*, film profetico su una generazione allo sbando e sui suoi eroi, tutti drammaticamente periti: da James Dean a Natalie Wood al mitico regista, Nicholas Ray.

Oggi questi due film americani gettano sui nostri figli – e sui genitori – uno sguardo feroce e impietoso. La reazione dei benpensanti alle due opere è stata furibonda: c'è chi ha bollato *Kids* di pedofilia nichilista, chi si è augurato che nessun adolescente vada mai a vedere *American Beauty*. Piú bonariamente, qualcuno ha ritenuto quei film un campanello d'allarme per le famiglie, un avvertimento sui pericoli che bambini e adolescenti corrono quando vengono trascurati.

L'interesse di queste due opere non è certamente solo filmico. Il loro merito principale non sta soltanto nel coraggio di ritrarre con grande fedeltà la quotidianità di una adolescente e del suo gruppo di appartenenza: giornate passate tra sesso, noiose riunioni in casa di amici a vedere filmati di skateboard e a farsi spinelli o a progettare cacce alle vergini del quartiere o a giocare a sedurre qualche cinquantenne amico di papà. E poi furtarelli al supermarket o dalle tasche dei genitori, discoteche narcotizzate da allucinogeni, spedizioni punitive nei confronti del barbone di turno, party di assoluta promiscuità. O ancora amori in lontananza, scuole noiose, festicciole prevedibili.

Il contributo dei due film risiede soprattutto nell'aver ritratto senza moralismi né sdolcinature le nostre famiglie perbene, l'assenza degli adulti: una madre patetica che allatta un neonato fumando e guardando telenovelas o un'altra nevroticamente in carriera; padri senza identità, preoccupati solo di non invecchiare.

Ecco perché tanta inquietudine nei media di casa nostra: questi film non ritraggono casi di straordinaria marginalità ma – e lo fanno usando una grande ironia – i nostri quartieri, le nostre vite domestiche, la quotidianità che è in qualche misura di ognuno di noi.

Andria, grosso agglomerato urbano a nord di Bari. Quattro adolescenti figli di famiglie in vista della città adescano una bambina, tentano di abusarne, la bruciano viva. Treviso, la Polizia arresta tre rampolli di famiglie altolocate che spacciavano droga nelle discoteche e solo qualche giorno piú tardi una ragazza uccide a martellate il suo ex fidanzato per sottrargli un paio di pastiglie eccitanti.

Varese, due ragazzini benestanti uccidono una prostituta. Chiavenna, vicino a Sondrio, tre liceali accoltellano a morte un'anziana suora.

Cosa ci spaventa di piú, la realtà o la finzione cinematografica, siamo piú inquietati dalle scene di un film o dalle cronache di casa nostra?

Per molti adulti cercare di capire l'adolescenza significa temerla. I giovani protagonisti di quei film abitano troppo vicino a noi, assomigliano tremendamente ai nostri figli o a quelli della famiglia accanto; gli adulti intuiscono che quella realtà non è un'invenzione hollywoodiana ma è brutalmente simile alla nostra quotidianità. Un quartiere di New York non è poi tanto dissimile da Andria o da Varese, la noia e l'indifferenza ritratte in quei film non sono cosí diverse da quelle vissute dai giovanissimi assassini delle nostre città. Le case in cui le emozioni sono evaporate, i genitori latitanti capaci di odiarsi senza lasciarsi, la scuola cosí ininfluente sono solo esagerazioni cinematografiche? Davvero non vediamo trasparire dalle cronache delle nostre città quella disperazione cosí rassegnata?

Ritualmente i quotidiani e i telegiornali ci informano dei delitti a volte orrendi compiuti da adolescenti salvo poi annotare che si tratta di figli di «famiglie perbene». Nei casi piú gravi l'articolo contiene anche il commento dei vicini, dei conoscenti o dei parenti i quali, all'unisono, ripetono la stessa frase: «Erano dei bravi ragazzi... non me lo sarei mai aspettato...» In realtà molti adulti della nostra comunità non si aspettano piú nulla.

Quali sono le famiglie perbene? Personalmente non l'ho mai capito, temo che i giornalisti perbene intendano quelle dei professionisti, quelle ricche, quelle che abitano nei quartieri residenziali, che girano in città con macchine lussuose. Da quelle famiglie privilegiate, applicando una strana forma di positivismo sociale, ci si aspetta ogni forma di «bene», semplicemente perché ne hanno acquistato l'illusione. Secondo questa conveniente semplificazione, il benessere sociale non può portare ad alcun malessere. Il tutto si configura in una massiccia autoassoluzione collettiva a poco prezzo.

Per decenni abbiamo potuto osservare le forme piú esasperate di disagio psicologico correlate a condizioni di subalternità economica e sociale. Ciò comportava una visione positiva del futuro: la nostra comunità avrebbe potuto sperare che, con il progresso e una migliore distribuzione delle risorse, anche alcune forme di disagio psicologico si sarebbero attenuate. Ciò non è avvenuto: non solo l'emarginazione sociale produce ancora danni individuali devastanti, ma a tutto questo si è aggiunto un fenomeno nuovo e imprevisto, il disagio dell'agio. E il peggio è che le forme di malessere psicologico indotte dal benessere economico richiedono soluzioni molto piú complesse, non basta l'elemosina.

Altri segnali di progressivo declino del nostro piccolo mondo occidentale.

Un pomeriggio afoso. Un ipermercato alla periferia di una grande città. Il signore che mi precede nella fila alla cassa ha il carrello pieno di cassette di videogiochi. La cassiera batte velocemente i prezzi sui tasti, poi all'improvviso rallenta, prende in mano con particolare attenzione una cassetta, ne legge il nome, aggrotta la fronte come se

Cuccioli di gorilla

volesse evidenziare la sua disapprovazione per quell'acquisto, poi con voce professionale chiede: – Ha dei figli adolescenti? Devo avvertirla che questo videogioco è solo per adulti... – Si chiama *Carmageddon 2*, è l'ultima versione – la piú cinica e crudele – dei videogiochi violenti che ormai hanno invaso un mercato privo di regole etiche. Apparentemente è soltanto una corsa in macchina che prevede tracciati e difficoltà di guida diversi, solo che il punteggio non è calcolato in rapporto alla scaltrezza e all'esperienza del pilota ma al suo istinto piú cinico: i punti vengono infatti attribuiti secondo il numero di persone (per lo piú ignari pedoni, mamme che tornano a casa con la borsa della spesa, vecchiette tremolanti) che vengono investite, travolte e schiacciate dall'automobile della quale si è virtualmente al volante. Manco a dirlo: il *Carmageddon 2* è andato letteralmente a ruba.

Una notte d'estate a Torino un gruppo di giovani festeggia l'esame di maturità. Sono quasi tutti ubriachi, l'unico posto ancora aperto è un pub sulla riva del fiume. Non è certo la zona piú tranquilla della città, soprattutto a quell'ora: spacciatori, prostitute, barboni che dormono sui cartoni. I ragazzi incontrano un giovane di colore, forse uno spacciatore o forse solo uno straniero che si è perso. Si accende una lite, urla, botte, poi uno spintone piú forte, il nero cade o è gettato in acqua. I ragazzi ridono della sua goffaggine, il nero si agita e chiede aiuto, mentre quelli gli tirano una cassetta della frutta in testa. Tutto accade in un attimo, eppure sembra un film girato al rallentatore: i giovani ridono ancora quando il ragazzo si muove sempre piú disperato. Ancora qualche minuto e lo straniero non si agita piú: annegato.

Chi sono questi giovani capaci di giocare con la morte in un videogioco come nella realtà, di uccidere le casalinghe di *Carmageddon 2* e poi di replicare quelle gesta con un loro coetaneo dalla pelle scura sulle rive del Po? E se avesse ragione il regista Oliver Stone quando nel suo *Natural Born Killers* fa dire: «Quei ragazzi conoscono la differenza fra bene e male, e se ne fregano»? E se avesse ragione chi, come Falko Blask, descrive quei ragazzi come parte della generazione Q (che prende il nome da uno dei personaggi di *Star Trek*)? Giovani senza scrupoli, amorali, egocentrici, edonisti, amanti del rischio, guidati da un'idea di onnipotenza, imprevedibili e calcolatori che teorizzano la cattiveria come unica ricetta per raggiungere il successo, assolutamente convinti che non vi sia piú niente da perdere.

Qualcuno penserà che si tratta dell'ennesima classificazione sociologica, qualcun altro di una scheggia impazzita, di una risicata eccezione che conferma la bontà della maggioranza dei giovani di oggi. E se quella Q apparisse invece in modo sempre piú sconcertante come la riprova di quanto alcuni dei nostri giovani assomiglino alla parte peggiore del mondo degli adulti? Non sarebbe allora lecito chiedersi da chi essi hanno appreso tanta negatività? Ancora prima di farci sconcertare dai loro rituali piú tragici, ancora prima del doveroso e – mi auguro – inflessibile giudizio sulle loro responsabilità, non dovremmo forse occuparci dei loro cattivi maestri?

Chi sono, cosa può portare dunque questi «cuccioli di gorilla» a compiere tali gesti: disperazione, noia, predisposizione genetica, impulsi perversi, influenze sociali e familiari? Bisognerebbe chiedersi come si vive da cuccioli di gorilla, come guardano la realtà i loro occhi. Sia ben chiaro, uso l'espressione «cuccioli di gorilla» non certo per evocare un sentimento di pietismo nei confronti del delinquente che ha ucciso a sangue freddo. I giovani, cosí come hanno diritto alla loro individualità, hanno anche obblighi e devono imparare a osservarli. La società deve esprimere massimo rigore nei confronti di chi ha osato tanto.

Il problema è che gli adulti arrivano sempre tardi: non sanno prevedere gli eventi ma soltanto descriverli, e agiscono a partire da questa presa d'atto: la realtà non si interpreta mai dalle cause ma soltanto dai segni piú esterni. Un secolo di psicoanalisi non ci ha aiutato a differenziare la nostra cultura da quella degli entomologi cui bastava infilare uno spillo nell'insetto da classificare.

Se molti giovani assomigliano a cuccioli di gorilla, il problema principale non sono i cuccioli ma i gorilla che li hanno partoriti.

Finché si continuerà a pensare che un giovane assassino sia semplicemente il prodotto di un ambiente degradato, si favorirà un pregiudizio che porta all'assoluto pessimismo, a una sorta di resa per le sorti di un'intera comunità. Se, d'altra parte, esistesse davvero il raptus (magari geneticamente ereditabile), vorrebbe dire che il comportamento umano è semplicemente dettato da atti compulsivi, non esisterebbe apprendimento, rapporto, complicità affettiva, ma solo reazione istintuale senza elaborazione responsabile. Ma se fosse davvero cosí, se cioè l'uomo potesse essere preda di indecifrabili impulsi auto ed eteroaggressivi, la nostra specie non avrebbe avuto alcuna speranza di sopravvivenza.

Tali radicati pregiudizi svolgono alcuni utili servizi a salvaguardia delle nostre coscienze. Se un ragazzo è connotato come mostro (perché lo è socialmente o in quanto prodotto di uno scherzo perverso della genetica), tutti gli altri ragazzi sono probi, biologicamente integri. Basta perseguire e punire quei pochi, e tutti gli altri – i nostri figli – sono salvi. D'altra parte le ipotesi eziologiche genetiche o biologiche sono fortemente rassicuranti, nel senso che eliminano alla fonte qualsiasi responsabilità individuale e collettiva.

Se invece si pensa che qualcosa nel meccanismo che ha portato quell'omicida a delinquere è comune a tanti altri ragazzi della sua età, allora la coscienza non può davvero dirsi salva. Spesso gli eventi diventano specchi. Basterebbe guardare attentamente dentro le storie di tanti giovani delinquenti e si riconoscerebbero diversi elementi comuni ad altri che non arrivano a uccidere o compiere misfatti: anaffettività, indifferenza, vuoti d'emozioni...

Alberto Arbasino ha scritto:

> Le sinistre storie della generazione italiana perduta e invecchiata lasciano delusi e afflitti perché da tanti anni di confuse agitazioni non sembra mai uscire qualcosa di buono per il Paese... il gusto per tutto quanto risulta parassitario o distruttivo nella collettività lascia finalmente depressi o anoressici, perché non è frutto di ideali forti, disegni grandi, personalità drammatiche, ma solo un sottoprodotto di superficialità e chissenefrega e opportunismo e pecioneria.

Spesso si tende a tirare in ballo la caduta di valori o il ruolo diseducativo della televisione come fattori correlati all'aumento della criminalità giovanile. C'è chi afferma retoricamente che viviamo in una società senza morale né etica, si citano i soldi, la bramosia del superfluo, i rapporti cinici ed egoistici tra le persone. Tuttavia, per onestà, occorrerebbe aggiungere che denaro, culto dell'eccedente, aggressività non vengono mai dipinti come disvalori ma, al contrario, come ciò cui la gente, nella sua maggioranza, dovrebbe tendere tanto da volerlo insegnare ai propri figli.

Cosí crescono i ragazzi, cuccioli di gorilla. La televisione e le riviste non grondano di questa cultura? Forse che gli eroi moderni sono uomini e donne miti, sobri, schivi? Esiste un campione contemporaneo che i giovani possono sognare e imitare che non sia stato costruito con le regole dell'ostentazione, dell'aggressività, del narcisismo esasperato?

Qualche mese fa un noto psicoanalista mi ingiuriò sulle colonne di un quotidiano perché avevo affermato che «ogni società, come ogni individuo, ha i figli che si merita»; forse quel mio stimato collega aveva qualcosa sulla coscienza che non riusciva a perdonarsi, eppure non passa giorno che non mi convinca di quanto quelle parole siano vere. E non intendo quell'affermazione come una sorta di anatema biblico, ma come la piú bella e felice sfida che una comunità e un individuo possano ingaggiare: l'ambizione di una collettività, di un genitore, di un educatore a creare le condizioni per generazioni piú felici. Perché la loro eredità non sia solo una nostra colpa.

Bisognerebbe ricominciare dall'ascolto dei bambini e degli adolescenti. Lo facciamo, siamo disposti a farlo?

Assieme ai ragazzi e alle ragazze di una scuola media superiore di Genova ho giocato al tempo. Le regole sono semplici: si divide la classe in due o tre gruppi e ognuno deve analizzare una parte di una giornata qualsiasi, minuto per minuto. Sono emerse cose prevedibili e altre meno.

Ad esempio, non sapevo quanto ci mette mediamente una ragazza a struccarsi la sera: circa undici minuti. È un'operazione tra le piú solipsistiche che un'adolescente possa compiere: non c'è nessuno con lei, si devono usare entrambe le mani quindi non si può nemmeno parlare con un'amica al telefono o mandare messaggini.

La cosa piú sorprendente è che questo tempo di solitudine è quasi uguale al residuo di comunicazione familiare: la cena. Il tempo medio in cui si sta a tavola a sera è di tredici minuti al lordo di tutto, telegiornale compreso. Terminata la cena, la famiglia si divide in una sorta di diaspora: papà va a sdraiarsi sul divano in salotto a vedere la televisione, mamma va in cucina a finire di sfaccendare, l'adolescente si chiude nella sua tomba tecnologica – la stanza da letto – a giocare con la playstation, a telefonare o a chattare con gli amici. Se volete spaventare a morte un adolescente proponetegli di cenare in ventisei minuti: inorridirà.

Di cosa si può dunque parlare in tredici minuti a tavola con mamma e papà? Il linguaggio e il suo contenuto si sono conformati al tempo a disposizione: si sceglierà quindi di parlare di soldi e di scuola, argomenti al primo posto della classifica, e si eviterà di affrontare le questioni sentimentali che ovviamente prenderebbero troppo tempo e che infatti sono all'ultimo posto tra gli argomenti trattati. Le domande dei genitori tendono a ripetersi alla stregua di una litania da vespro serale, cosí come diventano definitive le risposte: – Come è andata a scuola? – Benino –. Punto, stop, fine della conversazione serale.

È dunque evidente che, se questa è diventata la comunicazione quotidiana in molte famiglie italiane, diventa difficile poter prevedere, sentire e intervenire quando i nodi esistenziali degli adolescenti rischiano di aggrovigliarsi: ovvero quando stanno crescendo.

Parlare di sentimenti e di emozioni non solo risponde alle aspettative dei nostri ragazzi, ma mette in grado un adulto di capire quanta serenità ci sia in quella vita che si snoda, quanta capacità di far fronte agli eventi negativi, quanta autostima.

Una recente indagine su un campione rappresentativo di adolescenti italiani dice che il sessanta per cento di loro possiede nella sua camera da letto il computer, la playstation, il telefonino: ciò vuol dire da una parte che gli adulti vogliono segregarli, isolarli in un piccolo ghetto privilegiato dove lasciarli fare ciò che vogliono; dall'altra che anche i ragazzi non cercano contatti con i loro familiari.

La nostra collettività sta costruendo una forma di autismo reciproco: genitori e figli ignari gli uni degli altri, coabitanti con superficialità e convenzioni. Il tutto per convincerci di essere belle famiglie perbene.

Si chiamano squatter, sono molto colorati e fanno paura. Qualche tempo fa hanno letteralmente assalito Torino. La rassegnazione della città alle ragioni dell'economia industriale si è dovuta confrontare con l'esplodere di un piccolo movimento di giovani senza radici né leggi. La gente si è asserragliata in casa, i negozianti hanno abbassato le serrande: temevano la furia di quell'orda eccentrica. E gli squatter, riuniti per ricordare un compagno morto suicida in carcere, hanno proclamato l'odio verso tutti e tutto, hanno esibito la propria radicale diversità.

Il panico ha contagiato per ore e giorni cittadini e giornalisti, tutti si sono improvvisamente scoperti sguarniti e fragili.

Il filosofo Gianni Vattimo ha scritto su un quotidiano torinese che degli squatter, al di là della paura che inducono, non c'è niente da capire. Ha sostenuto che dietro i loro slogan anarcoidi non ci sono idee: le poche dichiarate fanno parte di un patrimonio culturale certo non autonomo. Secondo Vattimo, dunque, gli squatter non rappresentano niente di nuovo, soltanto la riproposizione di un estremismo vecchio, vuoto e banalmente nichilista.

Dietro i ciuffi colorati, i piercing piú improbabili e gli enormi anfibi si può invece cogliere una metafora utile anche al nostro mondo di adulti. La questione infatti non consiste in ciò che quell'orda di ragazzacci avrebbe dovuto comunicare, ma proprio nel fatto che non ha voluto farlo. La novità, stavolta, va cercata proprio nel loro ostinato silenzio.

Quel silenzio non rappresenta solo l'estremo rifiuto di una minoranza nei confronti di tutto ciò che la circonda e da cui viene ghettizzata: esprime al contrario l'esemplificazione – di qui l'aspetto metaforico – di una condizione esistenziale comune a tanti altri che pure non si riconoscono in quel bizzarro popolo di postanarchici.

Tra i giovani ci sono sempre state frange estreme che hanno trovato la propria identità in una radicale contestazione del sistema prodotto dalla società dei genitori. Pur utilizzando forme di violenza gratuita, le loro gesta erano unite all'esercizio della critica e del sarcasmo: questo stabiliva un qualche tentativo di comunicare, magari esacerbato nei modi e conflittuale nei contenuti, ma pur sempre un confronto fra culture di appartenenza, modi di essere, punti di vista sul mondo. Anche nei momenti di piú aspra contestazione il confronto tra generazioni ha contenuto parole, ricerca di comunicazione. Fino a ora.

Gli squatter – il loro ostinato silenzio – rappresentano l'epilogo di un residuo comunicativo. Epilogo inquietante, ma non sorprendente. Le radici di questo disagio relazionale affondano nel boom economico degli anni Sessanta, quando la frenesia consumistica che accompagnava la crescita economica e tecnologica del mondo occidentale contribuiva ad approfondire l'incomunicabilità tra chi promuoveva fieramente quel processo di ammodernamento (la generazione dei padri) e chi ne contestava le diseguaglianze sociali prodotte (la generazione dei figli).

Di qui la tentazione non solo di molti giovani, ma anche di persone sensibili, come ad esempio alcuni grandi artisti, di defilarsi, recitare la propria differenza. Basterebbe ricordare la sequenza di uno dei capolavori di Michelangelo Antonioni, *Blow-up*, in cui quattro ragazzi giocano a tennis in un parco di Londra e si muovono nel perimetro di un rettangolo d'erba come fosse quello di un vero campo: giocano come avessero delle racchette invece hanno solo le mani, seguono il percorso della palla che sorvola una rete, ma la palla non esiste e nemmeno quel nastro. Il tutto senza pronunciare una sola parola, in un silenzio assoluto incrinato solo dal fruscio del vento.

Quelle inquadrature profetiche – cosí come molti slogan urlati in quegli anni – erano allarmati e condivisi segnali di percorso: seguendo la direzione che stava prendendo, la società occidentale avrebbe brutalmente sostituito la solidarietà con l'egoismo, barattato la felicità con l'opportunismo. Oggi, a trent'anni da quella fantastica partita di tennis, alcuni dei nostri ragazzi hanno smesso di parlare. Forse perché sazi, forse perché cinici e induriti, forse perché precocemente deprivati di speranze e sogni. Non tutti hanno i capelli colorati o i tatuaggi, eppure non hanno piú voglia di parlare.

Quello degli squatter è di sicuro il silenzio piú rumoroso, ma non certo il piú inquietante.

Una comunità drogata

Ricordo bene quell'estate di trent'anni fa. Ero allievo interno della Clinica di malattie nervose e mentali dell'università di Verona. Il direttore – il professor Hrayr Terzian, un uomo straordinario per cultura, intuizione e capacità di stare vicino ai ragazzi – aveva chiesto a noi giovani di bottega di occuparci di quanto stava accadendo in una piazza del centro storico. Da qualche settimana era arrivata una polvere bianca, gratuita e abbondante, che aveva preso il posto della droga «leggera». Verso sera gli spacciatori, appostati come corvi agli angoli della piazza, attendevano di distribuire la morte ai giovani della città. Ero tra loro, guardavo quei volti: avevano tutti piú o meno la mia età, avrebbero potuto essere miei amici, erano come me.

Da allora di eroina sono morte in Italia oltre trentamila persone: il nostro Vietnam. Se avessimo sepolto assieme quei ragazzi e quelle ragazze, vi sarebbe stata in qualche parte del nostro Paese un'enorme distesa di croci bianche tutte uguali, simile a un cimitero di guerra. Forse sarebbe servito a mantenere viva in noi la memoria di un'immane tragedia, avrebbe insegnato qualcosa alle generazioni successive.

Non l'abbiamo fatto, non abbiamo voluto capire. Quelle giovani morti sono state massicciamente rimosse dalle nostre coscienze. Oggi non si parla quasi piú di droga semplicemente perché se ne muore di meno. Ciò è avvenuto non grazie all'intervento di qualche ministero, ma perché è arrivata una minaccia ancor piú grande dell'eroina: un virus e un'epidemia che hanno convinto migliaia di tossicodipendenti a non usare piú aghi contaminati, ma a sniffarla o a scoprirne di nuove.

E la droga, la sua cultura, continua a convivere con i nostri figli.

L'eroina ha colpito i soggetti piú fragili e inquieti di intere generazioni; ha messo in luce conflitti individuali e familiari, contraddizioni sociali ed economiche di fronte alle quali la nostra comunità si è dimostrata ancora piú debole delle persone che avrebbe dovuto difendere e aiutare. Gli interventi sono stati tardivi e incoerenti: accanto a una rete assai rada di servizi pubblici, peraltro poveri di mezzi e personale, è cresciuta, nel tentativo di aiutare migliaia di disperati e liberare le loro famiglie dall'abbandono nel quale lo Stato le ha lasciate, una pletora di comunità che hanno offerto e offrono i servizi piú diversi e contraddittori.

Non sono state le coscienze a turbarsi, ma i portafogli. Gli eroinomani rubavano denari e pezzi d'argenteria nelle case, radio stereofoniche nelle automobili, e poi scippavano pensionati, rapinavano negozi: l'eroina è stata avvertita principalmente come un problema sociale, economico. Chi fosse quel ragazzo o quella ragazza, cosa cercasse, di cosa fosse fatto quell'enorme buco nella sua esistenza non importava granché: la comunità ha voluto anteporre il controllo della tranquillità nei quartieri alla comprensione di un dolore tanto diffuso.

La delega a un generico «Fate qualsiasi cosa purché si faccia qualcosa» non ha rappresentato solo un sacrosanto grido di dolore e una legittima richiesta d'aiuto, ma anche la necessità di cancellare l'evidenza di una delle piú plateali sconfitte che il processo del nostro sviluppo sociale abbia conosciuto. All'inizio molti hanno pensato che il fenomeno sarebbe rimasto circoscritto ad alcune aree di degrado metropolitano, confinato entro ceti sociali intensamente emarginati: con il passare degli anni ognuno ha potuto constatare che non c'era paesino, non c'era classe sociale – neanche le piú abbienti – che l'eroina non avesse travolto, in cui non avesse portato lutti.

Tutto ciò ha contribuito a rafforzare nell'opinione pubblica l'immagine dell'eroina come catastrofe di dimensioni bibliche, inarrestabile e incomprensibile nella sua genesi. Forse per questo quando si è parlato di intervento a favore dei tossicodipendenti si è teso a favorire aspettative miracolistiche: non cura ma guarigione totale, non assistenza ma liberazione dal male. Ciò ha contribuito a far sí che in questo campo potesse intervenire chiunque con qualsiasi metodo senza che venisse richiesto un minimo di valutazione scientifica su come si stava operando: da psicoterapeuti raffinati a comunità dove si allevavano cavalli, la tossicodipendenza è diventata terra di nessuno, ovvero di tutti. Chiunque nel nostro Paese è stato libero di agire, qualsiasi metodo è stato ritenuto lecito pur di togliere di mezzo i disturbatori della nostra quiete sociale, del nostro benessere.

Migliaia di tossicodipendenti sono stati impiegati – e molti lo sono ancora oggi – come forza lavoro non pagata con l'alibi della cura e della riabilitazione: per trent'anni decine di comunità terapeutiche hanno nei fatti utilizzato uno slogan impronunciabile, «Il lavoro rende liberi». Nessuno è mai intervenuto per difendere migliaia di giovani dallo sfruttamento perpetuato in nome del controllo sociale, della cura, della guarigione: non un politico, non un sindacalista, non un prete – anzi, alcuni di loro hanno fatto e fanno parte dell'esercito degli sfruttatori –, non un giornalista hanno avuto il coraggio di denunciare questo scandalo. Per molti anni il silenzio è regnato dietro quei cancelli dove la nostra coscienza non ha voluto guardare.

E ora che l'eroina non affascina piú i giovani come un tempo, si finge che tra loro non girino fiumi di cocaina, si cerca di ignorare che ogni anno consumano quasi cento milioni di pastiglie di ecstasy. Di nuove droghe si parla solo se un ragazzo ne muore nel parcheggio di una discoteca. In famiglia non se ne discute piú e nemmeno a scuola. Eppure capire la diversa cultura che porta al consumo delle sostanze di nuova generazione fornirebbe elementi preziosi per interpretare una parte consistente del mondo dei giovani di oggi e soprattutto dei cambiamenti e delle differenze rispetto alle generazioni precedenti.

L'eroina è stata – inconsciamente? – utilizzata come anestetico in grado di placare il dolore di una sconfitta epocale: quella di chi alla fine degli anni Sessanta voleva cambiare il mondo e non c'è riuscito. È stata la droga del dissenso individuale e di gruppo. L'eroinomane era platealmente fuori: dalla società e dai suoi riti, dai suoi valori, dal suo stesso processo di modernizzazione. Il disprezzo verso quel mondo di vincitori era palese nella violenza con cui il drogato «si sbatteva», una rabbia tremenda che portava spesso alla morte.

Droga con omologazione

L'ecstasy rappresenta in termini culturali e comunicativi l'esatto opposto dell'eroina. Le droghe di sintesi non vengono assunte per allontanarsi dagli altri, ma per essere accettati. La droga non è piú un mezzo amplificato per urlare la propria anomala differenza, ma lo strumento per declinare ogni velleità di trasformazione sociale. Il giovane di oggi che si avvicina alla nuova droga sembra voler dire «Il mondo va bene cosí, a noi basta farne parte». Se l'eroina era il grido drammatico di chi sognava un mondo diverso, l'ecstasy sembra rappresentare la paura dei piú giovani di non essere accettati dalle regole che vincolano la cultura piú consumistica e competitiva. Quando chiedo a un ragazzo perché si faccia di ecstasy il sabato sera, mi risponde: – Cosí mi sento piú empatico –. Cioè piú inserito, omologato, mimetizzato.

Il consumo di ecstasy potrebbe essere interpretato come l'antidoto al vissuto depressivo di una parte del mondo giovanile: manifesta un'incertezza, un'incapacità a sentirsi considerati, la paura di non valere sufficientemente. La droga di sintesi è un aiuto esogeno che viene incontro a un vissuto d'inadeguatezza, a una bassa stima di se stessi.

Da questo punto di vista, la cultura delle nuove droghe assomiglia da vicino a quella di molti adulti, ovvero di molti dei loro genitori. Quanti uomini e donne si alzano con il Prozac, vanno a letto con il Tavor, fanno l'amore con il Viagra? Se dunque molti adulti accettano che per sopravvivere occorra assumere chimica, perché mai i loro figli e le loro figlie non dovrebbero fare altrettanto?

Scongiurato il pericolo sociale della droga, cioè il suo impatto economico e di ordine pubblico, diminuito grandemente il tasso di mortalità, la nostra comunità si trova nell'imbarazzo di dover far fronte a ciò che ha già in gran parte accettato e che fa parte della sua stessa cultura.

Le nuove tossicodipendenze dunque rappresentano, metaforicamente, le piú stridenti contraddizioni del mondo degli adulti, l'improbabilità di suggerire modelli coerenti, di essere guide autorevoli.

Con quale credibilità si dovrebbe combattere un aspetto del mondo giovanile che non solo è cosí simile a quello degli adulti, ma che viene addirittura mostrato ai nostri figli in quanto dimensione accettabile per la loro esistenza? Come si fa a contrastare l'alcolismo tra i ragazzi quando è lecita perfino la propaganda televisiva, come si fa a essere preoccupati per il crescente consumo di sigarette tra gli adolescenti quando è lo stesso Stato italiano a fabbricarle e a venderle, come si fa a essere preoccupati per le morti del sabato sera quando le maggiori case automobilistiche chiedono ai piloti di Formula uno di fare la pubblicità ai modelli di auto per i piú giovani?

È difficile ammettere che, per la prima volta da decenni, il mondo dei genitori assomiglia cosí profondamente a quello dei figli ed è ancora piú imbarazzante dovere ammettere che proprio ciò che per anni ha sancito un necessario terreno di confronto e una chiara distanza tra le generazioni, costituisce oggi per gran parte del mondo giovanile il terreno di omologazione, decreta la rinuncia di una parte di loro a pretendere e progettare un mondo migliore.

Appendice

Questo testo è apparso come *Prefazione* alla nuova edizione pubblicata nel 2006.

Fin da quando questo piccolo libro fu pubblicato la prima volta, ha incontrato uno strano destino: ebbe in sorte, infatti, di uscire nelle librerie solo pochi giorni prima della tragedia di Novi Ligure. Nemmeno a farlo apposta avevo concordato con il sindaco di quella città una data per una conferenza (vi ero già stato l'estate precedente), che capitò esattamente due giorni dopo l'eccidio. Qualche giornalista ebbe il buon gusto di far riferimento a nostre – mie e dell'editore – ciniche intenzioni speculative: certa stampa è talmente abituata alla spettacolarizzazione (e invenzione) di qualsiasi evento che non è piú in grado di distinguere tra finzione e realtà. Ragiona come se ogni istante della nostra quotidianità sia già previsto nella sceneggiatura di un mediocre reality-show.

La cronaca è ovviamente molto diversa, e assai piú metaforica: credo che la storia di questo piccolo libro abbia offerto un contributo per dimostrarlo.

Il suo successo editoriale, infatti, non è certo dovuto a invenzioni granguignolesche, o ad alchemiche combinazioni del destino, quanto piuttosto al merito che queste pagine hanno avuto nell'intervenire in una crisi intuendone la straordinaria e profonda rappresentatività sociale: quella che attraversa e sovverte l'idea di educare e, in subordine, la ricerca di un senso dell'odierna genitorialità e di una moderna programmazione dei sistemi educativi.

La grande metafora, che la tragedia di Novi Ligure contiene e dilata, riguarda proprio la (in)capacità degli adulti di capire cosa significhi oggi – in una comunità finalmente benestante e socialmente sicura – educare le future generazioni.

Via via che gli adulti si sono avvicinati e hanno iniziato a comprendere le dimensioni di questa nuova sfida, ne sono rimasti impietriti, quasi ammutoliti di fronte alla responsabilità che essa comporta. Ne è scaturito un grande sconcerto, la sensazione che la scommessa piú importante per una comunità – il suo futuro – sia nelle mani di persone distratte e incapaci.

Da allora ho continuato a girare per piazze, sale, teatri, parrocchie, scuole, comuni. Ovunque gente attenta, numerosa, partecipe, impaurita: la metafora di Novi ha lasciato un segno non effimero, forse ha indicato una svolta possibile, perfino praticabile.

Probabilmente non è cosí vero che siamo tutti cosí incapaci di ascoltarli, e che il destino dei nostri figli non sia poi cosí indifferente a ognuno di noi. Eppure, a parte un'iniziale – seppur evidente – presa di coscienza, non si può certo affermare che in questi anni qualcosa sia davvero cambiato, anzi. Mi limito solo a una breve digressione sulla questione formativa e su quella – a essa strettamente collegata – che riguarda l'ingresso dei giovani nel mondo del lavoro.

Nel momento in cui scrivo non conosco l'esito di una difficile e durissima campagna elettorale, ma chiunque vincerà avrà comunque clamorosamente disertato queste fondamentali questioni.

Un tempo – trent'anni fa – il diploma di scuola media superiore garantiva un qualche sbocco professionale. Oggi, nessun professore universitario si avventurerebbe ad affermare che il primo diploma di laurea (la cosiddetta laurea breve) rappresenti la pur minima garanzia di un impiego all'altezza degli studi effettuati: e allora perché spezzare in due un corso di laurea, se poi comunque il giovane dovrà completare l'*iter* formativo per poter iniziare a orientarsi nel mondo del lavoro?

E non è finita: nemmeno la laurea di secondo livello garantirà granché. Occorrerà addentrarsi nella fitta selva di offerte di master (un menu che prevede qualsiasi argomento, a qualsiasi prezzo, di qualsiasi qualità).

Ma neppure i master garantiscono una professione adeguata agli sforzi compiuti. Nel frattempo, quella ragazza o quel ragazzo si saranno avvicinati ai trent'anni e continueranno a dipendere economicamente dai genitori: una situazione che non ha eguali in Europa.

Alla fine, forse, arriverà un contratto di lavoro, naturalmente precario. La parola «flessibilità» è diventata sinonimo di «sfruttamento», le leggi che l'hanno creata sono state utilizzate da manager pubblici e privati per avere a disposizione migliaia di giovani lavoratori a basso costo, quotidianamente ricattabili semplicemente agitando lo spettro della cessazione del contratto di lavoro. Mi chiedo: possibile mai che nessun imprenditore abbia riflettuto sulla semplice evidenza che un lavoro interinale produce un'identità interinale, ovvero l'opposto di quell'idea di professione fondata su passione e merito che è l'unica garanzia di qualità nelle prestazioni e di alta produttività? Come non capire che la «furbata» del lavoro a basso costo non può aiutare un Paese a competere nel medio termine sul mercato mondiale, e che dunque rappresenterà la tomba per le ambizioni del «made in Italy» e, piú in generale, per il futuro stesso della nostra cultura?

Come si vede, siamo molto lontani dall'idea di voler davvero ascoltare i nostri figli e le loro reali esigenze. Al contrario, stiamo invece riproducendo, per la prima volta nella storia del Paese, un conflitto terribile tra gli interessi degli adulti e le aspirazioni dei giovani, un conflitto che non potrà che essere sanato attraverso l'accettazione, da parte dei genitori, del fatto di dover sopperire in tutto e per tutto alle esigenze esistenziali dei figli. Tradotto: gli adulti dovranno accordare ai ragazzi una vergognosa pensione (d'invalidità? sociale?) quando questi ultimi avranno appena raggiunto l'età per iniziare a vivere!

Come non capire che ciò produrrà per tutti i nostri figli un immenso e perituro danno in termini di creatività, capacità imprenditoriali, coraggio, passione, sviluppo del talento?

Questo libro è nato da un'intuizione, da un'esigenza percepita girando un Paese meraviglioso e ferito nel suo orgoglio. Questo libro è nato dall'interpretazione di parole e di inquietudini di genitori, nonni, insegnanti, preti, amministratori. Dopo la sua pubblicazione, gli incontri, le conferenze, i seminari si sono ancor piú infittiti e si è decuplicata la responsabilità di offrire occasioni di riflessione, per far emergere dubbi e indignazione, per aiutare ciascuno a sapere che non è solo, e che questa tremenda sfida può essere vinta solo se la gente deciderà di uscire di casa, di incontrarsi e di cominciare a pensare.

Da qui l'esigenza di proseguire a dar di conto a chi mi conosce e a chi non mi conosce di ciò che dice il cervello e il cuore della gente. Da qui l'esigenza di continuare a costruire un percorso mentale che non sia costituito solo da parole pronunciate, ma anche scritte.

Da qui l'esigenza di pubblicare altri due libri, per accompagnare chi non vuol pensare che non ci sia piú nulla da fare per il futuro dei nostri figli.

Ecco perché, due anni dopo questo libro, ho scritto *Noi, voi* e, nell'inverno del 2005, *I figli non crescono piú*.

Questi tre libri compongono una trilogia intesa come un minuscolo portolano per naviganti e marinai improvvisamente impauriti, ma anche consapevoli che non si possono ammainare le vele per nascondersi dietro la prima comoda ed effimera scogliera.

Fin che c'è pensiero c'è dignità, fin che c'è il coraggio di inquietarsi, c'è libertà.

PAOLO CREPET

Aprile 2006.

Voi, noi

La tenda la montavano d'inverno, poco prima delle feste di Natale. Abitavo in una grande piazza, talmente grande che la chiamavano prato, contornata da un filo di portici bassi e tozzi, nei quali quella stagione lasciava la foschia meno densa, sgranata, popolata di cappotti scuri. Era in quell'immenso slargo che il telone si gonfiava d'aria e di fantasia come la malia di una mongolfiera: accadeva una mattina, appena la luce del giorno restituiva geometrie e senso a quel luogo altrimenti incongruo ai miei sogni. Tutto seguiva un ritmo lento, contrappuntato dal rumore dei colpi secchi delle mazze che spingevano nel terreno i grandi chiodi per imprigionare la tenda, e dalle grida e dalle urla: finalmente la tela assumeva la sagoma di un enorme fortilizio eretto come per sortilegio ogni anno, proprio lí davanti alle mie finestre, proprio nei giorni in cui le figure del presepe venivano scartate dai fogli di giornale. E iniziava l'attesa.

Mio nonno adorava il circo, per via delle bestie ma soprattutto dei giocolieri e dei funamboli. Aveva strane teorie sul numero massimo di palle che un uomo è in grado di far volteggiare nell'aria, o sulla forza che occorre avere nei polsi per reggere una piramide umana. Ne sapeva qualcosa, lui, che da giovane faceva parte della Vis Pesaro, una squadra di ginnastica artistica: la sua specializzazione erano gli anelli e la sbarra. Si vedeva dal suo fisico asciutto e tosto, agile come la sua capacità di immaginare. Ha continuato a battermi a braccio di ferro fin quando ero già adolescente.

Non abitava con me nella piazza, mio nonno, ma qualche via dietro la basilica di Santa Giustina. Sapeva che era arrivato il momento, veniva a prendermi in bicicletta, mi faceva sedere sulla canna e senza dire una parola si dirigeva verso la tenda. Sentivamo già i barriti degli elefanti e i leoni che ruggivano invano nella nebbia: a mio nonno luccicavano gli occhi, e anche a me. La notte quei richiami selvaggi arrivavano fin dentro la mia camera, sotto la trapunta di lana, ma non mi spaventavano, pensavo a mio nonno che l'indomani avrebbe aspettato che finissi la scuola per andare a curiosare tra le sbarre della recinzione.

Cercavamo soprattutto i lama. Non perché fossero belli, anzi, erano spelacchiati, ma avevano una caratteristica straordinaria: sputavano. Secondo i calcoli di mio nonno, gli esemplari piú integri potevano arrivare anche a tre o quattro metri: passavamo ore intere a verificarlo… non era facile provocarli e quando avevamo perso ormai le speranze… splash… partiva un grumo di saliva… Una volta aveva centrato la giacca di mio nonno. Orgoglioso di lui, l'avevo visto sbalordito e ferito a morte come un eroico cavaliere medioevale.

Finalmente era arrivata la notte della grande magia, la prima rappresentazione: andavamo sempre e solo io e lui, in famiglia tutti rinunciavano all'ultimo momento. A me non importava granché, anzi: il circo era il luogo di mio nonno e mio.

Lo spettacolo iniziava con le trombe, noi avevamo fretta. I lama non li facevano mai vedere, e i leoni erano troppo vecchi e rallentati, non ho mai visto mio nonno ridere con i clown: era troppo teso, aspettava i funamboli. Gli piacevano quelli russi, avevano muscoli possenti, colli taurini eppure sembravano leggeri quando si arrampicavano sulla fune per raggiungere la piattaforma, lassú nel cielo del circo. Li vedevo con difficoltà, ormai erano diventati piccoli, la gente cadeva ammutolita caricando l'aria di rispetto e di timore, si percepiva la nuvola di talco con cui si incipriavano le mani, poi i tamburi rullavano grevi. Mio nonno era in estasi.

Non ricordo il nome, ma era di leggenda. Faceva l'equilibrista, il piú bravo, il piú coraggioso. Camminava aiutandosi a volte con una barra leggera, percorreva molti metri a un'altezza infinita, solo qualche impercettibile barcollio, passo dopo passo ci sovrastava sorretto dal silenzio: c'era fierezza nei suoi gesti cauti, ma era lontano, inaccessibile. Non era con me, ma sopra.

Tante volte ho ripensato all'artista senza nome, a mio nonno che ne esagerava le gesta per mesi, eppure il ricordo si mescolava a un'indefinibile sensazione amara. Come se quell'uomo rappresentasse qualcosa che dovevo temere: l'indifferenza, l'arte di camminare su una fune sospesa sopra le case del mondo, senza toccarne nemmeno una.

L'equilibrista è capace di estraniarsi da tutto e da tutti, di non pensare a nulla e a nessuno, dunque di non dipendere. Non si possono provare emozioni quando si cammina su un filo teso a una distanza enorme dalle cose, non si deve sentire alcuna sensazione. Né appartenere, aggrapparsi a una storia, possedere un'esistenza: si vive sospesi proprio come quel filo che in un momento – un attimo che dura in eterno – è l'intera esistenza.

Indifferenza è percepire il nulla, il vuoto e costruirci attorno una casa capace di difendere da tutto. Indifferenza è abbeverarsi di anestesia. Il funambolo, l'indifferente, vive solo il segno sotto la pianta dei piedi: quella retta breve, dal calcagno all'alluce, è per lui l'unica forma di spazio esistente, il resto non è. Il dolore del peso del corpo dell'equilibrista che schiaccia la fune colpisce l'altro dolore – quello del mondo – e lo annienta.

Indifferenza è sospensione di luoghi, radici, identità. Indifferenza è vuoto di relazione, assenza sensoriale, totale privazione d'affetto, sottrazione morale.

Molti adolescenti assomigliano a quegli equilibristi russi ma non lo sanno. Camminano sospesi sopra teste di adulti che non guardano in su, verso quelle corde tese, né si accorgono degli sforzi immani di quei giovani per dire che vivono, della loro angoscia di non poter guardare alle cose terrene, alla realtà cosí afona ormai. Indifferenti costretti a camminare sopra adulti indifferenti, perché non c'è contaminazione tra gli uni e gli altri, solo uno spazio vuoto dove volteggia il silenzio. Eppure i ragazzi non vorrebbero dover deambulare cosí lontani dal mondo, vorrebbero contatti, strette di calore.

Non tutti gli adulti guardano per terra, qualche drogato di fantasia come mio nonno c'è. I ragazzi dovrebbero fare piú attenzione: tra di noi, qualcuno che non ha solo occhi ma sguardi, cercando bene, lo si potrebbe pure trovare.

I nostri adolescenti, dopo tutto, preferiscono un lama che si arrabbia, a un equilibrista che si assenta.

Una telefonata di lavoro come tante altre, non fosse per l'accento della persona che mi chiede un appuntamento. Una gentile inflessione veneta mi trasmette una sensazione gradevolmente familiare, il suo modo manierato di porsi, alcune sue battute ironiche m'incuriosiscono.

Quando, alcuni giorni dopo, lo vedo entrare nel mio studio, quell'uomo appare assai piú anziano di quanto la sua voce mi abbia fatto supporre. Un signore elegante nei modi e nel vestire, sobrio. Emana una certa calma, tratto abbastanza raro tra chi si reca da uno psicoterapeuta. Lo seguo con lo sguardo muoversi davanti agli scaffali della mia libreria: probabilmente cerca di superare l'imbarazzo dell'impatto, o forse vuole solo trovare il modo giusto per dipanare i suoi primi ragionamenti. Ma che cosa può mai cercare da me un uomo all'apparenza cosí pacificato?

Poi, quasi di scatto – sentendosi fin troppo osservato, o piú probabilmente intuendo le mie perplessità –, si viene a sedere sulla poltrona davanti alla mia. Per la prima volta mi guarda dritto negli occhi.

«Guardi che io un problema ce l'ho, sa?», dice fissando il mio sguardo e assumendo un tono di voce severo, «ed è una questione molto grave, talmente grave che, con tutto il rispetto che ho per lei come psichiatra, temo che non possa essere in grado di aiutarmi. Tuttavia vorrei provare lo stesso a spiegarmi…

Vuol sapere qual è il problema che mi angoscia? Io non so parlare. Come vede sono una persona anziana, ho vissuto una vita piena di soddisfazioni, estremamente agiata. Ora sono in pensione, ma fino a pochi mesi fa ero un industriale molto noto e rispettato nel mio campo. Ho vissuto di grandi privilegi. Sono stato un uomo potente e temuto. Non ho mai avuto bisogno di parlare se non per dare ordini: non ho mai sentito la necessità di ascoltare né di comunicare granché, neanche con i miei dipendenti o con i miei familiari. Eppure la mia esistenza è filata via senza grandi scossoni. E non mi sarei nemmeno reso conto di questa mia incapacità, se non quando, qualche settimana fa, la mia seconda figlia, quarantenne, mi ha telefonato per informarmi che si stava separando dal marito. Ho pensato che fosse un momento terribilmente difficile della sua vita. Mi sono sentito in dovere di andare a trovarla, di non lasciarla sola ad affrontare il suo problema. Ma mi creda, non sapevo cosa dirle. Quelle robe lí, come si dicono? Sa che cosa sono stato in grado di fare? L'unica che mi è sempre riuscita alla perfezione: ho messo mano al portafoglio, ho tirato fuori il blocchetto degli assegni, le ho chiesto in che cosa potevo esserle utile. Mi sono vergognato di me stesso...»

Effettivamente era molto complicato, se non impossibile, dare una mano a quell'elegante signore: eppure egli non rappresenta un'eccezione o una anomalia, semmai un'icona di un modo di essere e di agire comune a un'infinità di cittadini del nostro piccolo mondo occidentale: lui comincia a rendersene conto, milioni di altri sono morti nell'assoluta inconsapevolezza che comunicare sia un aspetto fondamentale della vita.

Gran parte dei nostri predecessori assomigliavano terribilmente a quell'industriale in pensione e «quelle robe lí» non hanno insegnato a dirle ai loro figli né ai loro nipoti. Hanno parlato d'altro, hanno pronunciato ordini, intimato prescrizioni piú che comunicato sentimenti: argomenti imbarazzanti, in cui si muovevano a disagio. Per una ragione fondamentale: fino all'altro ieri la grande maggioranza dei nostri antenati viveva atterrita dall'incertezza, dalla prospettiva delle malattie e della morte, costretta dalla fame, obnubilata dalla miseria. La comunicazione non poteva non risentirne in modo profondo, facendosi essenziale, mirata obbligatoriamente a un obiettivo prevalente: salvare la pelle.

Costretti da questa logica, pressati da tali ineludibili contingenze, lo spazio per dire l'amore, gli affetti, le relazioni – ovvero il mondo emotivo – veniva mutilato, quasi si trattasse di orpelli, di «roba» buona per tempi migliori, quelli in cui avrebbe vissuto un uomo finalmente rassicurato.

Parlare della percezione della nostra anima non è facile, ci si sente vulnerabili a esternare le proprie emozioni. Troppo spesso cerchiamo di ridurre l'amore a esercizio di seduzione o a sentimento positivo, invece è anche dolore, perdita, abbandono... Chi è capace di insegnare ai propri figli cosa vuol dire lasciare o essere lasciati? Eppure è una delle esperienze piú frequenti della vita: quante volte lasciamo (una persona, un oggetto, un luogo, un'idea) o ne subiamo l'abbandono? In entrambi i casi, le conseguenze piú negative sul piano psicologico avvengono se un individuo non è stato educato all'autonomia: è una situazione che si realizza in special modo quando il rapporto di dipendenza genitoriale, tipicamente quello materno (una madre, spesso, tende a trattenere) è piú presente e piú forte.

«Mangia altrimenti non cresci... copriti bene che fuori fa freddo e prendi una polmonite... togliti il maglione se no sudi e ti viene un accidenti... làvati i denti se non vuoi che da grande non te ne rimanga nemmeno uno... non bere tutto d'un fiato che ti strozzi...», ci dicevano i nostri nonni (e berciano ancor oggi non pochi genitori). Altro che parlar d'amore: intere generazioni si sono tramandate solo strategie per rispondere ai bisogni primari, difendersi dai pericoli, tentare di sopravvivere.

Non c'era tempo per occuparsi di sentimenti, meno che mai di emozioni: lavorando da buio a buio, faticando come bestie, la sera – prima di mangiare la minestra e di andare tutti a letto – rimanevano pochi minuti per l'amministrazione di regole essenziali di vita, magari imposte a suon di pugni sul tavolo o di calci nel sedere.

Poi è arrivato, rapido, il progresso economico e con esso l'idea di una vita non piú cosí appesa a un filo: questo ha dato a una quantità via via crescente di persone – per la prima volta nella storia – la possibilità concreta di parlare anche di cose svincolate dalla mera sussistenza: appunto, le «robe» che il vecchio industriale non sapeva dire. Ed è stato proprio in quel momento che gran parte della nostra gente si è scoperta analfabeta di relazioni affettive e di sentimenti. In particolar modo la generazione nata nel secondo dopoguerra si è trovata a dover fare da pioniera, da apripista rispetto alla necessità di educare i propri figli a crescere dal punto di vista relazionale, oltre che cognitivo e comportamentale.

Capiamo ora e solo ora – come è capitato, tardivamente e dolorosamente, all'anziano signore veneto – quanto sia difficile trovare un alfabeto emotivo e scoprirne come risorse possibili non solo le parole ma anche i silenzi, i pianti, la rabbia, l'euforia, la gioia... Proviamo solo ora a costruire questo stupefacente inventario di umane passioni e vi troviamo, assieme alla bellezza, l'infinita difficoltà di cimentarci con la comunicazione delle anime. Ma sappiamo anche che non abbiamo scampo, che non ci sono alternative se vogliamo crescere come comunità: dobbiamo provare a trovare gli antidoti a una secolare afasia emotiva. E quel che è piú difficile, è che siamo costretti a farlo senza poter contare su maestri, su modelli assimilati.

Ma vi è un'ulteriore complicazione – che spiega almeno in parte il ritardo nel recuperare queste capacità relazionali – legata a un pregiudizio positivo assunto dalla maggioranza, secondo il quale è possibile giungere a una piú vera comunicazione tra le generazioni in modo «fisiologico», semplicemente incassando le ricadute che il progresso sociale ed economico ha lasciato sul tessuto sociale. Se cosí fosse, nelle famiglie privilegiate le relazioni emotive sarebbero migliori rispetto a quelle di famiglie meno fortunate. Invece ciò non accade affatto: l'appartenenza a un ceto agiato e l'accumulazione di privilegi impensabili solo fino a trent'anni fa non solo non rappresentano alcun vantaggio nella capacità di comunicare empaticamente – cioè in sintonia con il dolore dell'esistere e del crescere –, ma non costituiscono nemmeno un fattore protettivo contro quelle forme di malessere psicologico che nascono dall'assenza e dall'indifferenza emotiva.

Pomeriggio dell'ultimo giorno di una scuola elementare napoletana. Il cortile raccoglie ombre torride. Qualche albero filiforme ancorato alle poche zolle di terra risparmiate da un cemento avvilente. Tutt'intorno mura scrostate contengono, appena piú in alto, la fila delle vetrate che si perde fino a un cielo imprendibile.

Lo spettacolo di danza sta per iniziare, i bambini aspettano mano nella mano, allineati in fila nel corridoio.

Le sedie e le panche sono occupate da un pubblico eterogeneo e in parte inquietante: qua e là si intravedono chiome canute di uomini che, pur esibendo i risultati del generoso lavoro della palestra stile «evergreen», somigliano a dei nonni; assembrate in piccoli gruppi, donne truccate come ragazze da discoteca mostrano plateali sorrisi, alcuni troppo rigidi per non tradire il pur discreto lavoro di un chirurgo plastico.

Nonni che sembrano genitori, genitori che sembrano adolescenti.

L'imbarazzo di un bambino d'oggi può essere ben compreso osservando l'ossessione di alcuni adulti, sempre piú numerosi, di non riuscire ad accettare lo scorrere delle stagioni della vita, adulti per cui invecchiare significa capitolare.

In questo piccolo cortile di scuola metropolitana è racchiuso un campione abbastanza rappresentativo della confusione prodotta dagli enormi – e ancora in buona parte incompresi – mutamenti che hanno stravolto la cultura e l'organizzazione della nostra realtà familiare, a cominciare dal mutamento, tra gli adulti, del rapporto età-ruoli.

Fare il primo figlio a trenta o quarant'anni non è la stessa cosa che metterlo al mondo a venti: sono immensamente diversi sia lo spirito sia l'ansia che accompagnano gli adulti al momento di una decisione cosí complessa. Ad esempio, il primo figlio di due quarantenni avrà buone probabilità di essere anche l'ultimo: quindi si concentreranno su quel neonato tutte le aspettative e le ansie che un tempo sarebbero state almeno potenzialmente diluite in altri progetti di vita (il secondo o il terzogenito). Quell'unica creatura oggi rischia di venire al mondo già oberata da un'enorme responsabilità: rispondere alle innumerevoli richieste di una comunità di adulti che non tollera nulla di meno della perfezione. Dunque dovrà sapere fare di tutto e meglio di ogni altro bambino: ogni suo limite, ogni dubbio, ogni difficoltà di crescita saranno vissuti come un'angosciante sconfitta ed elaborati con ossessiva precisione; nulla sarà lasciato al caso, la spontaneità soppiantata da rigorosi e rigidi programmi di crescita.

Abbiamo accelerato i tempi di crescita dei piccoli, come se la vita media si fosse accorciata invece che allungata. Pretendiamo che i loro processi di apprendimento cognitivo siano perfezionati sempre piú precocemente: la recente riforma scolastica ha anticipato l'esordio della scuola elementare a cinque anni, qualcuno ha gridato allo scandalo e accusato d'insipienza il ministero dell'Istruzione, ma pochi si sono ricordati di quanti genitori abbiano cercato in ogni modo negli ultimi anni di iscrivere i propri bimbi alla «primina», rubando qualche mese alla loro infanzia e facendoli diventare adolescenti sempre piú prematuramente.

Le autorità scolastiche hanno imposto un aumento delle materie e una diminuzione dei tempi di apprendimento già nei primi livelli di scolarità: per rendere i piccoli da subito nevrotici e intrattabili? Quali i risultati di questa gran corsa? Chiedete a un pediatra d'esperienza: vi dirà che molti bambini oggi manifestano i sintomi di malattie psicosomatiche che un tempo insorgevano soltanto nella tarda adolescenza.

Mettere al mondo un figlio a quarant'anni implica anche un'altra ovvia, e tuttavia ignorata, conseguenza educativa: durante la sua adolescenza quei genitori avranno superato i cinquant'anni, cioè saranno persone di mezza età. E si sa che per tanti si tratta di un passaggio della vita difficile, che porta a verificare, ad esempio, quanto la rete di amicizie possa essersi indebolita nel tempo, quanto si sia perduto quel legame di solidarietà che dava forza e non faceva sentire soli.

Sto parlando di un'età nella quale si devono fare i conti con il venir meno dell'entusiasmo con cui si era scelto e cominciato a vivere il proprio lavoro: quella prospettiva elettrizzante di crescita propulsiva dell'identità, che per qualche decennio aveva fornito il combustibile necessario per affrontare la quotidianità.

È un passaggio dell'esistenza durante il quale ci si può accorgere che il legame affettivo che un tempo significava passione e slanci emotivi si è ridimensionato e logorato.

Tra i cinquanta e i sessant'anni si entra in crisi piú frequentemente rispetto ad altri momenti della vita e quando si soffre – soprattutto se a dolere è l'anima – si diventa fatalmente egocentrici, si pensa soprattutto e principalmente a se stessi.

Anche la pre-adolescenza e l'adolescenza sono però età in crisi. «Crisi» etimologicamente significa «crescita», dunque inquietudine e, d'altra parte, un adolescente non inquieto sarebbe molto inquietante.

Basterebbe pensare alla sessualità, oggi estremamente precocizzata: rappresenta il primo campo di sperimentazione di sé, dunque della propria autostima. Ha bisogno di una particolare raffinatezza d'ascolto – esserci senza esserci – ovvero della capacità, per un genitore, di stare all'occorrenza vicino al figlio senza per questo invaderne l'intimità, prendendo molto seriamente – senza incorrere nel simmetrico rischio di drammatizzare – ogni suo sforzo di avvicinarsi a quel misterioso altro da sé, a ogni possibile increspatura di un'anima che incontra nuove e incodificabili emozioni.

Quante volte, invece, genitori e insegnanti si rivolgono agli adolescenti come fossero dei bambini dell'asilo? Proviamo a pensarci: quanto spesso un faticoso tentativo di tessere un legame affettivo diventa: «Valentina forse ha un fidanzatino... Ho visto Marco con una nuova ragazzina...», come se gli adulti avessero bisogno di sminuire, quasi di screditare, le tappe di crescita di un adolescente, come se per rimarcare la propria centralità esistenziale – ovvero le proprie crisi – fosse necessario stabilire la subalternità del dolore adolescenziale – ridotto a paturnia, qualcosa che non merita considerazione – rispetto a quello – l'unico a dover essere ritenuto vero e insindacabile – dell'adulto.

Il rischio che corrono quei genitori di mezz'età è quindi il tendere a sottovalutare i problemi esistenziali dei figli perché troppo occupati a tentare di dare una soluzione ai propri. Di qui un possibile principio di distacco, un possibile ulteriore inceppamento della già incerta comunicazione tra generazioni che porta inesorabilmente all'impossibilità, per un adulto, di capire qualcosa del mondo emotivo di un adolescente. Invece è proprio l'ascolto del dolore affettivo – prodotto da una fisiologica insicurezza d'identità – di quel ragazzo o ragazza che potrebbe dirci molto piú di tante preoccupazioni sulle capacità d'apprendimento scolastico o sulle performance sportive.

Occorre anche tener conto del contesto in cui tutto ciò sta avvenendo, ovvero di quei fattori che hanno reso la rete di aiuto e di ascolto di un bambino e di un adolescente – la struttura familiare – ancor piú fragile che nel passato. Non mi riferisco, qui, soltanto all'incidenza delle separazioni e dei divorzi (fenomeno che non va interpretato necessariamente come causa di difficoltà psicologiche nei figli, in quanto una rottura coniugale è un evento pur sempre meno equivoco e devastante di ciò che produce quotidianamente una coppia di genitori cronicamente in crisi); tuttavia non possiamo far finta di non capire che per un bambino avere due o quattro genitori (ovvero quelli naturali piú quelli acquisiti), quattro o otto nonni, non è la stessa cosa dal punto di vista della fatica mentale che orientarsi in una struttura familiare piú complessa. La scomparsa, in molte famiglie, della figura dei nonni, ad esempio, rappresenta un ulteriore elemento di debolezza: cosí come i genitori, anche loro sono piú vecchi di quelli delle generazioni passate e non sono piú cosí disponibili, inoltre spesso vivono lontano dalla casa dei nipoti. Quest'assenza implica un impoverimento in termini d'identità, in quanto nella crescita della personalità dei nostri figli viene a mancare la dimensione retrospettiva.

Un ultimo aspetto della fragilità strutturale dei nuclei familiari vorrei segnalare: negli ultimi anni il tasso piú alto delle separazioni e dei divorzi è stato registrato proprio tra i nonni. Ciò implica, agli occhi di un bambino o di un adolescente, una sensazione di ulteriore smarrimento di punti di riferimento e di certezze.

Questo quadro, estremamente esile dal punto di vista delle reti di supporto e di aiuto familiari, è ulteriormente aggravato dalla confusione nei ruoli degli adulti e dalla conseguente tendenza alla sottovalutazione del mondo affettivo ed emozionale dei figli: ciò produce spesso effetti davvero surreali.

Mai come ora, infatti, tra le generazioni si propone un'improponibile – e patetica – competizione nel campo seduttivo. Eppure dovremmo sapere bene che l'adolescenza è, per definizione, l'età del narcisismo, della necessità di essere al centro dell'attenzione del mondo cui si appartiene: un'aspettativa fisiologica che accompagna l'adolescente alla comprensione della propria identità sessuale, quindi alla crescita piú in generale.

Ricordo l'ironia della studentessa di una scuola superiore di Genova che descriveva la madre pronta per il sabato sera: «Anche se non deve andare a una festa, si abbiglia sempre tipo *dress to kill*», diceva, «passa un sacco di tempo piú di me in bagno, poi esce truccatissima, tutta panterata, fa paura... mi sembra un viados».

Che spazio lascia quella donna alla figlia per potersi sperimentare, per provare ad attirare l'attenzione di qualcuno, per verificare di non essere indifferente agli altri? Nessuno: i riflettori se li prende tutti per sé.

«Non sono visibile», «Nessuno mi vede», «Nessuno si accorge di me», erano le frasi scritte a ripetizione su decine di bigliettini lasciati nella propria stanza da una sedicenne – descritta da amici e parenti, secondo il solito, nauseante copione, come «bella, intelligente, brava a scuola» – poco prima di gettarsi nel vuoto dal cavalcavia in una periferia romana.

Essere visti – sapere che la propria consistenza non è quella di un ectoplasma, sapere di non essere trasparenti come un pezzo di vetro – è un diritto universale per ogni adolescente: un adulto compie un crimine terribile se toglie a un giovane il palcoscenico, fondamentale nella sua esistenza.

Un padre, una madre devono sperimentare le proprie sicurezze e insicurezze altrove, lontano. Gli adulti hanno molti altri teatri dove esibirsi, ai figli occorre lasciare quei pochi ben illuminati, senza invasioni, senza surreali concorrenze.

Non c'è scampo per i nostri figli piú piccoli, nemmeno nel chiuso delle loro camere da letto, nemmeno all'aperto durante le vacanze in spiaggia. Nuove diavolerie tecnologiche si affacciano sul mercato seducendo migliaia di genitori ed educatori.

L'ultima scoperta in questo settore è il bagnino cibernetico. Il kit è semplice quanto un gioco da bagnasciuga e, ovviamente, molto piú efficiente e meno costoso di un guardiano umano. Funziona cosí: da una parte una cavigliera o un braccialetto elettronico, dall'altra una specie di radio che capta i segnali provenienti da quegli aggeggi applicati a un piede o a un polso del bambino. Mamma e papà possono sdraiarsi tranquilli a prendere la tintarella, leggere il giornale, chiacchierare con gli amici: sotto l'ombrellone la radio emetterà un segnale d'allarme non appena il figlioletto si sarà allontanato oltre la distanza tollerata e prevista dall'apparecchiatura elettronica.

Semplice, no? Non piú regole da amministrare, non piú ansia, non piú richiami urlati in modo micidiale (a proposito, avrete notato che le mamme straniere urlano molto meno delle nostre, secondo voi perché?), non piú i: «Non ti allontanare troppo... guarda che ti teniamo controllato a vista...» Basta un *bip-bip* e il bambino verrà subito bloccato precisamente sul limite consentito dalla baby-sitter tecnologica, proprio come si condiziona un vitello avvertendolo, con una piccola scossa elettrica, di essere arrivato troppo vicino allo steccato del pascolo.

Cosí come le regole e le responsabilità dell'educare vengono delegate sempre di piú ad altri (gli addetti al controllo) o ad altro (macchine tecnologiche), anche il contatto fisico tende a essere soppiantato e sostituito da quello virtuale. Molti genitori ultimamente hanno cominciato a utilizzare microcamere che dalla stanza del bambino rimandano le immagini sul display di un telefonino: una sorta di «Grande fratello» applicato stavolta al controllo sulla condotta dei figli («Che sta facendo? Dorme, studia, gioca ancora con la playstation, quale programma sta scaricando da Internet?») In questo modo, il senso di colpa per essere assenti e lontani viene miracolosamente lenito dalla tecnologia; l'ansia converte i propri sintomi in segnali digitali, precisi e freddi come raggi laser; il rapporto con i figli assomiglia sempre di piú a una sorveglianza virtuale, super-efficace, inodore e insapore proprio come la tecnologia.

Difficile fuggire da un collarino che emette strani e puntualissimi bip-bip, impossibile nascondersi a un occhio indiscreto che assomiglia alle telecamere a circuito chiuso delle banche o dei supermercati. Ma se i bambini non sentiranno la trepidazione di un genitore che li cerca chiamandoli per nome, se non avvertiranno nemmeno il dolore breve e fragoroso di una sculacciata, disimpareranno a dare un limite alle proprie azioni osando, provando, esplorando. Disimpareranno a crescere.

Presto, forse, qualcuno proporrà di installare microcamere nelle aule, nei corridoi, nei cortili e nei gabinetti di una scuola. Ai genitori si potranno consegnare videocassette con la registrazione del comportamento dei figli, che verrà esaminato come una partita di calcio, con tanto di *rewind*, rallentatore e moviola.

E loro, i figli, si trasformeranno in sorvegliati speciali. Quanto piú il controllo sarà effettuato da lontano, tanto piú diventerà ossessivo nella sua perfezione, asfissiante nella sua totale efficienza. Il tutto senza alcun contatto, senza nemmeno punizioni corporali: odiose, ma almeno umane.

Dovremmo chiederci quanto di tutto ciò sia stato inventato e messo in atto per placare le ansie dei genitori e quanto invece risponda a reali esigenze educative dei figli. Come si fa a pretendere di tirarli su mettendo al centro del progetto educativo solo le priorità degli adulti? Come non capire che un bambino deve poter provare a vivere e non essere implacabilmente e immediatamente corretto a ogni timido tentativo?

Diventare adulti significa poter iniziare a decidere, vale a dire assumere l'onere della responsabilità connessa con un'azione.

In fin dei conti il mestiere dell'educatore – genitore o insegnante che sia – somiglia a quello dell'istruttore di volo: simile, a sua volta, a quello dello psicoterapeuta. L'obiettivo è lo stesso: fornire elementi che aiutino la persona a crescere, a raggiungere progressivamente livelli sempre piú alti di libertà e autonomia, ad acquisire confidenza in se stessa, – cioè autostima –, a liberare le proprie capacità creative. E se siamo veri istruttori di volo vuol dire che nel nostro compito è previsto l'arrivare un giorno a sederci sul bordo del nido e vedere i nostri allievi volare via veloci e sicuri: sarà un giorno difficile, ci verrà un nodo alla gola, ma sarà ciò che la nostra responsabilità ci porterà a fare.

A questo proposito, vorrei proporre una riflessione. Le culture che hanno incoraggiato la dimensione del viaggio e dell'esplorazione, ossia le diverse declinazioni dell'autonomia (i popoli nordici, gli inglesi in special modo), sono contraddistinte da un vincolo familiare debole: realtà sociali che definirei a basso tasso di «centralismo familiare», in cui i figli tendono a crescere secondo modalità di minor interdipendenza nei confronti dei genitori. Nelle culture latine, invece, la presenza o assenza di tale fenomeno non è sinonimo di scelta – opzione individuale altrove considerata positivamente –, ma è connessa al variare delle condizioni dell'emigrazione: fino all'epoca in cui la miseria ha costretto a cercare nuovi mercati e nuove possibilità d'impiego (ovvero, la realtà per molti italiani fino a quarant'anni fa), le famiglie sono state costrette a dividersi e i figli a viaggiare. Oggi il quadro appare radicalmente mutato: una delle caratteristiche piú diffuse delle culture giovanili latine è, infatti, la sedentarietà, indotta dalla pigrizia mentale (prodotta, a sua volta, dal benessere economico e sociale).

Autostima dunque, autonomia, creatività rappresentano i pilastri fondamentali di ogni progetto educativo. Eppure non sembra siano ritenuti cosí determinanti dalla maggioranza dei genitori e degli insegnanti: qualcuno ha mai visto comparire queste tre parole su una pagella? Quanti genitori vanno al colloquio con gli insegnanti per sapere se e come il proprio ragazzo sta maturando? «Come va mio figlio in matematica... Se la cava in inglese?» sono le domande classiche. E se la risposta fosse: «È migliorato, adesso è sopra la sufficienza...», sarebbe una risposta tranquillizzante? Servirebbe a capire qualcosa di come sta crescendo quel giovanotto?

«Come va mio figlio?», punto e basta: perché non fermarsi lí, cercando di capire come un altro adulto, che lo vede tutti i giorni per molte ore, valuti la sua crescita, la sua maturazione. Dopo, soltanto dopo essersi aiutati a comprendere, si può parlare di matematica o di inglese: se va male lo aiuteremo a rimediare, ma se c'è qualcosa che non torna nel suo processo di sviluppo, nella sua serenità, dovremmo tutti molto piú profondamente occuparci di lui e, insieme, tentare di rimuovere le cause di quelle nuvole scure.

Qualcuno potrebbe davvero affermare che molti padri e madri di oggi sostengono nei figli percorsi di autonomia? In un liceo in Umbria, una studentessa di ultimo anno mi raccontava il suo sogno: iscriversi alla facoltà di Veterinaria a Milano per via di una specializzazione presente solo in quell'università. Ma i genitori – soprattutto il padre – erano stati perentori: era opportuno che s'iscrivesse, invece, a Farmacia per continuare la loro fervida e redditizia attività nel settore. Ho consigliato alla ragazza di pensare bene alla scelta che voleva fare, di soppesare i pro e i contro: se era un interesse vero, una passione a spingerla, non doveva demordere ma andare a Milano in ogni caso. Sui sogni non si può mercanteggiare. Per superare il divieto dei genitori, avrebbe potuto trovarsi là un lavoro e mantenersi agli studi. I sogni sono cose serie: costano molto cari, ma è indispensabile accoglierli e misurarvisi per crescere. Abdicare e reprimerli a diciotto anni è mortifero.

Quella sera – dovevo tenere una conferenza nella stessa città del liceo – erano venuti i genitori di quella ragazza a cercarmi, visibilmente contrariati: volevano denunciarmi. «Lei è un irresponsabile», continuava a urlare il padre, «non dovrebbero permettere a persone come lei di stare a contatto con i ragazzi...»

Per fortuna le cose non si ripetono in modo sempre cosí scontato, qualcosa sta cambiando anche nella consapevolezza dei genitori: una recente statistica ci informa che, negli ultimi quarant'anni, il numero dei figli che hanno scelto la professione del padre è calato del cinquanta per cento.

Evidentemente lo stesso benessere economico, e le trasformazioni culturali contraddittorie che porta con sé, induce un numero crescente di genitori a una piú profonda considerazione delle idee e dei progetti dei figli e a lasciar loro una maggiore libertà di scelta. Tuttavia, nonostante questi cambiamenti, il numero degli adolescenti ostacolati nel rincorrere i propri sogni resta eccessivo: ancora troppi genitori preferiscono un farmacista frustrato dentro casa a un veterinario appassionato in una città lontana.

Uccidere il sogno è un modo particolarmente sadico – proprio perché meno visibile – di dimostrare il disamore nei confronti dei giovani, di segnalare indifferenza alle loro prospettive, ai loro diritti, alla loro vita.

È come averli invitati a uno straordinario cenone dove è possibile mangiare e bere ogni genere di prelibatezze, per poi avvertirli che non potranno avere nessuna nuova idea perché le abbiamo già avute tutte noi, che non potranno realizzare nulla perché tutto quello che era possibile costruire lo abbiamo già messo in tavola noi. A loro non lasciamo nient'altro che la possibilità di consumare ciò che c'è: l'unico grado di libertà sarà quello di scegliere cosa utilizzare, senza poter proporre nulla.

Inibire la progettualità significa costringere le nuove generazioni a vivere in una realtà depressiva, cioè senza speranza. La depressione, dal punto di vista clinico, è una sindrome che impedisce all'individuo di occuparsi del proprio e altrui domani: sarà cosí portato a cancellare qualsiasi curiosità del fare, non riuscirà nemmeno a pensare a una dimensione futura per se stesso e la propria famiglia.

«Non sappiamo piú coniugare i verbi al futuro», diceva un'anziana signora a commento di un dibattito ed è troppo spesso tristemente vero: abbiamo smesso di lasciare ai giovani spazi e percorsi autonomi di vita (quarant'anni fa, la maggior parte dei ventenni aveva un lavoro, una casa, una famiglia, cioè possedeva tre componenti indispensabili dell'identità).

Una comunità che non riesce piú a scommettere sui bambini e sui giovani, è invecchiata precocemente.

Pensate che pena quel sindaco di un comune vicino Bergamo che ha offerto cinquecentoventi euro per ogni bambino messo al mondo: come se anche il progettare una vita – appunto una speranza – possa essere riconosciuto solo se monetizzato.

Il presidente di uno dei piú noti network radiofonici mi provoca:

– Secondo lei qual è l'età media di un dj (quei professionisti che scelgono la musica nelle discoteche e nei programmi radio)?

– Non ho idea, forse ventotto, ventinove anni...

– Ma che dice... sono tutti intorno alla quarantina, qualcuno dei piú celebri l'ha passata pure da un bel po'...

Gran brutta notizia: vuol dire che nemmeno un campo cosí vicino alla cultura e ai linguaggi dei giovani è stato lasciato a loro, ma risulta occupato – anche quello – da signori e signore di mezz'età. Vuol dire che, con le future generazioni, invece di usare i fertilizzanti per aiutare i loro talenti a crescere, adoperiamo i diserbanti. E che si sia fatta terra bruciata lo si vede dalla difficoltà che incontra la creatività artistica giovanile – spesso infatti connotata da un alto tasso di conformismo culturale – a esprimersi liberamente alle nostre latitudini, in questo periodo storico.

Eppure non credo che questo fenomeno sia legato soltanto al pur dilagante egoismo di adulti e anziani della nostra comunità. Sono convinto che esso abbia a che fare anche con un vissuto d'agiatezza che ha corroso un paio di elementi formidabili, indispensabili propulsori della capacità progettuale e creativa: la rabbia e la fatica.

Molti dei nostri ragazzi conoscono la maleducazione, non l'indignazione. Piú dell'etica e del senso morale (l'essere in grado di riconoscere il buono dal cattivo, il male dal bene), ciò che è venuto meno in loro è la consapevolezza che la libertà di cui godono oggi non è di rincasare tardi o di andare il sabato sera nella discoteca a trecento chilometri dalla propria città, o di poter dormire a casa con la propria fidanzata o il proprio fidanzato, semmai la possibilità di realizzare i propri sogni, i propri progetti di vita: è la difesa di questo diritto che richiede una grande dose di rabbia (il coraggio e l'abnegazione di saper andare controcorrente) e di fatica.

Perciò oggi è venuto il momento di dire agli adolescenti che per essere davvero liberi, per combattere il conformismo, il tentativo di molti di correggerli o piegarli o omologarli, occorre pagare un prezzo altissimo. È importante spiegare che abitare un'epoca di grandi privilegi economici non significa aver ottenuto uno sconto sulla fatica di vivere, oggi contrassegnata dalla fatica mentale (lo sforzo di produrre idee e di difenderle) piú che da quella fisica.

Sembrerà un paradosso, ma il benessere può accrescere le difficoltà di progettare un'esistenza emozionante: proprio perché tutto appare a portata di mano e, quindi, agli occhi di un adolescente, già acquisito, già pensato senza rabbia né indignazione. Le sirene del progresso sociale ed economico suggeriscono di rinunciare alle scoperte e di consolarsi con quel poco o quel tanto che il nostro privilegio quotidianamente offre. Non sono pochi i giovani che sembrano aver accettato questo baratto banale: soldi e qualche libertà in cambio della rinuncia alle proprie idee.

Una ragazza di un liceo di Roma ha sintetizzato in modo straordinariamente lucido tale punto, all'origine di un certo mal di vivere giovanile: «So di avere tutto e sento che mi manca tutto». Il materialismo non può bastare, ma forse per capirlo, per andare oltre ci vuole un po' di tempo.

Mio padre faceva il medico del lavoro, andava nelle fabbriche per verificare le condizioni in cui lavoravano gli operai. Da bambino, una sera l'avevo sentito raccontare a mia madre la visita in un'azienda che produceva dolci. La cosa aveva acceso enormemente la mia curiosità: fantasticavo sui panettoni e sulle torte che gli operai ogni giorno producevano, pensavo che erano infinitamente fortunati, a poter mangiare ogni volta che volevano tutto ciò che mi sarebbe piaciuto chiedere a mia madre per merenda. «Ma come fa il padrone di una fabbrica di cioccolato a essere sicuro che i suoi dipendenti non gli mangino tutta quella meraviglia senza farsene accorgere?», avevo chiesto la sera stessa a mio padre prima di andare a letto. «Di solito fanno cosí: quando un ragazzo o una ragazza chiedono di essere assunti in quella fabbrica, il proprietario li fa entrare in un immenso stanzone dove ci sono tutti i tipi di cioccolatini del mondo e gli dice che ne possono mangiare quanti ne vogliono, tanto sono gratis. Quando, dopo qualche giorno, il padrone si accorge che quei ragazzi, appena vedono il cioccolato si mettono a vomitare, solo allora li assume...», mi aveva raccontato con aria complice mio padre.

Anche noi, cittadini del privilegiato mondo occidentale, dovremo fare come quegli apprendisti della fabbrica di cioccolato: dovremo comprare di tutto, cibarci di ogni schifezza, saziarci di ipermercati e di saldi, riempire le nostre case di tutte le cose piú inutili ed effimere. Poi ci sarà un'implosione e ci sentiremo piú liberi. Accadrà come per le generazioni che ci hanno appena preceduto, quelle che hanno vissuto la miseria e la fame: hanno passato anni a mostrare il proprio ventre tondeggiante, simbolo di un avvenuto affrancamento. Poi – ma c'è voluto molto tempo – la nostra generazione ha capito che era piú sana una dieta, piú invidiabile un corpo palestrato.

Ci vorranno un po' di anni, qualche altro lustro, per arrivare a quel senso di nausea, al vomito. Allora, e solo allora, l'uomo occidentale dovrà chiedersi cosa ci può essere dopo il settimo televisore acquistato via Internet, o dopo aver riempito il quarto armadio di vestiti messi una volta sola.

«Che cosa devo rispondere a mia figlia di sei anni e mezzo che mi chiede sempre piú insistentemente se Babbo Natale e la Befana esistono davvero?», mi ha scritto mesi fa una signora.

Ma cosa sarebbe l'infanzia senza le favole? Come fiorirebbe quella bambina senza l'incanto, la meraviglia, il sogno? Davvero pensiamo che crescerebbe in modo migliore incrinando l'illusione, sopprimendo il mistero? Un'idea orrenda e ossessiva sembra abitare sempre piú frequentemente le teste di molti genitori modernissimi: cancellare progressivamente l'infanzia, trasformare i bimbi in piccoli adulti.

Basterebbe guardare ai messaggi che passano in importanti ambiti della nostra vita sociale e in certe trasmissioni televisive. I piú noti stilisti del «made in Italy» utilizzano ormai regolarmente preadolescenti per le proprie sfilate: ma quel che è peggio, è la trasformazione dei corpi cui le costringono: una vera e propria pubblicità dell'anoressia. I responsabili del Festival di San Remo e Pippo Baudo, conduttore dell'ultima edizione, avevano ammesso a quella popolarissima rassegna canora perfino una bimba di dodici anni, in barba alle tante carte in difesa dei diritti dei minori firmate e sventolate da giornalisti e responsabili di reti televisive. Di fronte a qualche timida critica, il prode Baudo si è difeso affermando che comunque la fanciulla si era esibita prima della mezzanotte! Chi penserà a quella cantante in miniatura quando non avrà retto allo stress, alle spropositate aspettative di manager e parenti? Chi soccorrerà quell'adolescente delusa e convinta di non valere piú nulla non appena saprà di non essere stata invitata al prossimo Festival? Andrà Pippo Baudo a consolarla?

Quando inizieremo a rispettare i bambini? Quanto ci vorrà ancora per capire che una società moderna è tale se si adegua ai loro tempi, tutelando la loro fatica di essere al mondo?

Molti quotidiani hanno recentemente riportato la notizia che negli Usa – con l'ovvio beneplacito di tutte le autorità competenti – gli antidepressivi sono stati introdotti anche nella farmacopea in uso in età pediatrica.

È come voler trasformare il tempo dell'infanzia in un incubo stressante: come si fa a pensare di drogare i bambini quando ci stanno urlando di non riuscire a reggere i nostri ritmi? La depressione in un piccolo è un grido di allarme, non certo il sintomo di una malattia. Quel bimbo sta dicendo che ha bisogno di rallentare, magari di fermare la maestra perché sta correndo come un pilota di Formula Uno: chi ascolta quelle urla disperate? Nessuno, dopiamo il suo sistema nervoso, come a dirgli: sei tu che non funzioni a dovere, sei tu che devi accelerare, tu che cosí come sei – lento, mite, riflessivo – non puoi essere accettato. Tu devi assomigliare agli altri bambini: tutti uguali, tutti clonati.

Un incubo, l'omologazione: eppure sembra essere diventata la parola d'ordine, la panacea che tranquillizza buona parte di genitori e insegnanti.

Una mia vecchia collega laringoiatra mi ha raccontato che le capita sempre piú spesso di visitare bambini con problemi alle corde vocali: è certamente vero che la maleducazione di molti genitori ha insegnato loro che si può comunicare solo urlando, ma credo che questo fenomeno segnali anche una sorta di metafora dell'impotenza dei bimbi a farsi ascoltare dagli adulti.

Non si pensi però che questi bambini non sappiano che si può vivere diversamente: qualche giorno fa una suora, che lavora in un quartiere a rischio della periferia nord di Milano, mi diceva della sua straordinaria esperienza con un gruppo di quei bimbi «cattivi» portati in gita ad Assisi. Era stato spiegato loro che in un monastero si venera il silenzio: stupefatti, avevano chiesto di provare anche loro quell'esperienza. La suora era rimasta basita, tra quei ragazzi rimasti in perfetto silenzio per quasi un'ora, affascinati, estasiati... I bambini hanno bisogno di essere rapiti con l'incanto tanto quanto hanno bisogno di respirare.

Che strazio sapere che ci sono in giro mamme e papà che, in preda a un delirio di realismo, non vedono l'ora di svelare ai loro piccoli che Babbo Natale è un travestito e che la calza della Befana l'ha acquistata la zia al negozio di dolciumi sotto casa. Sarebbe bello sapere che ci sono tanti adulti convinti che il bene è distinto dal male, che esistono il miele e il carbone. Che le favole esistono davvero.

Se davvero volessimo bene ai nostri bambini, non avremmo mai smesso di raccontar loro le storie, avremmo continuato a stupirli con la fantasia, le emozioni piú grandi.

In un'epoca di grandi trasformazioni della quotidianità e di tecnologie applicate all'educare, non c'è nulla di piú moderno del racconto di una storia, nulla di piú utile alla crescita psicologica di un bambino e quindi alla costruzione di una comunità cosciente. Il raccontare è infatti una forma straordinariamente efficace di pedagogia emotiva, uno strumento per costruire e saldare un rapporto affettivo.

Le fiabe – soprattutto quelle classiche, le piú belle – sembrerebbero scritte da persone sadiche tanto sono affollate di mostri, streghe, personaggi spaventosi, scene raccapriccianti. Naturalmente ci sono anche fate e principi, battaglie eroiche e imprese strabilianti, cavalieri senza paura, maghi stupefacenti, gnomi sbalorditivi: giacché lo scopo principale di una buona favola – ovvero di ogni storia – è suscitare quelle emozioni, forti e contrastanti, che aiutano nella ricerca dell'identità piú segreta e celata.

Si potrebbe anzi affermare che il significato piú profondo del raccontare fiabe e storie di vita si configura proprio nel saper produrre una cascata alterna di paure e di rassicurazioni, che fanno sprofondare un bimbo nello sconcerto per poi farlo riemegere nella piú gioiosa e spensierata scoperta del sortilegio e dell'incanto, proprio come accade sulle gigantesche montagne russe di un luna-park.

Detto in altri termini, il raccontare – e l'affabulare che l'accompagna – significa promuovere una transizione emozionale attraverso i contenuti narrati o letti, ma anche, e soprattutto, tramite il contatto che si stabilisce tra l'affabulatore (o il lettore) e il bimbo: il primo partecipa attraverso il tono della voce, il tatto, le sospensioni, le carezze, i sospiri, i silenzi; il secondo risponde estasiato dall'immaginazione, atterrito dalla mostruosità, risucchiato da un processo di identificazione finalmente svelato.

La narrazione di una fiaba possiede infatti una caratteristica intrinseca: non sopporta la lontananza, disdegna l'idea della delega. È impossibile raccontare una favola a un bimbo seduto a dieci metri di distanza. I grandi scrittori di novelle erano forse crudeli, ma non tanto da immaginare che, solo qualche decennio piú tardi, le loro opere meravigliose sarebbero state contenute in un piccolo parallelepipedo di plastica – una videocassetta – che un bimbo avrebbe introdotto in un parallelepipedo di plastica piú grande per guardarlo, infine, sprofondato nel divano di casa alle cinque di pomeriggio, da solo. Dal punto di vista emotivo, la stessa cosa vale anche per gli adulti: chi di noi si sentirebbe di sostenere che la lettura di qualche pagina di un romanzo di Moravia equivale all'ascolto di quelle parole attraverso l'auricolare di un registratore mentre si corre in mezzo a un parco?

Quante favole vi hanno raccontato quando eravate piccoli? A me tante, ma ne ricordo poche, quasi nessuna. Eppure se, chiudendo gli occhi, potessi sentire l'odore di borotalco di mia nonna che me le narrava alla sera sdraiata accanto a me sul letto, non potrei confonderlo con quello di nessun'altra donna al mondo. E che dire del profumo della carta di quei libroni illustrati, della porporina lucente dei titoli delle copertine, del pizzicore della muffa leggera respirata al giro di ogni pagina? I contenuti passano, le emozioni rimangono per sempre, sedimentate nel profondo della nostra anima, e ci distinguono dicendo di noi. Un vecchio adagio argentino, ripreso dal grande maestro di tango Astor Piazzolla, dice: «Nella vita tutto passa e si scorda fuorché ciò che hai ballato, anche se non ti ricordi con chi».

La straordinaria e geniale intuizione dei grandi favolisti non partiva quindi dall'idea di divertire i bambini, quanto piuttosto da un pregiudizio negativo: non si fidavano degli umani adulti. Sapevano bene quanto fossero distratti, occupati a far altro. Erano ben consci di come fosse difficile – quasi innaturale – accostarsi a un bimbo per fargli scoprire qualche fantastica emozione, come l'odore della pelle di quel magnifico gigante che gli sta leggendo quella storia straordinaria o il suono magico della sua voce, che varia come il canto di un uccello.

Penso proprio che i fratelli Grimm, Andersen, Calvino, Afanasiev, Perrault non si fidassero degli umani e che facessero bene, visto l'uso che sono stati capaci di fare di quelle meraviglie che quei grandi scrittori ci hanno lasciato. Avevano intuito che non dovevano scrivere semplicemente una bella storia, ma costruire un mezzo di comunicazione importante non soltanto rispetto al fine (la morale che si può ricavare da una favola, i suoi contenuti etici), ma in quanto strumento. La fiaba diventa cosí pedagogicamente indispensabile poiché educa l'adulto, il narratore appunto, prima ancora del bambino che l'ascolta. Quel racconto immaginario costringe colui che narra ad avvicinarsi al piccolo, pelle a pelle, gomito a gomito, fiato a fiato. In quel modo – subendo la costrizione indotta dall'affabulazione – il narratore impara, viene «educato» dalla favola stessa a sentire, ad ascoltare, a mettersi in sintonia con il mondo emotivo del bambino (la funzione empatica del narrare storie).

Il raccontare l'immaginario si trasforma dunque in una sedimentazione di percezioni sensoriali (odore, sapore, tatto...), quindi in acquisizione di nuova, preziosa emotività: e se, durante la nostra infanzia, qualche saggio ci ha insegnato queste meraviglie, anzi ce le ha infilate sotto la cute, non ce le siamo scordate piú e abbiamo cercato quelle emozioni per tutto il resto della vita. Magari ne abbiamo anche sofferto, ma non vi è dubbio che ci hanno comunque insegnato il senso piú vero e stupefacente dell'esistere.

Il racconto-affabulazione, infatti, consente di alimentare e rafforzare le difese psicologiche di un bambino: gli consentirà di non essere sopraffatto dalla noia e di non stancarsi mai di cercare la dimensione emotiva e passionale nei progetti che costruirà, nelle decisioni che dovrà prendere. Raccontare e leggere storie ai piccoli preserverà, negli adulti che essi diventeranno, il senso di quell'antica scoperta, la necessità di non arrendersi a una abulia relazionale.

In un mondo cosí abile a riprodurre odio e distruzione, raccontare favole ai bambini potrebbe insegnare agli adulti che i nostri piccoli hanno diritto a crescere sognando, ma anche che narrare permette a ciascuno di non smetter di comunicare emozioni, di non cedere al silenzio, all'afonia sensoriale, all'incomprensione e all'indifferenza.

Ho molto amato l'intuizione contenuta in un bel romanzo di Muriel Spark, *Il settimo Conte di Lucan*, nel quale si narra di un nobiluomo che, fuggiasco, ripara a Parigi per incontrare una psicoanalista, la piú nota ed esosa della città. Le ragioni della celebrità risiedevano in un metodo che la dottoressa aveva inventato e che prendeva il suo nome. Molti suoi colleghi, invidiosi di tanto successo, avevano cercato invano di copiarlo: il suo carisma era indispensabile.

In realtà si trattava di un'idea semplice, apparentemente scontata eppure alquanto bizzarra. Quando qualcuno si recava nel suo studio, per le prime tre o quattro volte la psicoanalista non faceva nessuna domanda: parlava solo lei, anzi era proprio un fiume inarrestabile di racconti, storie personali, elucubrazioni fantasiose. Tant'è che, essendo la sua parcella molto salata, piú di qualcuno – riscontrato che la dottoressa non dava segni di occuparsi di chi le sedeva davanti – l'aveva interrotta chiedendole: «Sono già diverse volte che vengo in questo studio e lei non mi ha mai nemmeno fatto una domanda, non mi chiede nulla... è possibile che non abbia alcuna curiosità sui motivi che mi hanno portato qui?» E lei, serafica, rispondeva quasi sempre: «No, francamente non sono molto interessata a questo...»

Geniale. Uno psicoterapeuta dovrebbe saper ascoltare ciò che gli viene raccontato, ma perché ciò possa accadere occorre che quel signore o signora sappia parlare, comunicare emotivamente di sé. Come è stato già detto, non tutti ne sono capaci. Per accrescere le probabilità che ciò avvenga, occorre dunque insegnare a parlare. E come? Affabulando, si capisce. Solo cosí, forse, quel signore o signora sarà sedotto dalla bellezza del narrare di sé e della propria vita tanto da volerci provare, imitando il grande maestro, quel magico affabulatore. Solo cosí il loro racconto si arricchirà di sfumature e di dettagli: esattamente ciò che serve per dire di noi e del nostro dolore.

Adesso posso capire cosa faceva, senza saperlo, mio nonno quando mi invitava nel suo studio che odorava di acquaragia la sera tardi – mia nonna si era finalmente addormentata – e mi stordiva con storie totalmente inventate, con racconti di caccia e di boscaglie fittissime, di fiumi in piena e di imprese strabilianti dei suoi cani. Mi sbalordiva con le imitazioni di animali selvatici, mi contaminava con la fantasia e con l'immaginazione. Era come se avesse pensato: «Adesso te l'ho insegnato io a raccontare le storie, poi toccherà a te incantare i tuoi figli e tutti gli altri bambini...» Quelle storie inventate sapevano di lui piú dei suoi quadri, piú dei suoi colori a olio.

Grande maestro, magnifico bugiardo, mio nonno.

Sera di fine estate, luci dolci prima del tramonto lambiscono la città. L'albergo è nel centro storico, un'area abbastanza protetta dal traffico. Mentre esco per una conferenza, una signora in bicicletta, bionda ed elegante, mi sfila accanto. Pochi metri dietro di lei pedala una bambina bionda, presumibilmente la figlia. La signora di tanto in tanto si gira per assicurarsi che la piccola la stia seguendo: lo fa tranquillamente, senza affanno. Rimango a guardarle fino a che scompaiono tra le strade e la gente.

Ho pensato che quella mamma – inconsapevolmente, come capita ai veri maestri – fosse una brava educatrice. Inconsciamente, appunto, quella donna aveva compiuto alcuni semplici gesti strategici.

Anzitutto aveva lasciato la bambina dietro, non l'aveva fatta pedalare davanti a sé. Molti altri genitori avrebbero invece seguito il figlio a ruota in modo da poterlo controllare in ogni momento, attraverso una serie interminabile di correzioni, di affanni, di urla di avvertimento: «Stai attento... frena, non vedi che c'è lo stop? Ah, se non ci fosse stato tuo padre saresti già finito sotto le ruote di un autobus... come posso fidarmi di te?» Quei genitori avrebbero preteso di ammaestrarlo attraverso il ricorso continuato alla disistima, che produce e alimenta soltanto insicurezza nel bambino. Avrebbero contribuito a confermare l'idea che nella vita l'emozione prevalente è la sottrazione, la perdita, il diniego, mai la gioia, la spensieratezza. Avrebbero sostenuto che sono piú importanti gli obblighi, anche quelli soltanto formali, rispetto alla felicità.

Figli cresciuti tarati sul dolore, non sull'abilità di elaborarlo. Figli che, fatalmente, cercheranno lungo la traccia della loro esistenza il danno, perché lí e solo lí troveranno la dimensione affettiva primaria, quella appresa già nell'infanzia.

Controllando il proprio piccolo senza lasciarlo provare né permettergli di sbagliare, un genitore comunica semplicemente la propria ansia e dilata la propria incapacità a credere nell'altro, ovvero insegna a pensare che l'amore possa trovare la propria estrinsecazione solo attraverso il rimprovero, il ricatto d'affetto. Sembra voglia insinuare: «Sarai amato da tuo padre e da tua madre a patto che tu accetti di essere dipendente, ovvero di venir limitato».

Genitori cosí fondano il proprio ruolo e la propria identità sulla convinzione che i bambini non siano autonomi né possano piú di tanto diventarlo; simmetricamente, non potendo sperimentarsi né sperimentare, quei figli cresceranno diffidenti di se stessi e dei propri mezzi, dunque fragili, terrorizzati dall'idea di sbagliare: come potranno mai credere che nella vita è importante sfidare e sfidarsi, alzare il livello dei propri obiettivi, accrescere le proprie ambizioni insieme al grado di confidenza in se stessi? Tenderanno invece a delegare agli altri – specie ai genitori e agli insegnanti – ogni assunzione di responsabilità, percependola con timore, come occasione di giudizio.

Dunque, la dipendenza indotta dagli adulti implica un'elaborazione inconscia del proprio ruolo di educatori come necessità di legare a sé i piccoli con una rete di ambiguo ricatto: «Tu hai bisogno di me, non sei ancora cresciuto abbastanza per poter stare per tuo conto, dipendi da me e dunque io ti sono indispensabile, lo sono stato ieri e lo sarò anche domani». Il genitore in questo modo si legittima, si auto-conferisce un ruolo imperituro, previene il proprio – altrimenti inesorabile – declino. La conseguente disistima di se stesso indotta nel figlio funziona dunque paradossalmente come un modo molto efficace per rassicurare il genitore riguardo alla propria ansia di essere abbandonato, alla paura di diventare inutile, di sentirsi vecchio prima del tempo.

Facendo pedalare la bambina dietro di sé, la madre di cui raccontavo all'inizio le aveva invece conferito un'enorme sicurezza, proprio perché le comunicava implicitamente di ritenerla capace, autonoma, degna della sua stima e fiducia: in altre parole insegnava a sua figlia che poteva iniziare la lunga marcia per diventare adulta contando sulle proprie risorse interne. Senza bisogno di parole, le diceva: «Tu sei brava, certamente riuscirai a imparare facilmente e se ti senti in difficoltà, non ti preoccupare... se hai un dubbio guarda come pedala la tua mamma...»

Già, «guarda la mamma», un secondo contenuto strategico dell'agire di quella educatrice. Un adulto – genitore o insegnante – è o dovrebbe essere maestro perché i bambini e gli adolescenti lo osservano e quindi, lo voglia o no, è per loro un esempio. Ma gli adulti lo sono davvero? A parte la bicicletta e l'imparare a pedalare, riescono a essere punto di riferimento per i bimbi e i ragazzi?

Basta sfogliare un qualsiasi quotidiano per convenire che si tratta di una domanda imbarazzante. Vi si troverebbero decine di casi che dimostrano l'incapacità e l'indisponibilità della società degli adulti a essere coerente con i principî e i valori che la maggioranza vorrebbe trasmettere ai figli. Ad esempio, perché dicono ai ragazzi di non fumare se lo Stato produce sigarette? Perché piangono le morti del sabato sera se poi chiedono ai corridori di Formula Uno di fare da testimonial pubblicitari alle utilitarie che loro stessi regalano ai propri ragazzi? Perché si preoccupano per la diffusione dell'alcolismo giovanile se un adolescente può tranquillamente entrare in un supermercato e comprare quattro bottiglie di vodka o se – secondo recenti leggi approvate dal Parlamento – gli è consentito di ubriacarsi in una discoteca a condizione che lo faccia entro e non oltre le due del mattino?

La coerenza implica il riconoscere i propri limiti e conferisce a un educatore forza e credibilità, dunque autorevolezza: per un padre o una madre significa infatti il piacere di esserci – nel senso relazionale, caro ai fenomenologi, dell'«essere-con» – e di tentare di esercitare il proprio ruolo in modo fermo e coerente.

Non ho mai visto scritto da nessuna parte che i genitori debbano andare in ogni caso d'accordo con i figli. Molto spesso incontro padri e madri che, volendo rassicurarmi sul clima della propria famiglia, mi dicono: «Guardi che a casa va tutto bene, sa... non litighiamo mai». Come si fa a non litigare mai? Significa che in quella famiglia non si parla, non ci si confronta, non si comunica; vuol dire che l'unica frase che si pronuncia a tavola è: «Passami l'oliera» o poco piú, che quella famiglia è narcotizzata, in un perenne stato di coma comunicativo. Come può un padre di mezza età andare d'accordo con un figlio adolescente? Significa che suo figlio gli assomiglia o, ancor peggio, che lui assomiglia a suo figlio.

Agire il conflitto significa essere vivi, non rassegnarsi al silenzio; vuol dire confronto, sano conflitto che a volte può arrivare a essere aspro, una virtuosa contaminazione tra persone che si stimano proprio perché differenti e non hanno paura di dirselo. Aver voglia di comunicare e confrontarsi implica aver fiducia nell'altro, considerarlo come degno interlocutore.

Facendo leva sull'autostima e l'autonomia della figlia, la bionda signora in bicicletta ha introdotto un'istanza di portata dirompente rispetto al modo piú diffuso di educare i figli; le ha insegnato la capacità di impollinare la vita con i semi della gioia e dell'ottimismo, di non cedere all'ineluttabilità della tristezza e del pessimismo. In termini relazionali, infatti, l'autostima e l'autonomia costituiscono le pre-condizioni psicologiche di una esistenza potenzialmente serena.

Quando un bambino – e sono purtroppo casi molto rari – riesce a stare da solo a non far niente (dunque è capace in quella circostanza di essere autosufficiente), significa che gode di una grande serenità interiore.

L'autostima e l'autonomia, infatti, non portano – come crede qualche genitore eccessivamente preoccupato della carente «socializzazione» del proprio figlio – a una glaciale autarchia, ma alla libera scelta dell'altro in quanto risorsa aggiuntiva, valore capace di migliorarci. Al contrario, quando si dipende – da un rapporto affettivo tanto quanto da una sostanza – non si riesce a crescere, si rimane piccoli quel tanto da dover cercare ciò che non si ha, e non ciò che piace. Si viene cosí a creare un'idea di esistenza coatta, durante la quale la ricerca dell'altro è guidata da necessità, obbligo, formalità.

Non dalla gioia di scegliere, dalla felicità di provare a esistere.

Credere in se stessi significa poter avere fiducia nell'altro, dunque nella possibilità di una relazione, di un amore, di un aiuto, di una solidarietà.

Infine, quella mamma ha assunto su di sé un ulteriore elemento fondamentale dell'educare: l'ammettere una quota di rischio. Se occorre aver fiducia in chi si vuole educare, ciò non toglie che vi sia sempre una componente di dubbio, di rischio appunto: percepire che mamma o papà hanno talmente fiducia in lui da assumerselo, è per un bambino determinante nel riuscire a crescere con maggiore sicurezza.

Al tempo della mia infanzia c'è stato un giorno – non lo si segnava sul calendario, ma era e resta tra i piú importanti della vita – in cui mamma e papà ci dicevano che l'indomani avremmo potuto andare a scuola da soli. Non accadeva, come qualche genitore di oggi potrebbe pensare, all'epoca del liceo, ma nei primi anni delle elementari. Certo, traffico cittadino e pericoli vari possono essere oggi dei deterrenti, ma rimane il fatto che qualche generazione fa erano piú numerosi i genitori che accettavano qualche rischio, pur di rendere i figli meno fragili e piú consapevoli.

In una piccola città del nord Italia, incontro i ragazzi e le ragazze di un liceo. Dopo estenuanti tentativi di dialogo e inutili richieste di intervento rivolte a quegli studenti, chiedo loro se qualcuno conosca l'autorevolezza, nel senso di essere in grado di identificare nella propria quotidianità una persona autorevole. Devo aspettare diversi minuti prima che qualcuno alzi la mano o si faccia avanti: un silenzio troppo lungo per non risuonare come un'accusa a chi ha l'età dei loro genitori. Infine un ragazzo prende coraggio: «Veramente una persona autorevole nella mia vita c'è: mio nonno. Io non vado assolutamente d'accordo con lui, nemmeno su una parola, ma quando dice una cosa, posso essere sicuro che rimarrà la stessa anche dopo una settimana o sei mesi. Per me lui è una sicurezza» (seconda brutta notizia per la generazione dei genitori).

Quel ragazzo dice una cosa semplice e quasi ovvia, eppure fondamentale: afferma che l'educazione è fatta di regole e della capacità di farle rispettare non ricorrendo a inutili e dannosi esercizi di autoritarismo («No, perché è no», dicevano i nostri nonni sbattendo i pugni sul tavolo, e poi andavano a dormire: confermando le loro primitive capacità a educare), ma al coraggio e alla coerenza nel voler provare a essere d'esempio.

Ricordo il patetico tentativo del giornalista Giuliano

Ferrara di cimentarsi con questi temi: l'indomani della tragedia di Leno (un'adolescente, Desirée, era stata trucidata da un gruppo di coetanei capitanati da un adulto), aveva scritto sul suo quotidiano e ribadito in una trasmissione televisiva che «con questi ragazzi ci vogliono i calci nel culo». Ma noi, figli di una generazione di terribili autoritari, di calci nel culo – reali o metaforici – ne abbiamo ricevuti tanti, in famiglia tanto quanto a scuola: e come siamo cresciuti? Meglio dei ragazzi di oggi? O non è proprio la generazione dei Giuliano Ferrara – gremita di genitori, padri e madri spesso latitanti, ma arroganti – a dimostrarsi in buona parte inadatta a proporre qualcosa di meglio di beceri esempi di pedagogia autoritaria, qualcosa che non sia l'incapacità a sostenere le responsabilità di essere genitori e maestri di vita?

Altro che mettere la povera Montessori sulle banconote da mille lire: qualcuno si era dimenticato che quella donna eccezionale ha dovuto pagare con la prigionia il rifiuto di collaborare con il regime fascista, ovvero la cultura radicalmente opposta alla mitezza necessaria alla buona pedagogia.

Chissà se Giuliano Ferrara avrà trovato il tempo di leggere su un quotidiano milanese, il «Corriere della Sera» (del 28-05-2003), la lettera straordinaria scritta da Ilaria, studentessa di liceo all'indomani della drammatica fine del preside della sua scuola. Se l'ha letta, e se l'umiltà l'ha inaspettatamente scosso, avrà capito da un'adolescente di oggi qualcosa di piú sull'idea di autorevolezza. Ilaria in quella lettera parla dello «Zio Nando». «Era il nostro preside. Il preside del liceo scientifico "Alessandro Volta" di Milano: un'isola felice, semplicemente, all'interno del sistema scolastico italiano. E un'isola felice grazie a lui, che ne è stato la guida per ventitre anni di fila». Poi lo «Zio Nando» si è ucciso. E Ilaria lo ricorda cosí: «Strana figura lo Zio Nando. Sempre pronto a incentivare gli studenti, a portare avanti le nostre iniziative: e, nello stesso tempo, costantemente preoccupato di far sí che la scuola, la nostra scuola, riuscisse a renderci persone non solo "competenti" ma anche "consapevoli". Alto livello d'insegnamento da una parte, grande clima di libertà dall'altra. Perché era uno che ha sempre creduto nella Scuola e nei Diritti». Molte volte a Ilaria era capitato di andarlo a trovare, «nel suo ufficio profumato di pipa, per parlare di scuola e di politica. E nonostante i nostri cinquant'anni di differenza e i ruoli che ci separavano lui riusciva a porsi in modo autorevole e non autoritario, ascoltando sempre quello che io o altri ragazzi come me avevamo da dire, apprezzando la nostra voglia di pensare e ragionare, aggiungendo nuovi spunti ai nostri». Un uomo insomma, sottolinea Ilaria, di grande morale, ma senza moralismo. Un uomo riservato. «Durante le occupazioni era l'unico cui noi permettessimo di entrare. Coerente, rigido e flessibile allo stesso tempo. Era l'unico uomo che conosco a cui stesse bene una camicia rosa confetto. Anche l'altra mattina era a scuola. Imperturbabile come al solito, forse solo un po' stanco. Ma c'era. Ciao Zio Nando. Grazie di tutto».

Ilaria, nella sua bellissima lettera di cui ho riportato solo alcuni stralci, esprime – a nome di un'intera generazione – la necessaria ricerca per scoprire forme d'autorevolezza, sentite come non disgiunte dalla severità e sempre coniugate con la coerenza. Autorevolezza: ossia l'arte di dare e ricevere fiducia per accompagnare i giovani alla scoperta di sé e del loro futuro, non di condurli lungo piste già percorse (ciò che hanno fatto alcuni cattivi maestri: seduttori, non maieuti). Ma anche la capacità di conoscerne il pensiero per mettere consapevolmente al loro servizio – al servizio del futuro – la propria creativa intelligenza.

Me lo hanno insegnato un paio d'anni fa dei ragazzi di un liceo di Venezia. È stato alla fine di uno dei tanti incontri con gli studenti cui partecipo, a volte per la verità senza molta convinzione: sono infatti appuntamenti spesso inutili, in quanto conformisti e ripetitivi, se l'organizzazione è della serie «*una tantum* di comunicazione emotiva, arriva lo psichiatra, avete due ore di tempo per dirgli tutto quello che vi pare» e se l'importante è che, dopo, tutto rientri nella solita e immodificabile apnea didattica...

Quella volta però un gruppetto di ragazzi simpatici rimane a parlare, mentre gli altri vengono condotti come una mandria stanca nelle rispettive classi. Mi raccontano del bisogno di trovare passione tra chi pretende di educarli, mi disegnano quadretti esilaranti di alcuni loro insegnanti e soprattutto della preside: la loro ironia è un mezzo per rappresentarsi in modo intelligente una realtà altrimenti soltanto alienante.

«Ma è possibile che in questa scuola sia tutto cosí avvilente?», intervengo io cercando d'interrompere quella pioggia di critiche. «Possibile che non vi sia un insegnante che ritenete straordinario, qualcuno che non vedete l'ora di incontrare al mattino quando arrivate a scuola? Non posso credere che non ce ne sia almeno uno in tutto l'istituto. Vi faccio una proposta: adesso mi allontano per un paio di minuti, voi ne parlate e quando torno mi dite se è vero che uno ne esiste, e me lo descrivete. D'accordo?» D'accordo. Al mio rientro: «Ha ragione lei, uno c'è, uno solo ma c'è», dice con un'aria che si è fatta piú seria il ragazzo che sembra essere il portavoce del gruppo.

Cominciamo a parlare di questa persona, me la descrivono in un modo tale che mi viene una curiosità pazzesca di conoscerla. «Non è che per caso quest'insegnante è a scuola in questo momento? Mi piacerebbe almeno vederlo», chiedo al portavoce. «Certo, se vuole basta andare in fondo al corridoio, l'ultima porta a destra è quella della sua classe, di solito non la chiude, quindi se arriviamo fin lí, lei lo può vedere... Bisogna far silenzio però, adesso sta facendo lezione...»

Quasi in punta di piedi mi avvicino alla porta, i ragazzi sono dietro di me solo qualche passo. Un battente è socchiuso, si può vedere l'aula con gli alunni e poi... eccolo lí: è un uomo enorme, un pachiderma vestito di velluto scuro; siede goffamente su una sedia posta davanti alla cattedra, le mani sui braccioli, le gambe allungate sul pavimento. È a contatto diretto con i suoi allievi eppure non sembra che li stia guardando... le palpebre sono quasi socchiuse.

«Ma sei sicuro che sia questo l'insegnante di cui parlavamo? A me sembra che stia dormendo...», sussurro all'orecchio del ragazzo piú vicino. «Certo che è lui, ma stia piú attento... provi ad ascoltarlo... senta...»

È musica, infatti. Piú che parole, ciò che esce dalla bocca di quell'uomo, somigliante a un orco delle favole, sono accordi sublimi. Un pifferaio magico che riesce a incantare l'anima di ognuno dei suoi allievi senza forzature, senza costrizioni, con la leggerezza di un falco nell'aria. Varia il tono della voce dal timbro piú basso a note appena piú alte. Sempre parole ferme, precise, però appese nell'aria con una sorta di cautela: sa di dire cose importanti, ma non le sottolinea gesticolando, né con enfasi o con retorica. Non usa artifici: solo la sua mirabile, poderosa presenza. La classe è inghiottita da un silenzio speciale che sa di rispetto e al tempo stesso di incantamento. A un certo punto suona la campanella dell'intervallo: nessuno si muove.

«Questo è davvero il migliore che possa stare in una scuola», penso. Che spettacolo!

Quell'uomo in velluto era una fabbrica di gioia: il pachidermico insegnante accoglieva al mattino ragazzi annoiati e apatici e li trasformava facendoli innamorare di qualcosa. Li seduceva tutti i giorni non semplicemente di sé, ma – adoperandosi come una cetra nelle mani di una divinità mitologica – alle emozioni: ora dopo ora instillava fantasie, miracolose evoluzioni della mente.

Mi ha fatto ricordare un insegnante di scuola elementare incontrato tanti anni fa. È la fine dell'estate e un piccolo paese delle Marche è interamente occupato da centinaia di bambini: per qualche giorno tutto quel borgo aggrappato alla cima di una collina vive per e con una marea di piccoli ospiti. Mentre giro tra i vicoli incontrando bambine vestite da fate ed enormi lombrichi di panno e legno, sbuco in una piazzetta inaspettatamente silenziosa, eppure al centro una ventina di bimbi siedono attorno a un adulto. Mi avvicino e vedo che l'uomo, un vecchio alto e magro, gesticola con lentezza. I bambini guardano ipnotizzati le sue mani: producono eliche di carta e piccoli aquiloni che la brezza sposta sulle loro teste. Anche di piccoli gesti è fatto il comunicare d'emozioni. Anche un pezzo di carta può diventare indimenticabile: memoria di una luce, di amici seduti sul selciato fresco, del sorriso tenue ed educato di un vecchio maestro che si è arrampicato fino in cima a una collina per costruire un'elica leggera come una farfalla e vedere lo sguardo di un bambino che, in un istante, s'illumina.

Questo significa educare – tirar fuori da ognuno qualcosa, un talento, una meravigliosa diversità –, solo cosí insegnare non è costringere tra due segni: forche caudine pedagogiche. E pensare a quanti bimbi hanno imparato a colorare obbligati dai contorni di una figura: ma un giallo contenuto non è piú cosí giallo come quel bambino voleva, né quell'immenso rosso che voleva essere irregolare e mai finito...

Sarebbe bello, invece di accanirci a trovare difetti in questa o in quell'altra cosa, confrontarci con esempi positivi. Per capire come dovrebbe essere un insegnante basterebbe chiederlo ai bambini e ai ragazzi: loro lo sanno.

I grandi maestri andrebbero imitati perché sono rari, pietre preziose che necessitano di tutela. Bisognerebbe vampireggiare il talento di quell'uomo grasso cosí adorato dai suoi allievi, perché evidentemente i ragazzi hanno bisogno di persone come lui, nella scuola e nella vita. Bisognerebbe copiare l'abilità delle mani del maestro marchigiano, perché sono piegate dalla saggezza del fare.

Che caratteristiche ha quel pifferaio magico? Che cosa rende cosí speciale quel vecchio signore in mezzo alla piazza? Cos'hanno in comune?

Innanzitutto un aspetto e un comportamento mite, per nulla aggressivo. Non sono nemmeno competitivi, ma lenti come il motore di un trattore. E soprattutto non conoscono l'indifferenza, ma sanno l'empatia e consapevolmente la alternano alla distanza: entrano in sintonia con ciascuno dei ragazzi per sentire, di ognuno, le aspettative, i sogni, le paure, i blocchi; li elaborano da adulti e restituiscono risposte che li comprendono e li rispettano, lentamente erodendo i limiti e liberando le capacità individuali.

E allora, se appare cosí chiaro che i grandi maestri hanno queste caratteristiche, perché ci si intestardisce a volere una scuola sorda alle differenze, dove si insegna a essere sempre piú competitivi, voraci e veloci?

Perché non proviamo a dire ad alta voce che l'insegnamento non è e non può essere un mestiere per chiunque, che poche persone hanno le qualità che servono? Perché non si dice che gli insegnanti devono essere selezionati e verificati anche – e soprattutto – per le loro attitudini?

Sarebbe un modo di dimostrare il nostro amore e il nostro rispetto per i bambini e gli adolescenti.

Dibattito organizzato in una parrocchia a Milano, sala piena di gente nonostante il freddo. Una signora mi chiede: «Vorrei farle due domande: la prima è se le regole sono indispensabili per educare bene i propri figli e i giovani in generale; la seconda è se quelle regole possono essere mediabili».

Che conclusione devo trarre: la seconda richiesta è cosí scontatamente insensata o sottende qualcosa di piú complesso? Opto per quest'ultima ipotesi: quella signora non vive nel paleolitico, magari è diplomata o laureata, potrebbe avere un ruolo professionale di grande responsabilità... Eppure dovrebbe essere ovvio che le regole educative non sono opinioni e che dunque non possono essere mediabili a nostro o ad altrui piacimento. Un genitore deve saper dire di no a un figlio, se gli vuol bene; con i «fai come ti pare» si rischia di distruggergli i necessari anticorpi psicologici.

Le regole (ognuno ha le sue, ci mancherebbe altro che qualcuno ne prescrivesse una lista per l'intera comunità... che tristezza quei miei colleghi che non si vergognano a dettare le dieci regole d'oro per diventare genitori perfetti), i «no», sono come i paracarri ai lati di una strada, sono punti di riferimento (soprattutto di notte o con la nebbia, cioè nei momenti di crisi), non debbono cambiare posizione, non possono decidere di esserci o non esserci a piacimento. Sono solo patetici quei genitori che provano a fare gli amici dei figli: un padre deve essere padre, altrettanto una madre, senza furbesche e confusive scorciatoie.

La differenza tra il ruolo genitoriale e quello amicale dovrebbe essere evidente a chiunque: al primo compete l'educazione, cioè la guida (dunque un «no» deve doverosamente rimanere tale); all'altro possono bastare i consigli, le opinioni appunto. Un progetto educativo sensato prevede che la mamma o il papà siano come un faro nella tempesta: guai se tutte le notti cambiasse lo scoglio dove è piantato, il marinaio naufragherebbe senza quel punto di riferimento.

Qualche sera fa, a casa di amici per un invito a cena, la padrona si presenta a tavola in leggero ritardo: è affannata e e visibilmente contrariata, ha appena finito una lunga litigata con una delle sue figlie, quella di dodici anni. Il motivo della contesa? La bambina pretende dai genitori di organizzare, per il suo prossimo compleanno, una festa con gli amici che possa durare fino alle cinque del mattino. Argomenta questa richiesta affermando che tutte le sue amiche di classe hanno ottenuto un analogo permesso da parte dei rispettivi genitori. La madre appare a metà strada tra l'arrabbiato e il perplesso, ma la cosa piú surreale è l'atteggiamento del padre: non sembra piú di tanto turbato dalla stupefacente richiesta della figlia, semmai divertito; si limita a pensare ad alta voce banalità del genere: «Come sono cambiati i tempi...»

In realtà, il confronto con l'esempio educativo fornito dai genitori degli amici dei figli rappresenta uno dei punti critici che piú frequentemente mi vengono sottoposti. Non credo occorra essere grandi conoscitori delle famiglie d'oggi per sospettare che in giro vi siano genitori che tutto sono disposti a fare fuorché assumersi responsabilità educative. Eppure ogni padre e ogni madre sanno che le regole vanno assunte in proprio, valgono unicamente per la propria famiglia. Altrimenti è come abdicare, far crescere i propri figli non solo da altri ma anche da culture aliene, dalla pubblicità, dai contenuti dei programmi televisivi... È determinante che un bambino o una bambina, un ragazzo o una ragazza crescano confrontandosi con un'idea precisa e non vaga della visione del mondo dei propri genitori, significa imparare a riconoscere le proprie radici, il punto di partenza con cui faranno i conti per il resto della vita. E piú chiara è l'idea con cui si devono misurare, piú forti diventeranno da adulti.

Le regole sono dunque punti fermi. Ma se tutto sembra cosí ovvio e scontato, perché ci troviamo quotidianamente a confronto con genitori cosí visibilmente incapaci di essere autorevoli?

Il punto centrale è, ancora una volta, la coerenza. Le regole, se si vuole amministrarle con autorevolezza invece che con autoritarismo, debbono essere spiegate a chi è chiamato a rispettarle. E questo vale per tutti. Provate a motivare a un'adolescente perché deve rientrare a casa a mezzanotte e non all'una. Per essere credibili non potremo sostenere che dopo le ventiquattro la città si riempie improvvisamente di loschi figuri o di animali feroci; l'unica possibilità è dirgli che ogni società ha delle regole che disciplinano i comportamenti di ogni cittadino e che ciò vale anche per la piú piccola delle comunità, la famiglia.

Il che implica che i primi a rispettarle dovrebbero essere il padre, la madre, i fratelli o le sorelle piú grandi, fino ad arrivare all'adolescente e al bambino. Se un padre chiede alla figlia di tornare entro la mezzanotte, dev'essere ben conscio che quando avrà un appuntamento con quella ragazza dovrà stare attento ad arrivare con qualche minuto di anticipo: solo cosí – cioè attraverso l'esempio – potrà pretendere di essere rispettato dalla figlia e che lei rispetti le regole familiari. Ecco perché l'autorevolezza non piace affatto agli adulti, soprattutto alla generazione di uomini e donne che sono oggi di mezz'età: li costringerebbe a comportarsi coerentemente, a limitare quella che considerano la propria libertà. E questo proprio non riescono ad ammetterlo.

Qualche giorno fa, una ragazza di diciassette anni mi ha raccontato che il sabato precedente, dicendo a sua madre che sarebbe uscita dopo cena con un'amica, le aveva chiesto a che ora poteva rientrare a casa. La risposta è stata: «Torna all'ora che tu ritieni giusta». Quella disgraziatissima ragazza – per via della genitrice che ha – aveva passato due ore a interrogarsi con la sua amica su quale potesse essere, secondo la madre, l'orario giusto.

Per molti genitori è diventato impensabile assumere dei criteri, dire che cosa si deve o non si deve fare, offrire una guida ma anche una sponda, un punto di riferimento stabile, non effimero. Forse perché questo creerebbe un confronto troppo impegnativo, obbligherebbe ad agire e a esprimersi con chiarezza, senza ipocrisie né sotterfugi.

Qualcuno di questi genitori mi dice di temere la reazione del figlio a un netto diniego, lo shock di trovarsi di fronte al primo «no», alla prima frustrazione. Dice di aver paura di una loro possibile crisi nervosa, di fughe da casa, ricatti, rivolte, aggressioni, esasperazioni del clima familiare. Ed è proprio per quieto vivere che alcuni genitori si condannano al silenzio, alla rinuncia: abdicano alle proprie responsabilità. Forse non sanno – o fingono di non sapere – quanto in questo modo danneggino i figli, quanto essi rischieranno di crescere ancora piú fragili e indifesi.

Il quieto vivere dell'adulto è piuttosto un piccolo tornaconto, una miope ed egocentrica comodità.

L'importanza dello stabilire regole ha ragioni profonde, che un certo surrogato di cultura psicologica e pedagogica ha purtroppo banalizzato, trasformandolo in un «comune sentire» rapidamente diffusosi tra genitori e insegnanti.

Le ragioni di tale strategica utilità possono essere chiarite da un'immagine semplice. La natura ha dotato il nostro corpo di un apparato immunitario, ovvero di difese che l'organismo può utilizzare contro tutto ciò che viene individuato come nocivo all'equilibrio fisico. Esiste però un altro sistema immunitario, non altrettanto studiato né preso in considerazione dalla scienza medica, eppure di fondamentale importanza per la salvaguardia della nostra integrità: il sistema immunitario psicologico.

Il sistema immunitario biologico si accresce e si alimenta – fin dalla gravidanza, tramite la placenta – di porzioni omeopatiche di batteri e di virus. Analogamente, il sistema immunitario psicologico necessita di piccole, continue dosi di quelle che definirei «tossine psichiche», ovvero i dolori, le perdite, le frustrazioni, gli abbandoni, i «no», le regole... Pensate a un bambino allevato soltanto attraverso delle approvazioni, con una serie infinita di «sí»: non arriverebbe alla maggiore età, morirebbe prima.

Per crescere psicologicamente robusti, per rendere piú efficaci i nostri meccanismi psicologici di difesa (ad esempio, il *coping*, ovvero la capacità di far fronte agli eventi imprevisti, sia positivi che negativi) è dunque necessario essere passati attraverso esperienze formative complesse, che comprendono anche vissuti negativi.

Di qui la necessità dell'imposizione delle regole (cioè divieti, «no» cui devono corrispondere sanzioni adeguate), anche perché esse contengono qualcosa che ha a che fare con la relazione. Infatti i «sí» possono essere abbandonici («Papà, oggi vado a studiare da Valentina», comunica la figlia al telefono; «Sí, sí... ciao», risponde laconico il genitore), possono assumere il sapore dell'indifferenza, non a caso si possono dire anche a distanza. Ma se si vuol dire un «no», e se si vuole che abbia il tono dell'affermazione autoritaria e non dell'autorevolezza, allora occorre essere fisicamente presenti: guardare negli occhi, stabilire da vicino un patto che impegna entrambi. Quindi l'esercizio alle regole diventa esperienza di relazione, alla fine si trasforma in emozione. Quanti «sí» che ci hanno detto da bambini ricordiamo? Pochissimi, mentre quei tre o quattro «no», assoluti e tremendi, rimangono indelebili anche a distanza di decenni: e questo proprio perché i primi non hanno necessariamente un contenuto affettivo-relazionale forte, mentre gli altri – le regole appunto – conservano il sapore vero di una relazione, amara magari, ma pur sempre qualitativamente diversa da uno sbrigativo, freddo, liquidatorio: «Vedi un po' tu... fai come ti pare».

L'educazione alle regole, quindi, non solo costituisce l'armatura essenziale per la creazione di una dimensione psicologica in grado di far evolvere il bambino e l'adolescente in un adulto maturo e consapevole, ma contribuisce a creare le condizioni per l'indispensabile educazione emotiva.

Prendiamo ad esempio la scuola. Oggi è sempre piú difficile trovare qualche educatore che difenda la necessità di giudicare uno studente con giusta severità. Si tende a promuovere tutti e quando qualcuno viene bocciato, ci pensano i genitori a ricorrere al Tar o, se va male anche lí, a iscriverlo a qualche istituto piú compiacente. Trionfa la cultura del «condono educativo»: una delle tante espressioni della strisciante indifferenza che sta infettando i rapporti tra le generazioni della nostra comunità.

Un quattro in matematica o in italiano può invece essere un'esperienza positiva. L'esercizio della severità non assume necessariamente un significato demolitorio e tantomeno sadico, al contrario può essere espressione di considerazione per l'alunno: paradossalmente, un insegnante potrebbe scegliere di usare un voto negativo proprio per testimoniare la stima nei confronti di uno studente che ritiene possa essere utilmente stimolato a prestazioni migliori. Forse anche per questo motivo ho sempre trovato piú umiliante un sei meno (la mediocrità accettata e restituita sotto forma di valutazione scolastica) rispetto a una bella e chiara insufficienza. A volte – proprio perché accade durante l'adolescenza, l'età in cui spesso ci si sente onnipotenti, «padroni del vapore» – un insuccesso scolastico può produrre l'effetto di mettere un ragazzo di fronte ai propri limiti, costringendolo a confrontarsi con la frustrazione. Ciò inocula preziosissimi anticorpi psicologici.

Mattina nebbiosa di gennaio. Liceo scientifico, centro storico di Vicenza, ore nove e trenta.

Una ragazza si chiude nel bagno al terzo piano, apre la finestra che dà sul cortile e si getta nel vuoto. Morirà poche ore dopo.

La preside ordina che le lezioni continuino. L'insegnante di matematica, nella cui classe si trova il fidanzato della ragazza suicida, lo affronta dicendogli: «Dài, dài che piangere non serve a nulla... continua con gli esercizi di algebra, piuttosto...»

Pubblico una riflessione su questa vicenda nella rubrica di un settimanale e ricevo alcune lettere interessanti. Tra le quali quella di un'insegnante di un'altra città del Nord, che scrive che non avrebbe mai potuto nemmeno pensare la frase pronunciata dalla sua collega ma che, in tutta onestà, si sarebbe comportata allo stesso modo: avrebbe continuato la lezione di matematica. «E sa perché? Perché non so fare altro. Non so parlare di vita e di morte, non me lo ha mai insegnato nessuno. Non fa parte della mia preparazione, non rientra nel mio ruolo, non sono pagata per questo... Dunque mi attengo strettamente al mio mansionario professionale...»

Una scuola che ragiona cosí ha già raggiunto il capolinea, è dannatamente pericolosa: sono esercizi d'indifferenza. Se la ragazza suicida avesse potuto assistere al teatrino di squallida ritualità stile *The show must go on* allestito dalla quella scuola, avrebbe pensato che nemmeno la sua morte era stata in grado di fermare la marcia cieca di alcuni di quegli adulti e far loro cercare i suoi occhi, lo sguardo di ciascun ragazzo per riflettere, ragionare sulle loro vite. Nemmeno quel suicidio aveva incrinato il muro della latitanza...

L'indifferenza si propaga esattamente come certi disturbi mentali: non costituiscono una malattia trasmissibile, ma uno stato psicologico altamente comunicabile. I ragazzi e le ragazze del liceo di Vicenza, come purtroppo tanti loro coetanei, avranno perfettamente capito che in questa comunità sono ormai molti gli adulti che pensano solo a istruirli, non a farli crescere; che troppi di loro li ritengono – prima che persone – piccole macchine da rendere efficienti e affidabili per il successo, i soldi, il potere.

Nessuno conosce nessuno, scriveva Gustave Flaubert. Ma molti di noi hanno trasformato quella denuncia in rassegnazione, accettando che a identificare la nostra comunità sia la rinuncia a capirsi: marchio paradossale della modernizzazione di un popolo cresciuto con il mito della comunicazione. Ma i figli hanno bisogno di ben altro che di premi di produzione, cercano segnali di fumo per credere che c'è ancora vita negli adulti nonostante le loro fughe, i loro reiterati tentativi di occuparsi d'altro. Quei figli hanno bisogno di essere incrociati non da immagini o da ombre, ma da adulti reali, capaci d'essere per loro un riferimento.

Leno, provincia di Brescia. Paese cresciuto nel lavoro e con il lavoro, analogamente ad altre centinaia in quella parte d'Italia celebrata come miracoloso Nordest.

I fatti li ricordano in molti. Un'adolescente, Desirée, viene massacrata in un cascinale da un gruppo di coetanei capitanati da un adulto, uno dei tanti balordi che vivono di espedienti bivaccando tra una sagra e un'ubriacatura, tra un bar e una corsa in macchina (il processo si è concluso con condanne severe, tra le quali l'ergastolo per il capobanda). Per qualche giorno la famiglia di Desirée e la comunità cercano di convincersi che si tratta solo di un allontanamento – per far impensierire i genitori, per inseguire un nuovo e segreto amore –, ma l'epilogo è tragico. Il ritrovamento del corpo straziato, l'individuazione del branco assassino, diventano materiale per quotidiani e televisioni. Piano piano emerge la verità tremenda, e con essa lo squallore di una quotidianità di adolescenti che scorre senza senso: un pugno di soldi e qualche straccio di libertà, scuole marinate e successi televisivi bramati.

I ragazzi del branco – tra loro c'è anche un quattordicenne – vengono interrogati: a uno a uno cedono e ammettono le proprie terribili responsabilità (tranne l'adulto che nega fino all'ultimo). I giornali riportano i particolari piú raccapriccianti, l'inchiesta va avanti con rapidità, tra voyeurismo e sgomento.

Il magistrato inquirente ha ordinato il sequestro dei diari segreti di Desirée. Se, però, per sapere qualcosa della vita di un'adolescente si è costretti a rovistare tra le sue carte occultate, significa che nessuno conosce quella vita al di là dei suoi aspetti piú superficiali e prevedibili: non un genitore, non un insegnante, un prete, un allenatore di pallavolo, un amico. Nessuno.

La conferenza è fissata per le ventuno al Palasport. Leno a quell'ora è di solito una città deserta: i lampioni diradano un poco la foschia, segnali spettrali nell'umidità di un inverno come tanti. Qualche luce azzurrata si staglia tra le pareti scure dei condomini: i rituali televisivi serali sono iniziati. Il resto è silenzio, vuoto pneumatico, ma non proprio per tutti: ai ragazzi è concesso qualche bar con video-poker dove poter tirare tardi aspettando lo sballo del prossimo sabato notte.

Ma stasera le gradinate del Palazzetto dello sport sono gremite, nell'aria si avverte una grande tensione: questa sera qui si parla di Desirée. E la gente s'interroga, e sente quanto è faticoso ammettere che quegli assassini sono anche figli loro. Interviene un maestro in pensione, e poi alcuni genitori, il prete, qualche insegnante, un paio di giovani del volontariato parrocchiale. Mancano gli amministratori comunali, un assessore arriverà trafelato dopo la mezzanotte, giusto in tempo per verificare che la gente della sua città non si è arresa.

Per qualche ora quella comunità si riconosce: sono donne e uomini che vorrebbero continuare a ragionare e a capire, disposti a spegnere la televisione, a uscire di casa per ritrovarsi, per sentire il senso nuovo e diverso di appartenere a un luogo, non a un codice di avviamento postale.

Ogni volta che accade una di queste tragedie, i giornalisti chiedono sempre le stesse cose: si poteva capire prima?, si sarebbe potuto prevenire quella morte, quel lutto?, o tutto deve essere considerato inevitabile? Ma se il segnale (i tanti segnali evidenti a tutti, non solo agli esperti) non è raccolto nemmeno dai responsabili di una comunità, se la politica non c'è, perché farsi quelle domande? Chi può conferire una forma collettiva e visibile al bisogno di cambiamento, alla necessità di offrire ai quei ragazzi una speranza di vita, non solo un lavoro, non solo un'auto da comprare?

La discussione sotto la grande volta di legno lamellare della palestra sembra non finire mai. È ormai notte ma la gente non guarda l'orologio, eppure domattina si lavora. Forse ognuno si sente solo.

Usciamo dal Palasport: la solita nebbia, la solita umidità sui vetri delle macchine... e, piú in là, i soliti ragazzi che urlano tra loro, bestemmiano, ridono davanti ai bar con le serrande già abbassate. Desirée è proprio morta.

Novi Ligure. C'ero stato una prima volta l'estate precedente l'inverno degli omicidi: la biblioteca comunale, rimodernata con cura, apriva nuovi spazi nel cortile e il Comune mi aveva invitato a presentare un mio libro. Era stata una bella serata, calda, con tanta gente rimasta lí ad ascoltare con attenzione e a discutere con garbo. Qualcuno, in seguito, mi ha ricordato che tra quelle persone c'erano anche Erika e sua madre: mi avevano chiesto di firmare una copia del mio libro, trovato poi sul comodino la notte della tragedia. Strane coincidenze, forse non cosí strane.

Quell'incontro doveva essere riuscito bene, la gente era rimasta soddisfatta, visto che qualche mese piú tardi l'amministrazione della città mi aveva chiesto di tornare, stavolta per un dibattito con genitori e insegnanti. Mi ero sentito lusingato e avevamo stabilito la data, una sera di febbraio.

È pur vero che non esiste il destino, ma gli appuntamenti. Proprio la stessa settimana in cui era stato fissato il nuovo incontro a Novi Ligure, mi cerca una televisione inglese che sta girando un documentario sull'omicidio di una suora compiuto a Chiavenna, provincia di Lecco, da tre ragazze minorenni. Si era tenuta la prima udienza del processo e io nell'occasione avevo scritto sul quotidiano locale un articolo in cui chiedevo che quelle adolescenti fossero giudicate con la massima fermezza: oltre a loro, anche gli adulti avevano una responsabilità rispetto a quei delitti, inclusa quella di condannare esemplarmente chi aveva osato tanto.

La giornalista inglese chiede di seguirmi in una giornata di lavoro da tempo programmata a Torino, e cosí ci accordiamo. Giriamo tra le strade e gli appuntamenti, lei di tanto in tanto mi domanda qualcosa, mentre un cameraman continua a registrare: una piccola ossessione.

All'ora del pranzo entriamo nel ristorante prenotato, la giornalista dice che il mio posto non è con la troupe, ma da un'altra parte, a un tavolo apparecchiato per due dove è già seduto un signore. Non capisco, mi avvicino e l'uomo si presenta: è il padre di una delle assassine. La cinepresa non smette di girare. Sono imbarazzato, una stretta allo stomaco, mi assale il dubbio di esser stato troppo duro in quell'articolo, forse senza volerlo ho urtato una suscettibilità, dato un altro colpo a un padre già devastato dalla terrificante vicenda. L'uomo però mi rassicura subito: dice che è lí solo perché mi vuole ringraziare, le mie parole lo hanno aiutato, lo hanno innanzitutto convinto a cambiare avvocato, quello che aveva prima gli aveva già prospettato una serie di accorgimenti per alleggerire le responsabilità della figlia adolescente. «È terribile vivere sapendo che tua figlia adolescente è rinchiusa in un carcere con un'accusa cosí infamante... è come fosse morta... ma ho capito che seguendo i consigli di quell'avvocato, trovando tutte le scappatoie possibili, l'avrei uccisa un'altra volta...», mi dice con le lacrime appena trattenute. Ricordo bene il volto di quel padre, un uomo semplice e franco, costretto lui stesso a fare i conti con il piú clamoroso fallimento del ruolo genitoriale. Però capace, dignitoso, non del tutto domato dal dolore.

L'incontro a Torino, il cameraman che continua a girare, il padre che mi parla della figlia cosí piccola eppure già in grado di esprimere tanta violenza... Mai avrei potuto immaginare che in quelle stesse ore, a poche decine di chilometri, si sarebbe consumata un'altra tragedia, forse ancor piú inquietante.

A Novi Ligure sarei andato, per tener fede al vecchio appuntamento, solo tre giorni piú tardi.

Nevica sulla città invasa dai giornalisti e dalle telecamere. Nelle hall degli alberghi i cronisti bivaccano in attesa di qualche dichiarazione degli inquirenti o dei familiari, di uno scoop capace di anticipare il corso delle indagini, di sfamare una delle tante pubbliche curiosità.

Il sindaco mi chiede se sono d'accordo nel mantenere l'impegno relativo all'incontro, diventato un'occasione rovente ben diversa dalla conferenza ipotizzata: ma dove altro potrei stare se non lí, a provare ad aiutare, ad aiutarci a elaborare insieme uno strazio collettivo? Di comune accordo aggiungiamo per la mattina seguente un appuntamento con gli studenti: i coetanei di Erika e Omar.

Una serata di straordinaria tensione: la gente che è riuscita a trovar posto nel capannone gremito, destinato a contenere quella costernazione, si aspetta forse di essere rassicurata, di essere sostenuta nel capire perché proprio in quella comunità cosí «normale», dove tutti vivono tra casa e lavoro, ha potuto consumarsi il delitto piú orrendo e infamante. Un matricidio, un fratricidio. Perché è toccato a quella madre che tutti conoscono e stimano? Perché tanta violenza su quel bambino inerme? Erika e Omar sono pazzi, drogati?

Ma forse – già da quella sera – qualcuno vuole voltare

pagina. Troppo clamore per delitti che non pochi preferirebbero compiuti lontano dalle proprie fabbriche di dolciumi, magari sotto l'effetto di nuove droghe o magari, come è stato suggerito in un primo momento proprio da Erika, perpetrati da un extracomunitario – mai una parola è cosí simbolica –, un alieno a questa comunità: un capro espiatorio da bruciare subito sulla pubblica piazza.

Non è solo qualche cittadino di Novi Ligure a reclamare la rimozione. Qualche «maestro di pensiero», sfidando ogni minimo senso del pudore, adombra soluzioni altrettanto ansiolitiche per i cittadini di Novi Ligure – e le sue autorità – e per i milioni di genitori che seguono la vicenda attraverso i telegiornali. Molti miei colleghi si prestano a recitare il ruolo di mediatori dei sensi di colpa collettivi cercando di «spiegare» quegli omicidi, come se la follia potesse convivere con noi in modo assolutamente silente, scoppiare a un certo punto in un impeto omicida per poi insabbiarsi di nuovo tra le pieghe di una banale e ripetitiva normalità.

Non si vuole capire, non si può ammettere che il piú orrendo dei delitti possa essere stato progettato e attuato dai figli di famiglie «perbene»: prodotti del piú banale e scontato perbenismo pubblicitario. Quante anime candide vorrebbero in cuor loro collocare la strage in qualche suburbio di lontane città malavitose, in qualche meandro dove non è ancora arrivato il progresso sociale ed economico che indora e lustra la nostra vita.

Novi Ligure, invece, sembra costituire l'esempio piú imbarazzante per infrangere questi fragili e ingenui esorcismi, per abbattere dalle fondamenta ogni semplicistica conferma di antichi e anacronistici pregiudizi sociali e psicologici.

Solo qualche mese piú tardi, un gruppo di ragazzi di un liceo di quella città metterà in scena un lavoro teatrale il cui testo sostiene che quei giovani non possono essere omologati ai due assassini: come tanti altri coetanei, vogliono semplicemente vivere la propria età senza angosce. Per l'occasione verranno prodotte anche rassicuranti T-shirt, in modo da rendere l'evento teatrale ancora piú chiaro nel suo significato comunicativo.

Come dire, *excusatio non petita accusatio manifesta*.

Torno agli incontri di quei giorni, in particolare all'appuntamento con gli studenti. Una mattina densissima, in cui si parla di autorevolezza, di odio, di solidarietà, di razzismo. E alla fine inevitabilmente anche di Erika e Omar, delle loro responsabilità, del loro destino.

A margine di questa straordinaria riunione viene da me un signore che si qualifica come un insegnante di italiano dell'istituto frequentato da Erika: vuol parlarmi lontano dai giornalisti e dai fotoreporter che avevano invaso anche quello spazio. Cosí, in una saletta laterale, mi confida che da quando ha saputo dell'identità degli autori del massacro non riesce piú a dormire, non si capacita che quella ragazza che vedeva tutti i giorni, e che gli sembrava simile a tante altre, potesse essere responsabile di tali atrocità. Non riuscendo a placare le proprie ansie e cercando di trovare qualche indizio su chi fosse veramente Erika, era andato nella biblioteca della scuola per sapere se e che cosa la ragazza avesse letto negli ultimi mesi. Prima scoperta: Erika leggeva, e molto. Non romanzi d'amore o libri di poesie: solo ed esclusivamente saggi, saggi di psicologia. Per molti suoi concittadini quella ragazza era stata solo una delle tante che frequentava la palestra, la discoteca, che forse faceva uso di qualche droga. Nessuno era stato in grado di andare al di là di un graffito banale.

L'insegnante aveva tentato un passo ulteriore, chiedendo alla bibliotecaria i volumi presi in prestito, quelli che materialmente erano stati tra le mani di Erika, nella speranza di rintracciare una chiosa, una nota a piè pagina, una sottolineatura sua: tracce, impronte per non smettere di cercare di capire. Nulla di piú facile: quei libri li aveva presi in prestito solo lei. «Li ho qui nella borsa, possiamo sfogliarli insieme?» Ci avviciniamo a un tavolo, li apriamo. Sconcertante, agghiacciante: tutte le parti che trattano la psicologia della criminalità sono accuratamente evidenziate con un lapis.

Quell'uomo non ha compiuto un gesto eccezionale, ha semplicemente fatto il proprio mestiere di educatore, che include il saper ascoltare – non la parte superficiale delle vite degli adolescenti, ma le loro anime –, l'essere capace di intercettare qualche traccia della loro vita emotiva per individuare serenità o malessere. Ciascun educatore dovrebbe saperlo fare, e provarci quotidianamente, non solo nei confronti di casi come quello di Erika.

Per decifrare qualche aspetto della personalità degli adolescenti occorre sapersi trasformare in microscopici Nautilus ed entrare nelle loro vene piú profonde. Possibile, utopico? Direi indispensabile.

L'ascolto ha però bisogno di attenzione, di cura e quindi di tempo, nella sua dimensione qualitativa e quantitativa. Ma è proprio il tempo che manca, lamentano genitori e insegnanti: al massimo possiamo chieder loro dove – e non come – sono stati, interrogarli, giudicarli. E cosí molti adolescenti stanno lentamente allontanandosi, una deriva continua e poco visibile, non necessariamente segnalata dai grandi casi di cronaca ancora capaci di inquietare – solo per poche settimane – l'anima di qualche adulto.

Spesso incontro ragazzi che dicono di avere capito che per essere accettati dal mondo degli adulti occorre fare gli attori. «Mio padre e mia madre non pretendono molto da me: devo essere promosso, avere degli amici a posto, fare un po' di sport, non tornare troppo tardi la sera... non è difficile interpretare questi ruoli, anzi, non ci vuole quasi nulla... io lo faccio e loro sono contenti... gli basta poco... ma il mio mondo, quello delle mie passioni e dei miei desideri, è lontano mille miglia da loro e non possono pretendere di conoscerlo né che io glielo racconti... siamo su due isole diverse, unite da un piccolo ponte d'ipocrisia...»

Qualche settimana dopo gli incontri di Novi Ligure ricevo questa lettera:

«*Avevo pensato di "sfruttare" la tragedia di Novi Ligure per iniziare a dialogare con i miei. Speravo che si potesse riflettere sul nostro modo di stare insieme. M'illudevo. Per giorni ho guardato un tg dietro l'altro con loro presenti, ma dolorosamente assenti. Ho pubblicizzato le trasmissioni dedicate all'argomento ma sola le ho ascoltate, sola ho pensato, sola ho sofferto. Lei diceva che forse a Erika non le era stato mai chiesto "come stai?", ma solo "com'è andata a scuola?" Mia madre si è precipitata a chiedermi come stavo. Parole vuote le sue, morte nell'istante che le ha pronunciate. E intanto la rabbia e la distanza aumentano fino a quando un giorno non sarà piú possibile trattenere tutto dentro e qualcosa di costruttivo o distruttivo succederà. Evidentemente fa male rendersi conto che ci sono tanti modi per perdersi: non occorre necessariamente essere degli assassini, si può manifestare il proprio dolore non mangiando o mangiando fino a non riuscire a stare piú dritti con la schiena e poi vomitando, dicendo bugie, drogandosi, bevendo, rubando, usando o abusando della sessualità, degli antidepressivi. Fa male mettersi in discussione. Meglio fingere di non vedere. Non condanno i miei, mi spiace farli soffrire. Non riesco a prendermela con loro anche se la rabbia è tanta e non so piú come contenerla, dove trovare le forze per riscattarmi. È un lento e silenzioso suicidio questo. Sara».*

Sara, con grande efficacia, riesce a esprimere il clima di comunicazione anestetizzata che caratterizza non poche famiglie, un punto di vista interno, un'afonia che rischia di cronicizzarsi. Quanti adolescenti sono costretti, da genitori e insegnanti, a vivere in silenzio?

Uno studente incontrato in un centro sociale mi dice: «Non è vero, come ha scritto lei, che gli adulti non sono capaci di ascoltarci... voi ci ascoltate, ma a pezzettini, a fette...» Non sono certo pochi i ragazzi e le ragazze che si sentono giudicati solamente in base, ad esempio, alla pagella che portano a casa. Ma se un genitore delega a un giudizio scolastico – e un insegnante alla registrazione delle prestazioni disciplinari – la totalità del giudizio su un adolescente, in realtà rinuncia a capirlo.

Torna, al centro di ogni ragionamento, la necessità di ripensare il ruolo del genitore, dell'educatore. Tornano verbi non pronunciati abbastanza spesso: esserci, essere con. Torna imperiosa la necessità di non rimuovere l'interrogativo morale, ma di educare alla capacità di distinguere il bene dal male.

Quando, alla fine dell'assemblea con i ragazzi di Novi Ligure, avevo domandato che cosa, secondo loro, bisognava fare con Erika e Omar, una ragazza – dandomi del «voi», quasi in quella circostanza individuasse in me il rappresentante del mondo degli adulti – mi aveva risposto: «Non so cosa voi dovreste fare con Erika, ma una cosa vi chiedo: siate severi, insegnateci a vivere». Formidabile lezione di eticità. Quella ragazza aveva profondamente interpretato e capito – probabilmente senza ancora conoscerla – la lezione pasoliniana sul dovere di ciascuna coscienza di essere responsabile di se stessa, senza rivendicazioni di innocenza, e sull'imperativo di educare alla consapevole assunzione di responsabilità.

Oggi, dopo il processo e la condanna, Erika e Omar sono detenuti in un carcere minorile. È stata riconosciuta la loro piena colpevolezza, non il malessere che ha reso due adolescenti incapaci di sentire: nessuno si sta occupando del problema principale, l'anestesia dei loro sentimenti e delle loro emozioni, la totale inabilità a stabilire relazione affettive. Le cronache ci informano che a Erika è stata offerta una mezz'oretta di psicoterapia a settimana... Come non capire che quella ragazza – e tante altre che non sono assurte agli onori della cronaca – ha terribilmente bisogno di compiere un percorso in grado di restituirle ciò che la sua esperienza di vita non le ha fatto conoscere, la dimensione relazionale del dolore, unico antidoto efficace contro l'indifferenza? Potrà il carcere assolvere a un compito cosí complesso e delicato? Quella ragazza tra qualche anno uscirà dalla prigione: che donna sarà? Piú matura, piú consapevole di ciò che ha compiuto? Riuscirà a mettere in pratica forme di rispetto, a non utilizzare gli altri, soprattutto i piú deboli? Riuscirà a capire che l'amore non necessita di ricatti e violenze?

Facciamo fatica a capire che non si tratta di quesiti retorici riguardanti solo il futuro di una giovane matricida, ma di interrogativi che esemplificano il senso dell'educare un qualsiasi adolescente?

Chiavenna, Leno, Novi Ligure, Tortona, Mariano Comense: tanti, troppi luoghi diventati noti in giorni recenti perché lí dei ragazzi hanno ucciso per noia, per rabbia, per desiderio sessuale, o semplicemente per uccidere: comunque sempre per una forma devastante d'indifferenza.

Come in un copione nauseabondo, si ripropone lo squallore dell'ambiente dove persone cosí giovani strascinano la propria quotidianità: una solitudine cristallizzata tra mura domestiche sorde, bar frequentati da ectoplasmi, parrocchie svuotate di senso. Gli adolescenti urlano il proprio disagio a un'altra comunità – quella degli adulti – e nulla viene preso tempestivamente in considerazione. E la storia si ripete sempre uguale, compreso l'ultimo atto: il prete per l'omelia, i bigliettini delle compagne di classe sul luogo del massacro, i fiori sul banco di scuola, la gente che dice basta, bestemmia, grida rabbia e impotenza. Fino a un nuovo silenzio, senza piú pianto, fino al prossimo funerale.

I giornalisti lasciano quei luoghi di terribile benessere, le locandine delle edicole tornano a parlare d'altro; i paesi senza cinema, senza biblioteche, senza librerie sono presto risucchiati dal lavoro, annichiliti dalla fatica di vivere cosí bene. E subito si torna a imprecare contro gli extracomunitari e le loro moschee, per il cavalcavia mai finito, subito si torna alla noia dei maschi che cercano ragazze dell'Est nei localini del paese accanto o sognano un mitico viaggio *last minute* a Cuba per incontrare il sesso vero e soprattutto poterlo raccontare poi agli amici all'ora dell'aperitivo...

Una volta c'era un Nord abitato da persone che lavoravano come bestie nell'ignoranza e nella miseria, oggi tante persone ignoranti lavorano come bestie per mettere assieme un po' di miliardi. E i ragazzi – i loro figli – sono seduti sui motorini truccati davanti ai neon delle discoteche a parlare di calcio e di quel bastardo che questa volta l'ha fatta grossa, ma proprio grossa.

Eppure non mi sentirei mai di affermare che tragedie come quella di Novi Ligure non siano comunque servite. Hanno consentito ai giovani di essere e di sentirsi piú ascoltati – spero anche dopo l'emergenza – e, soprattutto, hanno indotto gli adulti – perfino alcuni politici, alcuni sindaci delle nostre città – a interrogarsi e a pensare. Ogni volta che si sono ripetuti fatti come quelli, ho constatato un aumento nel numero di persone che hanno voglia di uscire di casa la sera per partecipare a un dibattito sul benessere/malessere giovanile, sulla comunicazione tra genitori e figli: per ascoltare, dissentire, sentirsi meno soli. Sono uomini e donne di età ed esperienze diverse, con fragilità e contraddizioni ma anche speranze, voglia di contare e di cambiare.

Forse dal buio di Novi Ligure si è propagata un'utile impollinazione di inquietudini, è stato seminato qualche dubbio che ha turbato coscienze, si è data forma utile a qualche senso di colpa latente. Forse stanno finendo gli anni in cui molti adulti hanno pensato che per crescere i ragazzi bastino un po' di libertà e di soldi.

Le sale che ho visto riempite da genitori, insegnanti, educatori, sono segni eloquenti di una necessità, ma anche di una nuova disponibilità. Persone che si chiedono se nelle proprie famiglie, al di là delle semplificazioni retoriche cui spesso ci costringe una tarda cultura cattolica, sia accaduto qualcosa che le rende diverse e non necessariamente peggiori di quelle di trent'anni fa. Un guscio familiare che oggi contiene sempre meno, ma tenta di rispondere ad aspettative crescenti.

Sono utilmente cresciuti l'attenzione e il dibattito sull'educare: impresa che sembrava diventata impossibile fino a non molte generazioni fa.

In occasione della condanna di Erika e Omar, lo scrittore Ferdinando Camon si chiede, in un appassionato, bellissimo articolo, come mai non sappiamo piú condannare: «... noi partiamo dall'ipotesi che non esista il male, ma solo la malattia...» Forse è perché la condanna contiene principî etici fermi e coerenti, forse perché richiede determinazione, forse perché è una forma di relazione: ti condanno, ti rimprovero, ti punisco perché ti amo, perché tu esisti per me e quindi non ti posso lasciare andare alla deriva di te stesso. In un mondo dove rischia di dilagare l'indifferenza, condannare è diventato un grande gesto d'amore: forse non piú cosí desueto, irritante. Forse qualcuno ha iniziato a capire che la condanna è l'opposto di quella particolare forma di disinteresse che è il perdono come assenza di morale sociale, vuoto assoluto di regole comunitarie.

Forse, qualcuno ha provato a capire che cambiare si può, cominciando dall'indignazione.

Prove di violenza nel basso Lazio. Cittadina sul mare, atmosfera caotica in attesa di turisti da spennare. Nell'istituto tecnico – costruito qualche chilometro nell'entroterra: un'architettura orribile, un bunker di cemento scorticato e arso – il problema sembra essere l'aumento degli episodi di prepotenza compiuti da un gruppo di ragazzi.

Li chiamano bulli, ma tra loro ci sono anche parecchie ragazze. Quelli che una volta venivano definiti piú teneramente «discoli», oggi fanno cose ben peggiori: spaccano qualsiasi suppellettile appartenga alla scuola o piú in generale alla pubblica amministrazione, cioè alla comunità. Poi minacciano e picchiano chiunque osi contraddirli, non solo compagni o compagne, ma anche professori, bidelli, genitori... Agiscono sempre in gruppo: da solo, ciascuno di loro non riuscirebbe a prendere a calci nemmeno una sedia. D'altronde, nessun ragazzo a Tortona sarebbe mai andato a tirare i sassi da un cavalcavia dell'autostrada se non si fosse sentito supportato dagli altri, se non avesse potuto identificarsi in un gruppo. Nemmeno Erika e Omar sarebbero arrivati a tanto se quella notte non fossero stati insieme.

È del tutto evidente che dietro a un bullo o a una bulla vi sono genitori che non sanno dire «no», né porre regole ferme, né scommettere la propria credibilità sulla capacità di farle rispettare, rispettandole a propria volta. Questi adolescenti realizzano in modo fragoroso e preoccupante ciò che vorrebbero potersi permettere tanti loro coetanei: provocare gli adulti, a cominciare dai piú vicini, appunto genitori e insegnanti. Cosí come per un bambino, la provocazione è essenziale anche per un adolescente: è l'unico modo che conosce – un modo molto efficace e privo di grossi rischi, del resto – per verificare se il padre o la madre o il professore abbia uno spessore o sia invece una facciata piatta: se ci faccia o ci sia. Per i bambini e per gli adolescenti, il concludere con certezza che l'adulto di riferimento c'è, per e con loro, in modo autentico e consapevole costituisce la condizione minima per fidarsi. Affidarsi, ovvero non stare sempre e solo in guardia: una dimensione psichica che è essenziale imparare presto per non sentirsi isolati, determinante per costruire futuri rapporti. Soprattutto, il vedere che l'adulto di riferimento è capace di attraversare il caos senza perdervisi, vuol dire sapere con certezza che anche loro, bambini o adolescenti, riusciranno a governare il proprio battello nella tempesta, attraversare le proprie età di crisi senza esserne sommersi, imparare a fidarsi di sé. Ma quando, al contrario, gli adulti reagiscono alle provocazioni con incertezza, mancanza di polso, spaventati da estenuanti patteggiamenti, quei bambini e quegli adolescenti si sentiranno sperduti, senza punti di riferimento: avranno paura e quindi attaccheranno – piccoli naufraghi che non riescono ad afferrare appigli sicuri – gli altri e loro stessi.

Il preside di quell'istituto chiede a una équipe di esperti – per lo piú psicologi – di fornire agli insegnanti direttive e consigli su come affrontare il fenomeno, almeno numericamente non poi cosí diffuso: una decina di elementi in tutta la scuola, prevalentemente maschi, suddivisi in due o tre gruppetti. Alcuni si sono resi protagonisti di episodi gravi. Il mese precedente un ragazzo aveva arroventato una moneta e fatto in modo che il compagno piú giovane e ingenuo la prendesse in mano: dolore tremendo, grave ustione, corsa al pronto soccorso, prognosi di una settimana.

Il preside mi dice che per qualche giorno non aveva saputo cosa decidere, diviso tra la paura di scatenare le ire dei genitori del bullo, qualora fosse stato allontanato da scuola, e il timore di sue vendette su altri; d'altra parte, i familiari della vittima, sentendosi troppo esposti e per nulla difesi, minacciavano di denunciare sia il ragazzo che la scuola. Alla fine si era limitato alla soluzione piú facile e codarda: redarguire il bullo.

Neppure con l'apporto degli esperti si riesce a modificare il comportamento dei ragazzi «cattivi»: gli psicologi dell'équipe infatti concludono – comunicandolo in una serie di riunioni a genitori e insegnanti – che per tamponare il fenomeno del bullismo in quella scuola sono determinanti interventi punitivi chiaramente visibili non solo ai responsabili degli atti di violenza – soggetti per altro con un pessimo rendimento scolastico, determinato anche da lunghe e ingiustificate assenze – e alle loro famiglie, ma anche a tutti gli altri compagni, affinché ciò suoni per ognuno di monito e avvertimento. Coerentemente, alla fine dell'anno scolastico – e dopo lunghi interventi individuali e in classe – l'équipe di esperti consiglia la bocciatura dei ragazzi e delle ragazze dimostratisi indisponibili a qualsiasi forma di ravvedimento e comprensione della gravità del proprio operato.

A fronte di consigli cosí semplici e potenzialmente efficaci, i responsabili dell'istituto dichiarano clamorosamente tutta la propria impotenza. Il preside, in particolare, dice rammaricato che bocciare i bulli comporterebbe, per l'anno seguente, ridurre il numero delle classi e conseguentemente quello degli insegnanti: invece dell'intelligenza si applicano le tabelle ministeriali.

Eppure altrove in Europa si prevedono, rispetto a casi analoghi, interventi ben piú energici e meno compromissori. In Olanda, ad esempio, non solo i casi di bullismo vengono segnalati dalle scuole e puniti, ma interviene direttamente la magistratura per i minori ponendo quei ragazzi di fronte a due possibilità: o il carcere o il ripristino di ciò che è stato danneggiato, attraverso ore di lavoro prestate gratuitamente dai responsabili del danno. I risultati sono eccellenti: non solo si sono ridotte le presenze nei carceri minorili – molto costose anche per l'erario italiano, oltre duecento euro al giorno a detenuto –, ma nel Paese il numero delle denunce di casi di bullismo si è dimezzato.

Rimane un quesito. Che cosa vuole rompere un bullo e perché lo fa? Riduce a pezzi le cose che appartengono alla comunità, come è stato detto, e soprattutto alla scuola: non distrugge dunque a caso, al contrario sciupa ciò che ha senso per lui, oggetti simbolici. Dunque si potrebbe arrivare a pensare che si tratti di comportamenti iconoclastici: gli adulti li vivono come un tradimento, ma potrebbero significare la rabbia dei giovani nei confronti di ciò che la loro stessa cultura percepisce come elemento estraneo, qualcosa che non riesce ad accettare.

Dai piú vengono considerati bulli anche i *bombers*, quegli artisti di strada che istoriano con le bombolette spray i muri dei caseggiati. Ma un *bomber* non vuole imbrattare, intende abbellire. E come dargli torto, pensando a quante vie delle nostre città siano esteticamente orribili: pareti scrostate, ingrigite, rigonfie d'umidità, maleodoranti. Quegli artisti senza permesso ci rimandano una idea di città piú gioiosa, colorata, viva. Credo che insieme a molti sindaci, dovremmo ringraziarli per averci restituito un'emozione, invece – come in preda a un'indelebile ossessione – li espelliamo, cancelliamo i loro colori: gli unici spazi concessi dalla nostra comunità a un giovane artista di strada sono le pareti delle stazioni, quelle che si affacciano sui binari, quelle non illuminate che si allungano in ampie curve verso le periferie. Proprio una di queste pareti, ma davvero troppo vicina ai treni, stava dipingendo uno dei piú noti *bombers* di Milano e a quell'ora di notte non si possono vedere i convogli in avvicinamento: un Eurostar l'ha travolto e ucciso, metafora di un estremo grado di fobia, dell'ostilità degli adulti nei confronti di ogni forma – specialmente non canonica – di creatività giovanile.

Anche quell'istituto nel sud del Lazio, dove si annidano i bulli, è brutto. Orrendo come tante scuole nel nostro Paese, somiglianti a caserme (i prodotti piú mediocri dell'architettura razionalista fascista) o a enormi supermercati di cemento (particolarmente desolanti gli edifici costruiti negli anni Sessanta e Settanta). Invece i luoghi dell'educare dovrebbero essere belli – non solo funzionali –, perché la bellezza educa: non è un di piú, ma un indispensabile nutrimento dell'anima. Come pretendere che i ragazzi rispettino gli spazi dove tutti giorni passano la maggior parte del tempo se non sono per primi gli adulti a rispettar loro, facendoli vivere in posti pieni di luce, rallegrati da colori vivaci, progettati con rispetto e amore a misura delle loro esigenze e aspettative? Perché i centri sociali sono ospitati nei luoghi piú decadenti e negletti delle nostre città? I bulli imbratterebbero scuole cosí belle? Sono convinto di no, e i fatti sembrano dimostrarlo.

Domenica mattina, invito da parte di un istituto privato torinese a un incontro con i genitori degli studenti. Hall impressionante, scale imponenti, bella presidenza. Tutt'attorno, un piccolo parco ben tenuto. È un luogo interessante perché vi si svolge l'intero ciclo dell'istruzione, dall'asilo nido al liceo: un'occasione per me di compiere, nel breve volgere di una passeggiata, tutto l'itinerario che normalmente occupa i primi quindici anni della nostra vita.

La mattina con i genitori e gli insegnanti dell'istituto scivola via coinvolgente: la discussione si protrae fin quasi all'ora di pranzo, opportunità che – nell'intelligente proposta dei dirigenti della scuola – è utilizzata come una possibilità per far familiarizzare gli adulti, approfittando del giorno di festa.

Chiedo di visitare l'istituto, e l'escursione inizia ovviamente dalla scuola materna: luogo bello, arioso, colorato, banchi che possono essere ricomposti ogni mattina in modo diverso, luci pensate per ciascun ambiente e mai troppo forti. Un luogo che testimonia la volontà e la sensibilità di pensare qualcosa di vicino ai bisogni dei piccoli ognuno di loro vive con uno stato d'animo diverso l'arrivo in classe, l'apprendimento, il gioco, la mensa, il riposo: a ogni emozione dovrebbe corrispondere un diverso modo di pensare l'ambiente).

Basta però salire le scale che portano alla scuola elementare per capire che la musica è già cambiata. I corridoi sono tinteggiati a mezza parete con un marroncino deprimente, i banchi di formica finto legno sono tutti uguali, le luci al neon richiamano quelle di un allevamento industriale di polli. Come a dire: «Ora sí che siete entrati nella scuola vera, da adesso in avanti sarà sempre peggio, scordatevi le dolcezze dell'infanzia, i colori e la tenerezza... dovete imparare che l'educazione ha un suo prezzo e non ammette mollezze...»

Come se il processo di omologazione sancito dai programmi scolastici dovesse trovare un corrispettivo e una sottolineatura nell'architettura degli ambienti dove si impara e si cresce. Una distanza siderale dall'idea di scuola come «ca' zoiosa», come la chiamavano i vecchi pedagogisti. Una scuola non ordinata lungo un asse piegato verso l'alto: ogni anno sempre piú difficile, dove, a ogni avanzamento, cresce la distanza tra insegnanti e allievi, diminuisce la piacevolezza, appunto la gioia. Valutare la qualità di una scuola non è poi cosí difficile: una scuola d'infanzia o elementare è buona quando un bambino vi entra pulito e ne esce sporco, significa che si è divertito, ha giocato, ha utilizzato appieno i suoi sensi. Che malinconia se i piccoli ne uscissero lindi: non sarebbe una scuola ma una lavatrice, un luogo eccessivamente regolato, dove è stata uccisa la spontaneità e l'emotività.

Eppure, a volte non si salvano nemmeno le scuole d'infanzia, che pure rappresentano luoghi comunque d'eccellenza nella qualità del rapporto adulto/bambino: un'esperienza-modello, quella italiana, che il mondo ci invidia.

Un'insegnante mi porta a incontrare le sue colleghe di un asilo a Mantova. È una cooperativa formata da giovani donne molto appassionate al proprio lavoro, si sente da come ne discutono, si vede da quanto sorridono nel parlare dei loro bimbi. Da circa un anno si giovano della consulenza di una psicologa americana e mi descrivono i metodi che stanno seguendo mentre mi mostrano le stanze dell'asilo. Sono quasi le cinque di pomeriggio e non è rimasto che qualche bimbo: il sole ancora alto della tarda primavera illumina impietoso le pareti immacolate, di un bianco abbagliante nonostante le tende socchiuse. Che senso ha la supervisione raffinata di una psicologa quando non si riesce a trasformare quel luogo in qualcosa di diverso rispetto alla corsia di un ospedale o al refettorio di un ospizio? Eppure, quando a muoverci sono gli interessi commerciali, la sensibilità sembra essere ben diversa: avete mai visto uno dei tanti giochi prodotti dalla Lego (che in danese è l'acronimo di «giocare bene») che non sia colorato? Quando deve pensare ai bambini, l'industria tiene quindi conto delle loro emozioni: perché una scuola no?

Ripenso alle distruzioni iconoclastiche di qualche bullo: forse sono ingenui tentativi – sbagliati, ma pur sempre ingenui – di opporre la loro maleducazione a quella degli adulti, che li obbliga a crescere fin da piccoli in luoghi alienanti.

Strano per un Paese con una cosí straordinaria tradizione architettonica. Il mondo intero guarda con rispetto alcuni dei nostri grandi e li chiama a pensare e progettare qualsiasi cosa: aeroporti, auditorium musicali, stadi di calcio, ponti, grattacieli, chiese, santuari. Succede sempre piú spesso anche in Italia. Fuksas, Gregotti, Piano sono stati richiesti per costruire di tutto, mai una scuola.

Che bello sarebbe se qualche amministrazione pubblica o qualche magnate chiedesse a Renzo Piano di progettare il piú avveniristico liceo d'Europa: cioè di progettare la forma piú bella per costruire il futuro. Cosa sarebbe costretto a fare quel geniale architetto prima di mettere mano alla matita e alla carta millimetrata? Dovrebbe chiedere a ragazzi e ragazze come essi si rappresentino lo spazio per crescere, uno spazio certamente diverso da quello vissuto dalla nostra generazione quasi mezzo secolo fa, e non solo per via dell'aula-computer.

Renzo Piano – e tutti noi, grazie a lui – ascolterebbe idee nuove e aspettative legittime: i ragazzi sanno riconoscere la creatività e l'umiltà che ne è alla base, i geni sono capaci di entrare in sintonia con i piccoli perché sono un po' bambini anche loro (la genialità viene coniugata all'originalità, cioè a quanto ognuno riesce a esprimere all'origine).

Il meraviglioso liceo che nascerebbe da quell'incontro non verrebbe sporcato né distrutto da alcun bullo, ma solo rispettato. Amato.

Una volta esistevano il campetto, la parrocchia, i cortili, la strada, il bar-biliardo: luoghi d'aggregazione, dove s'imparava a vivere. Oggi gli oratori sono spesso vuoti o costretti a chiudere, i cortili cementificati, le strade invivibili, i biliardi dei bar malinconicamente sostituiti da sale dove lampeggiano video-poker impregnati di fumo.

I luoghi del gioco non sono piú fuori casa ma dentro camere da letto 3x4, dove gli adolescenti di oggi passano, sempre piú soli, gran parte del proprio tempo libero. E la forma del gioco non è piú esterna e collettiva, ma tendenzialmente solipsistica, virtuale.

Troppi ragazzi e ragazze stanno crescendo in luoghi che assomigliano a loculi tecnologici – ben inteso, tombe progettate e realizzate dai loro genitori – piú che ad ambienti domestici dove tessere relazioni affettive. Le statistiche dicono che il sessanta per cento degli adolescenti possiede nella propria cameretta tutto il necessario per distaccarsi totalmente dal mondo: computer, videogiochi, televisione… Un perfetto isolamento che favorirà inevitabilmente una crescita caratterizzata da un autismo tecnologico dalle conseguenze – sociali e individuali – imprevedibili.

Dopocena a casa di amici con figli adolescenti. Ordinata cittadina della pianura padana.

Cristina, che frequenta il penultimo anno di scuola superiore, non si presenta a tavola: forse deve studiare o è uscita con gli amici o ha litigato con i genitori, penso. Invece no: «Fa sempre cosí... quando abbiamo ospiti se ne approfitta dicendo che si annoia, preferisce rimanere da sola in camera sua», dice la madre con aria rassegnata; «poi, da quando il padre per Natale le ha regalato la playstation ultimo modello, esce di lí ancora meno...» «Ma quale... quella con i giochi tridimensionali reclamizzata su tutti i giornali?», chiedo sperando di poterne finalmente vedere una in azione.

La battaglia è durissima. Cristina non ne vuole sapere di farmi entrare: teme un'invasione di adulti curiosi, come me, di vedere l'ultima meraviglia delle tecnologie da intrattenimento: ha un'idea molto precisa e ostinata della sua privacy. Alla fine, dando fondo alle mie capacità di comunicazione con gli adolescenti, la convinco ad aprire la porta (subito richiusa alle mie spalle con tutte le mandate, come fossimo in un fortino assediato dai pellerossa).

La playstation di Cristina è ovviamente accesa sulla scrivania, la camera è come quella di tanti altri adolescenti: grande disordine, fogli sparsi sul pavimento, libri accatastati, zainetto aperto sul letto, televisione, indumenti lasciati sopra lo schienale di una poltroncina, qualche poster.

Mi chiede se ho mai giocato con quell'arnese; scuoto la testa ammettendo la mia totale ignoranza. «Guarda che questo non è un giochetto... è molto complicato, e poi me lo potevi dire prima che non ci capisci niente... non vorrai mica imparare adesso...», mi dice con tono scocciato. Poi, visto che ormai sono entrato nel suo regno, mi accosta una poltroncina dietro alla sua avvertendomi che mi spiegherà solo le cose principali, a patto che io rimanga lí buono buono, senza far troppe domande, a guardare lei che gioca.

Finalmente si inizia. La scena è bellissima, colori sgargianti, immagini iperrealiste. Sembra davvero di trovarsi come d'incanto in una città nordamericana: scorrono le palme ai lati di una grande avenue, la gente passeggia accanto a noi, le automobili sfrecciano a ogni incrocio. Come stare dentro un telefilm.

Cristina mi dà qualche rapida spiegazione del gioco: sta guidando un'automobile rubata, deve correre perché è inseguita da qualcuno. «Siamo nei guai, cazzo... dobbiamo seminarli altrimenti ci uccidono», dice con la voce concitata: ci sta prendendo gusto, forse non è piú annoiata dalla mia presenza e anch'io mi sto appassionando. «Il gioco consiste nel fare piú punti possibile... solo cosí posso riuscire a non farmi ammazzare da quei gangster... e sai come si fanno punti in questo gioco? Adesso te lo mostro... aspetta un attimo e vedrai...» La macchina guidata da Cristina accelera lungo un viale in discesa, in fondo s'intravede un incrocio, le linee sull'asfalto indicano il passaggio pedonale. Improvvisamente, una signora si avvicina al bordo della strada, sta spingendo una carrozzella. Cristina preme ancora di piú l'acceleratore, invece di evitare l'impatto sembra cercarlo a tutti i costi... e infatti centra in pieno la signora e il neonato: loro piegano il cofano, urtano il parabrezza, saltano per aria e finiscono sull'asfalto, in un mare di sangue.

La scena è raccapricciante, di un realismo che lascia senza parole. «Wow... centrati... ho fatto un sacco di punti... però la donna non è ancora morta, vedi? Si muove ancora, adesso la finisco». Cristina è esaltata dall'impresa, ingrana la retromarcia e spiaccica la signora che ancora rantola.

Il gioco va avanti per un bel po' tra inseguimenti, uccisioni, sgozzamenti di prostitute, esecuzioni spietate.

Cosí passa le sue serate invernali Cristina, come tanti altri adolescenti asserragliati nelle proprie camerette tecnologiche.

Quel videogioco non è stato comprato al mercato nero, né è stato scaricato da Internet: è a disposizione di chiunque negli appositi scaffali di un qualsiasi ipermercato di quartiere, dove milioni di famiglie si recano per il rito laico del sabato pomeriggio.

Non voglio certo demonizzare la tecnologia, che può essere sinonimo di libertà e di democrazia come testimoniano, ad esempio, gli studenti delle università di Teheran o di Pechino che senza i loro computer e senza la Rete sarebbero stati spazzati via dall'autoritarismo del regime che imperversa nel loro Paese.

Molte nuove invenzioni tecnologiche possono trovare perfino un'utile applicazione pedagogica: alcuni videogiochi hanno infatti una valenza educativa importante, in quanto galvanizzano le capacità cognitive del bambino e dell'adolescente. Mi chiedo anzi come mai non vengano valorizzati in ambito scolastico e si preferisca che gli adolescenti ne facciano un uso quasi clandestino, lontano dalla possibilità di controllo da parte degli adulti.

Il problema, semmai, è come garantire una maggiore salvaguardia della qualità di queste risorse, qualcosa che aiuti e guidi l'acquirente (i ragazzi, ma anche i loro genitori): un maggiore impegno da parte del ministero dell'Industria o del Commercio, tanto per fare un esempio, potrebbe prevedere un riconoscimento dei prodotti migliori attraverso marchi di qualità – valutati tali da esperti del settore in istituti di provata professionalità e indipendenza – e trovare, contemporaneamente, i modi piú efficaci per scoraggiare la commercializzazione dei videogiochi maggiormente diseducativi.

Ciò premesso, è però urgente stigmatizzare una tendenza odierna a delegare parte dell'educazione a forme algide in cui le relazioni non significano piú rapporti tra persone. Come potrà mai essere una comunità i cui cittadini sono cresciuti in camerette blindate, luoghi in cui trionfa il solipsismo emotivo e la piú assoluta autarchia relazionale, dove non è concessa alcuna appartenenza di gruppo, dove un ragazzo non è né totalmente solo – i genitori sono al di là della parete – né assieme ad altri coetanei?

Il gruppo dei pari è infatti uno strumento di crescita fondamentale, consente lo sviluppo di una identità in definizione. L'adolescente non sa chi è stato e teme di non riuscire a diventare quello che sogna di essere: la consapevolezza di sé è il frutto di un lungo, complesso confronto tra stadi precari della propria identità, e il gruppo consente di rispecchiarsi nell'altro, di imparare a riconoscere sé e l'altro da sé. Impedire questa dimensione collettiva di crescita – agevolando, ad esempio, l'isolamento tecnologico dei ragazzi – significa rendere piú farraginoso il processo di maturazione delle nuove generazioni. Criticando a priori il processo attraverso il quale un adolescente tenta di appartenere a un gruppo – poco importa se di boy-scout, di ultras di una squadra di calcio o di metallari –, gli si rende difficile la crescita, si replica crudelmente un gioco di moda tanti anni fa sulle spiagge: si costruiva una collinetta di sabbia, alla cui sommità si piantava uno stecco di legno, poi ognuno dei partecipanti toglieva a turno un po' di quella sabbia con la mano. L'abilità stava nel prolungare il piú a lungo possibile l'equilibrio dello stecco: perdeva chi lo faceva cadere.

Il processo d'appartenenza, per svilupparsi, non richiede soltanto un gruppo, esige anche un luogo.

La strada è il luogo terzo, diverso sia da quello in cui un genitore educa i figli, sia da quello in cui un altro adulto li istruisce. La strada, dove adolescenti incontrano altri adolescenti, senza adulti per le regole, senza maestri per i giudizi, senza padri né madri per i permessi e i divieti. La strada come spazio libero, lontano dall'omologazione a uno schiacciante conformismo educativo di un opprimente scacchiere normativo. La strada, luogo d'incontro con l'alieno, con l'altro da sé. La strada strumento per costruire la propria identità nell'appartenenza a un gruppo che rappresenta la somma delle singole identità. La strada sinonimo di libertà, dunque di crescita nell'autonomia: luogo della sperimentazione, della maturazione costruita per tentativi ed errori.

Per decenni il campo, la piazza, la strada sono stati i luoghi della crescita, dell'imparare, del provare a vivere la vita dei grandi. Luoghi possibili di un'appartenenza di gruppo capace di condividere ruoli e responsabilità, sogni e frustrazioni.

Oggi gli adolescenti non giocano piú fuori, ma soprattutto dentro. Ognuno nelle proprie stanze confortevoli (ma perché non cominciare a rendere un po' meno belle queste camere?), il gioco è diventato segreto e secretato: Internet, chat-line, Sms, non piú sudore, odio, colluttazione, ma per lo piú fredda adesione alle nuove regole tecnologiche.

«Vietato giocare», è scritto proditoriamente su un cartello affisso nel cortile di un condominio romano. I ragazzi oggi stanno seduti davanti a un display, gli occhi arrossati non piú da un dolore ma dalle ore trascorse con l'ultimo videogioco: derubati dei cortili, scippati di campi e di strade.

I ragazzi di oggi non conoscono piú il terzo luogo, quello liberato dagli adulti: al contrario, migrano da un'aula scolastica a una piscina a una palestra a un internet-café, per poi ritirarsi tra le laconiche ritualità consumate sul suolo domestico. Il loro è un passaggio da un luogo controllato da un adulto a un altro anch'esso privo di reale autonomia. Mai davvero soli tra loro, tra pari. Se non ci fosse la notte, se non ci fosse la virtualità tecnologica, non conoscerebbero il tempo come misura di sé.

Nei cortili e per la strada, i ragazzi delle generazioni precedenti crescevano svelti (se riconosciamo il significato complesso del verbo crescere), nelle celle tecnologiche i nostri figli non possono che svilupparsi lentamente dal punto di vista della maturazione emotivo-relazionale (non certo di quella cognitiva). Perché il terzo luogo – quello dove l'adulto, quando c'è, è marginale rispetto al gruppo di pari – è occasione insostituibile proprio in quanto ciascun adolescente deve imparare ad assumere su di sé parte della responsabilità dell'azione collettiva: ad esempio, se un gruppo di bambini vuole giocare a pallone, ognuno di loro dovrà assumere su di sé le regole del calcio. E ciò lo fa grande anche grazie a quei modelli d'educazione spontanea propri del confronto fra pari (*peer education*).

Ma se un gruppo di adolescenti è costretto alla costante vicinanza di un adulto – il professore, l'allenatore, il bagnino, l'arbitro di football, oltre a mamma e papà –, ogni ragazzo tenderà a delegargli le regole del gioco e la responsabilità di applicarle: con la fragilità, la dipendenza, l'insofferenza che ne conseguono…

La strada del fondovalle è stretta e piena di curve, costeggia e ogni tanto attraversa un fiume che le piogge invernali hanno gonfiato e reso fragoroso: lo si intravede soltanto, giú tra le sterpaglie oltre l'argine, non appena il chiarore della luna fa luccicare le sue acque fosche.

Con il sindaco e l'assessore alle politiche giovanili, sono venuti a prendermi alla stazione dell'ultimo paese di pianura, ci siamo fermati a bere un bicchiere di vino e a conoscerci: manca ancora del tempo all'inizio della conferenza, ma dobbiamo raggiungere il loro comune, distante qualche chilometro. Il sindaco è un uomo sulla trentina, alla mano, simpatico, dà l'idea di essere persona concreta, positiva; l'assessore alle politiche giovanili è una donna, anch'ella giovane, cosa non frequente tra gli amministratori con la stessa delega: una volta mi è capitato d'incontrarne una già nonna. Mi dicono di essere emozionati, hanno lavorato assieme all'organizzazione di questa serata, sono in attesa, contenti, si vede e me lo ripetono piú volte: «Spesso la gente di qui sente di vivere lontana dagli eventi che accadono nelle città piú grandi, giú a valle... eppure i problemi, specialmente per i giovani, ormai non sono piú cosí diversi», dicono. Non possono immaginare, il sindaco e l'assessore, quanto sia piú importante e soddisfacente per me un incontro in un piccolo paese – dove la gente arriva già mezz'ora prima per prendere i posti, dove a sentire e a discutere vengono tutti, anche quelli non molto interessati, dove non finirebbero mai di farti domande – rispetto a realtà magari molto piú blasonate, nel centro di una grande città, dove la gente è poca, svogliata e spesso ha perso la propria spontaneità, quel dono di concretezza semplice che consente ancora a molti di credere nella possibilità di una svolta, di progettare insieme qualche piccolo tassello del vivere collettivo.

Risaliti in macchina, usciti dal fondovalle, la strada passa attraverso una serie di paesi che si allargano sull'altopiano. Luoghi gradevoli, ben tenuti, municipalità sobrie ma visibilmente opulente. Centri storici restaurati con gusto, facendo attenzione a mantenere l'identità delle radici culturali del luogo. Molti gli alberghi e le pensioni, non tutti aperti, data la stagione: i riti delle settimane bianche sono finiti da un po'.

Costeggiando uno dei tanti giardini ordinati, intravedo una costruzione particolarmente illuminata: penso a un hotel di lusso, o alla villa di un ricco possidente venuto a comprar casa qui chissà da dove. «Quello è il nostro fiore all'occhiello, è la nuova casa per gli anziani... l'abbiamo inaugurata solo qualche settimana fa», mi dice il sindaco visibilmente contento che io l'abbia notata. Chiedono se ho voglia di fermarmi, scendiamo, vogliono farmi vedere la struttura all'interno.

È bella come s'intuiva da fuori, elegante, perfino profumata; si capisce che è un posto ordinato dalla passione, lo s'intuisce dal sorriso delle operatrici che si presentano con gioia. Quasi tutti gli ospiti sono andati a dormire, eppure quel luogo non dà l'impressione del vuoto, non c'è un dettaglio che sappia di squallore istituzionale.

Non è sempre stato cosí, e per molte città questo asilo per anziani resta solo un miraggio. Sono realizzazioni recenti, è da pochi decenni che la componente piú sensibile della nostra comunità ha pensato che i nostri vecchi siano soggetti titolari di dignità e di diritti. Fino a non molti anni fa, anche da queste parti, ai nostri nonni abbiamo destinato poco o nulla, se non l'aspettare la morte nella solitudine o nell'insofferenza di famiglie che mal ne sopportavano il peso economico. Le persone anziane rappresentavano spesso ingombri, soprattutto se malate o non autosufficienti. Ma con il miglioramento delle condizioni sociali e l'allungamento della vita, si è consolidata l'idea che si possa viverne l'ultimo tratto senza cupezza, organizzando luoghi dove passare il tempo con serenità.

In molte regioni si sono costruite balere dove ci si innamora anche a settant'anni, bocciofile dove si incontrano amici, sale per giocare a tombola o a carte. E sono nate centinaia di organizzazioni per l'organizzazione del tempo di svago, di studio, di viaggio; e ancora multiproprietà accessibili in cui investire i soldi della pensione, per andare a svernare al sole passeggiando sul lungomare, sedendo pacifici sulle panchine tiepide a leggere il giornale o il romanzo preferito. E infine strutture sempre piú adeguate a un eventuale ricovero, che significhi prendersi cura di una persona anziana con dolcezza e rispetto.

Mi torna alla mente la «Casa per gente di mare», una villa a strapiombo sul mar Ligure, appollaiata sulla costa sopra Camogli: un luogo aperto a tutte le persone che hanno lavorato per almeno trent'anni sul e con il mare, una terrazza stupenda da dove i vecchi marinai possono guardare, con dignità e con la giusta malinconia, lo spazio azzurro del proprio coraggioso e magistrale lavoro di un tempo, e ascoltare con fierezza la sirena di qualche mercantile che passando davanti a loro si ricorda di salutarli.

Tutto questo è civiltà, come il centro anziani che sto visitando.

Mi complimento con il sindaco, pensando a quanti sarebbero stati contenti di aver potuto offrire luoghi di questa qualità ai propri vecchi. Ora ci stiamo davvero avvicinando alla sala dell'appuntamento, in cui parlerò di adolescenti, di culture giovanili, di educare, di… Mi chiedo quanti centri per ragazzi siano stati costruiti in queste ricche vallate alpine , mi piacerebbe sapere che ve n'è almeno uno ogni dieci case per anziani, uno ogni venti bocciofile o sale per la tombola. Ma non è cosí. Non lo chiedo al sindaco, lo metterei in imbarazzo. Per i ragazzi si fa ben poco, non soltanto su quell'altipiano.

Non voglio mettere a confronto l'attenzione per le persone anziane con le carenze delle politiche giovanili, se non per l'evidenza di questo squilibrio numerico: so bene che rispetto agli adolescenti e ai giovani non si tratta solo di riconoscere un diritto di cittadinanza. La questione è molto piú complessa, riguarda il ruolo non solo della pubblica amministrazione, ma anche delle famiglie e della scuola. Mi sembra del tutto evidente che non dovremmo permettere che un ragazzo rientri all'ora di pranzo in una casa dove con tutta probabilità non c'è nessuno, in quanto papà e mamma lavorano, che mangi da solo il pasto lasciato per lui in cucina per poi annegare sul divano aspettando l'inizio di una delle tante trasmissioni televisive demenziali. Possibile che non possiamo pretendere di offrire qualcosa di piú e di meglio ai nostri figli? Il punto non è, come sempre, tanto criticare ciò che c'è, quanto interrogarci sull'assoluta assenza di alternative credibili.

Credo che una scuola a tempo pieno possa rappresentare già una prima, seppur parziale, risposta. Penso a un tempo pomeridiano come occasione/strumento per far emergere l'espressività dei ragazzi – musica, teatro, arti figurative, ma anche letteratura non convenzionale, scrittura creativa... –, per affinare il loro metodo di studio (unico luogo dove ciò è fattibile, a meno che la famiglia non paghi un insegnante a domicilio), ma anche come occasione per avvicinarli alla figura di un *tutor*, un adulto di riferimento capace di ascoltarne i problemi e i segreti, in grado di essere loro complice.

In ogni caso si pone il problema di dove gli adolescenti, al di là degli impegni scolastici, passino il proprio tempo, di come possano e debbano occuparlo. Dove può andare una ragazza che abbia un talento di scrittrice o un giovane musicista che non abbia i soldi per affittare una sala prove? Nove volte su dieci, l'una e l'altro sono costretti a rimanere a casa, magari rifugiati nella cantina.

Ciò chiama in causa gli amministratori delle città, ma proprio questo appello registra sordità, sconfortante povertà d'idee, proposte, mezzi e realizzazioni.

Ci dovranno pur essere delle ragioni per questa clamorosa omissione: forse gli adolescenti non sono soggetti politicamente interessanti, forse si teme che offrire spazi alla loro creatività significhi dover poi gestire problemi di ordine pubblico, proteste nei quartieri per una difficile coabitazione con i cittadini adulti e anziani, timori che in quei centri giovanili possano emergere problemi di droga o di piccola criminalità.

Nonostante le difficoltà e le annose incomprensioni, qualcosa si sta comunque muovendo. Molti genitori si sono accorti di quanto sia importante offrire ai propri ragazzi uno spazio e un tempo per esprimersi: l'ambizione non è trasformare ogni adolescente in un artista, ma permettere a ciascuno di trovare il proprio linguaggio per capire e comunicare – con i sogni, le frustrazioni, le aspettative – la propria personalità.

Piacevolmente accomodato su un divano di pelle, sto aspettando il sindaco di Trento in una delle stanze della sua sede quattrocentesca, stupendamente affrescata e amorevolmente restaurata. Qualche minuto piú tardi arriva trafelato da un'altra riunione. Brindiamo con un immancabile bicchiere di bianco, iniziamo a parlare di progetti per i giovani della città. È un uomo particolarmente attento all'importanza di offrire spazi dedicati ai ragazzi, articola valutazioni in modo brillante, affascinante. Accenna a una serie di iniziative: alcune solo pensate, altre realizzate. Tra queste ultime, m'incuriosisce un'idea, semplice e sorprendente.

Nella sua città, come in quasi tutti i centri piccoli o grandi, molti adolescenti e pre-adolescenti hanno la passione per i motorini: passano molto tempo a truccarli, verniciarli, sostituire pezzi originali con altri modificati per fare piú rumore o per permettere qualche sgommatina da esibire agli amici. Naturalmente tutte queste attività avvengono nel segreto di qualche garage, lontano dagli occhi e dai rimproveri dei genitori e dalle multe comminate da vigili e polizia. L'idea venuta al primo cittadino di Trento e ai suoi collaboratori è dunque semplice e ingegnosa: parte dall'esigenza di agganciare il mondo di quei ragazzi, di ascoltarlo, di parlargli e i motorini sono sembrati un'occasione da sfruttare – non solo da reprimere –, un pacifico cavallo di Troia.

Hanno immaginato che potesse essere proprio il comune a offrire un'officina attrezzata a quei ragazzi, un capannone riattato e messo a disposizione di chi ne aveva bisogno. Detto e fatto: si individua un luogo adatto, lo si ristruttura, si cerca un meccanico capace ed esperto come guida. Ed è proprio qui che viene la parte piú intelligente: bisogna trovare un uomo adulto, molto rispettato nel suo lavoro e dotato di carisma, perché è quel meccanico il punto critico e il valore aggiunto dell'esperimento. L'obiettivo, infatti, è costruire un'antenna, un riferimento sensibile, un tramite tra adolescenti e adulti: truccare i motorini è lo strumento per entrare in contatto con un mondo che rischia di vivere ai lati della comunità, senza contaminazioni possibili.

L'anziano meccanico è diventato, attraverso quell'esperienza, l'adulto piú considerato, temuto e stimato per un gruppo di ragazzi. Attraverso di lui, la sua autorevolezza e disponibilità, il suo buon senso – soprattutto attraverso la sua costante vicinanza – quel piccolo mondo di adolescenti finalmente comunica e si comunica, ascolta e si fa ascoltare. Si comincia col parlare di carburatori e di marmitte, per arrivare poi – inevitabilmente – a discutere di ragazze, d'amore, di sesso, di genitori, di scuola. Semplice, no?

Capelli rossi tagliati cortissimi, viso regolare, spalle larghe scolpite dalla fatica di anni di piscina, Superga bianche senza lacci: Terry è molto bella e ha lo sguardo malinconico.

Si è laureata un paio d'anni fa in scienze dell'educazione, vorrebbe fare la pedagogista ma non riesce a trovar lavoro: Terry è una degli oltre tre milioni di ragazze e ragazzi che fanno parte della società del precariato. In questi ultimi anni ho ascoltato, con crescente sconcerto, parole enfatiche, spese da premier e ministri dell'economia, per elogiare la *flessibilità* del nuovo mercato del lavoro, l'idea cioè che per assicurare maggiore competitività al Paese sia necessario rendere piú precario l'accesso alle professioni e ai mestieri, piú incerto l'orizzonte dell'esistenza stessa per le giovani generazioni. Si ripropone – purtroppo in modi assolutamente analoghi da politici conservatori e progressisti, sindacati di qualsiasi ispirazione ideologica compresi – una visione sociale che prevede di dover tutelare esclusivamente gli interessi economici degli adulti e di dover rispettare soltanto i diritti di chi ha piú di quarant'anni.

Eppure, quando entra nel mio studio con un sorriso accennato per la prima volta dopo tanti mesi, sembra proprio che per Terry la vita abbia finalmente e positivamente svoltato. «Ho trovato un lavoro… mi hanno preso come baby-sitter in una sala bingo... sempre meglio che portare i giornali a domicilio... ricorda? È il lavoro che ho fatto fino al mese scorso, per quasi tutto l'inverno mi sono dovuta alzare ogni mattina alle quattro... almeno questa volta sto a contatto con i bambini», dice senza nemmeno sedersi sulla poltrona. Mi sforzo di essere contento anch'io per lei.

Quale speciale forma di pedofobia fa sí che gli adulti tendano a diventare piú sadici proprio nei confronti dei giovani che meritano di piú, piú ostili proprio con quelli che non hanno genitori in grado di raccomandarli o di mantenerli per il resto della vita? Sembra che si voglia insegnar loro una speciale regola che domina questo mondo: piú sei bravo, meno sei considerato. Alla faccia della meritocrazia.

Valeria – quasi trentenne, laureata con lode in antropologia, due dottorati di ricerca di cui uno conseguito alla Sorbona – deve considerarsi fortunata che un'università del Nord le abbia proposto un contratto per quattro mesi a mille euro al lordo delle tasse (viaggi e pernottamento a suo carico) con obbligo di presenza agli esami: ovvero una brutale forma di sfruttamento. Ma anche Valeria, come Terry, sa che per molti suoi coetanei l'alternativa può essere anche peggiore, si può essere pagati perfino di meno e senza alcuna forma di tutela contrattuale.

Sto parlando di una questione che va ben al di là della difesa di diritti pur fondamentali dei piú giovani. Si tratta dell'integrità stessa dell'equilibrio psichico. Infatti, una delle componenti fondamentali dell'identità è costituita dal lavoro: sono proprio il nostro mestiere o la nostra professione le prime cose che descriviamo di noi quando ci presentiamo a sconosciuti. Lungo i secoli – goccia a goccia, come una stalattite – è cresciuta e si è sedimentata questa dimensione profonda dell'identità di ogni umano: un tempo si iniziava appena adolescenti, magari come apprendisti in una bottega artigiana, s'imparava il mestiere – erano pochi e stabili, i mestieri – e si diventava esperti e noti nella comunità per essere capaci di fare quelle determinate cose, fino poi a diventare maestri che le avrebbero insegnate ad altri.

Oggi non è piú cosí, il mercato del lavoro propone non un'unica prospettiva professionale, ma molte e, nel caso dei lavori interinali, addirittura decine: negli Usa si calcola che ogni giovane al primo impiego cambierà almeno sette professioni principali nell'arco della propria vita.

Da tale radicale trasformazione non deriva soltanto l'incertezza lavorativa (e le condizioni economiche a essa correlate): la ripercussione piú evidente è proprio sull'identità del soggetto. Un noto psicologo italiano, Sebastiano Bagnara – individuandovi un fattore di estrema vulnerabilità –, chiama «identità joysiana» quella di chi, non potendosi descrivere per l'attività che conduce e in cui si identifica, deve limitarsi a elencare le diverse tappe della propria vita professionale (evidente qui il riferimento al «flusso di coscienza» dell'*Ulisse* di Joyce). Eppure dovrebbe risultare ovvio che l'impossibilità di dire *chi* siamo nel lavoro, di poter dire solo attraverso quali ruoli lavorativi siamo passati, non può comportare una crescita d'identità armonica né tanto meno un suo graduale e fondamentale rafforzamento. Si diventa uomini e donne anche attraverso il lavoro: ovvero attraverso il sapere, la progettualità, la consapevolezza delle nostre risorse e dei nostri limiti, il senso di responsabilità, la percezione di solidarietà che esso contribuisce nel tempo a costruire e a infondere nell'individuo. E quando tutto ciò viene a mancare o è fortemente in bilico, diventa difficile sapere chi siamo, e rappresentarlo agli altri. In altre parole: un lavoro interinale produce un'identità interinale.

Evidentemente, però, la maggioranza degli adulti della nostra comunità non ritiene terrificante la prospettiva di una futura classe dirigente connotata da un'identità cosí fragile e ricattabile, tant'è vero che nessuno dice una parola a questo riguardo, nessuno individua nella flessibilità del mercato del lavoro un potenziale attentato all'integrità psicologica delle giovani generazioni. Molti si dicono perfino convinti che non debba essere lo Stato a creare le condizioni perché il futuro dei nostri figli possa proporre occasioni di crescita, ma che questo sia il compito della struttura piú arcaica e minima della comunità: la famiglia. Esattamente come nelle società primitive.

Anni fa, mentre stavo consegnando agli studenti del corso di specializzazione in psichiatria dell'Università di Napoli la lista dei testi da studiare per l'esame, un ragazzo mi chiese: «Mi dica la verità... secondo lei è piú importante che studi tutti questi libri o che mio padre conosca la persona giusta cui telefonare al momento del concorso della Asl?"».

Chi può dar torto a quello studente? Eppure non ovunque si ragiona in questo modo. Nella cultura anglosassone, ad esempio, i princip̂i educativi si fondano sulla valutazione del merito e dell'autonomia. Ricordo la risposta di Bill Gates a uno studente che in una conferenza gli aveva fatto notare come i suoi figli avrebbero avuto comunque un futuro facilitato nelle sue aziende. «Dipende: se lo meriteranno...», disse lui senza la minima titubanza. Quanti imprenditori e quanti ministri italiani avrebbero risposto nello stesso modo?

Molti giovani nostrani sono dunque portati a pensare che se hai un papà ricco sei a posto: toccherà a lui trovarti una sistemazione lavorativa, competerà ai genitori regalarti la casa. La crescita individuale, la costruzione dell'immagine di sé, il rafforzamento dell'identità passano ancora troppo spesso, nella cultura della nostra comunità, attraverso la mediazione familiare, con conseguente esposizione a ricatti, divieti, irresponsabili facilitazioni.

Pensiamo a un altro problema di enorme importanza per la crescita delle giovani generazioni: la casa. Da anni, ciclicamente, la stampa lancia l'allarme «mammoni»: non sono certo pochi quelli che – anche se non piú giovanissimi – non hanno nessuna intenzione di lasciare la casa dei genitori, ritengono che sia un loro «diritto acquisito» di fronte al quale molti padri e madri non riescono a trovare argomenti per opporsi, anzi spesso capitolano. Recentemente tale «diritto acquisito» è stato maldestramente confermato dall'Alta Corte, la quale ha decretato – a proposito di un genitore che si rifiutava di continuare a mantenere una figlia ultratrentenne con lavoro, ma intenzionata a non mollare casa e relativi vantaggi della famiglia d'origine –, l'inesistenza di un limite d'età che obblighi un giovane a mantenersi autonomamente, per cui i genitori sono tenuti all'obbligo del sostentamento anche in presenza di alternative credibili. Una sentenza del genere contiene un tasso d'irresponsabilità enorme: è stata scritta da giudici che evidentemente non si rendono conto del danno prodotto dall'avallare le incapacità decisionali di milioni di ragazzi e ragazze e le simmetriche incertezze dei loro genitori.

Da neolaureato ho vissuto e lavorato molto all'estero, soprattutto nell'Europa del Nord: ricordo l'alloggio che dividevo con altri studenti dell'Università di Amsterdam, nel centro storico della città. Era modesto, ma comodo, e soprattutto costava poco: la proprietà era della municipalità. Esiste forse una città in Italia che ha predisposto un piano-case per i giovani (tutti, anche quelli non sposati in chiesa, come prescrive qualche governatore regionale ultraconservatore)? Probabilmente non lo riteniamo una priorità, pensiamo che i nostri figli debbano poter continuare a vivere sotto il tetto di mamma e papà, che finalmente non dovranno piú temere di rimanere soli senza sapere cosa dirsi.

Con questo, non voglio affermare che il futuro delle giovani generazioni dipenda solo ed esclusivamente dal lavoro e dalla casa: la questione è ovviamente piú complessa.

È appena alba e c'è nebbia, l'autista che mi sta portando all'aeroporto percorre un viale alberato. La sera precedente avevo incontrato gli industriali del «distretto del mobile», un'area produttiva in provincia di Pordenone dove si fabbrica oltre l'ottanta per cento delle sedie di tutto il mondo.

In fondo a un rettilineo s'intravedono nella foschia luci blu intermittenti, ci avviciniamo, le auto della polizia sono accostate al fosso laterale, due giovani sul ciglio della strada piangono: un lenzuolo già ricopre parte della carcassa di un'auto di grossa cilindrata con dentro il loro amico morto.

Il «distretto del mobile» produce lavoro: la disoccupazione è praticamente inesistente da queste parti – le mansioni piú dure e meno remunerate vengono lasciate ai lavoratori stranieri –, ma i giovani autoctoni, incredibilmente, non beneficiano delle potenzialità inscritte in questo sviluppo, soffrono della noia che conduce alla necessità di eccedere, di strafare.

Si viene a realizzare, infatti, una contraddizione: da un lato c'è una generazione che ha privilegiato il lavoro come obiettivo unico e immodificabile per una buona prospettiva di vita (il mito delle tre «c»: capannone, camion, casa); dall'altro, proprio la crescita economica prodotta da quell'abnegazione porta i figli di quella generazione a rifiutare l'idea che continuare in un simile sacrificio sia necessario. Raggiunti i privilegi dopo decenni di crescita, le possibilità di scelta per le giovani generazioni sono, paradossalmente, ancora limitate: consumi troppo facili si sostituiscono all'etica – e all'ossessione – del lavoro, un presente vorace sta al posto di un futuro piú evoluto, un progresso reale ma privo di strumenti non riesce a concepire e disegnare se non la piú monotona delle quotidianità. Gli industriali del «distretto del mobile» sono giustamente fieri dell'assenza di disoccupazione, ma non potrebbero esserlo altrettanto dell'altissima percentuale di precoce abbandono scolastico che si registra proprio in quella regione.

Senza cultura non c'è libertà, non c'è scelta. Non c'è crescita sociale, né reale benessere. A meno che non s'intenda per benessere soltanto quello materiale, l'accumulazione delle cose, della «roba», come si direbbe da quelle parti. A meno che non s'intenda per privilegio correre ubriachi nella nebbia.

Ma se generazioni intere si sono ammazzate di fatica per raggiungere questo benessere, allora perché non goderselo sul serio? Perché non ammettere che la qualità della vita si misura soprattutto sul valore che attribuiamo al tempo, che non è dimensione delle ore occupate unicamente a produrre o a consumare, ma anche di quelle spese a conoscere e a conoscersi? La riforma della scuola sembra privilegiare l'aspetto dell'avviamento professionale: un errore marchiano.

I nostri nonni avevano solo qualche ora la domenica per riposare, noi abbiamo inventato i week-end, i nostri figli e nipoti dovrebbero potersi godere fine-settimana di tre giorni: questo vorrebbe dire la misura di un progresso reale. Ma se si potrà vivere, e vivere bene, producendo meno, chi insegnerà alle nuove generazioni a non lavorare? Pensate che sia facile riuscire a non fare assolutamente nulla per un intero pomeriggio – nemmeno una telefonata o un giro al centro commerciale –, senza sentirsi in colpa? È una delle cose piú complicate in assoluto. Per riuscirci occorre godere di una pre-condizione psicologica fondamentale: essere sereni.

Siamo tarati sul lavoro (e sulla distanza tra noi che il lavorare ha da sempre favorito), secoli di storia ci hanno insegnato a identificarci con ciò che facciamo, ma questa è solo una parte – importante, come abbiamo visto –, non l'intera nostra identità. E allora occorrerebbe che la scuola (ma anche i genitori) insegnasse ai bambini e agli adolescenti che cosa si fa quando non si lavora, quando non si produce (e quando non si consuma). Altro che avviamento professionale: la scuola dovrebbe insegnare a saper stare da soli, a vivere passioni, a mettere le emozioni al centro della nostra vita.

Per selezionare il personale da assumere (in genere, giovani con meno di trent'anni e di cultura medio-alta), una famosa azienda di telefonia ha recentemente cambiato metodo, un tempo basato su analisi di curriculum e colloquio; oggi il curriculum non è piú cosí determinante e il colloquio è finalizzato a verificare se nella vita del candidato esista uno spazio reale per vivere le proprie passioni, qualsiasi esse siano: dalla pesca alla lettura, da uno sport a una forma d'arte. Non appena l'esaminatore sente parlare di questo amore con trasporto e convinzione, quel ragazzo o quella ragazza vengono assunti in prova. Come dire che, se un giovane ha una passione autentica per la musica, l'azienda può ben sperare di riuscire ad allargare quell'amore al lavoro, mentre se la capacità di appassionarsi non c'è…

L'antidoto all'indifferenza che investe l'adolescenza e la giovinezza è dunque quella forma di curiosità per le persone e le cose che consente di stabilire un contatto, di parlare *con* loro, non *di* loro o semplicemente *a* loro: si chiama, appunto, passione ed è un profondo umano straordinario strumento di conoscenza di sé e del mondo. Un salvavita che va impollinato giorno dopo giorno per tutto il tempo della crescita. E tutti lo possono fare: ognuno di noi, qualsiasi sia l'età, il sesso, il ruolo sociale.

Sono da poco finite le vacanze di Natale: uno di quei giorni in cui proprio non si ha voglia di uscire dal letto, quando la seduzione del tepore di un piumino si mischia alla sensazione di colpa perché non si riesce a cominciare nulla. Stancamente apro il computer, mi colpisce una nuova mail perché viene da Salina, una delle isole Eolie, terra lontana, di sogno e di sole, difficile da immaginare in una giornata cosí, ma utile per guardare oltre un'uggia troppo normale.

È una giovane insegnante di scuola media a scrivere: parla delle difficoltà a capirsi con i colleghi, ma anche del mondo meraviglioso dei suoi alunni adolescenti. E del vento che quel giorno portava pioggia e sabbia rossa ma poi trascinerà via nel cielo le sagome scure e i brutti pensieri che spesso vi si addensano.

Vivere in un'isola e non essere isolati nell'anima, anzi galvanizzati da quella sfida, dice Stefania. E lo si capisce dall'entusiasmo con cui ha inzuppato le parole che un'impropria – perché impersonale – tecnologia mi restituisce. Una scommessa, quella di riuscire ad essere utili alla crescita di un pugno di ragazzi e ragazze, nonostante la burocrazia, il fatalismo di tanti adulti, la mancanza di mezzi e cultura, nonostante tutto...

Dice Stefania che è difficile cogliere quella sfida senza maestri, senza poter essere sicura della direzione del vento che si è scelto. Dice che comunque ci sta provando, e ha paura. Paura di non riuscire a far crescere i suoi ragazzi ognuno a suo modo, perché occorre essere differenti con tutti e con ognuno. Per educarli a vivere, a sbagliare, a continuare a provarci, a non temere di essere giudicati. Cosí si combatte il male peggiore, quello di non essere guardati ma solo visti, appena attraversati da occhi senza la sosta di un affetto.

Dice Stefania che bisognerebbe essere rivoluzionari, ovvero credere in loro, nei ragazzi. Dargli tutta la passione che teniamo chiusa nel petto, liberarla per loro. Dice Stefania che bisogna insegnargli a volare. Che ognuno può.

Cosí scrive Stefania e immagino la sua scuola in alto sulla scogliera, con le finestre che non riescono a trattenere le stagioni. E la penso fiera di un'idea, seduta su uno scoglio a guardare i gabbiani alti e fermi, trattenuti dal silenzio del mare. Quei grandi gabbiani, che assomigliano ai funamboli di un circo cosí lontano e presente nella mia mente, maestosi uccelli candidi che, con i loro piccoli occhi, si accorgono dei ragazzi che giocano sulla spiaggia nera di lava, e si accorgono anche di noi minuscoli adulti, a volte pavidi fuggitivi, a volte fieri istruttori di volo.

I figli non crescono piú

A una ragazza, a un ragazzo

Forse l'hai già capito: non è facile crescere, ancor meno diventare adulti.

Essere grandi significa avere piú libertà, piú mezzi economici, ma anche molte piú responsabilità.

Il tuo compito, la tua meta in fondo al viaggio, è diventare migliore dei tuoi genitori.

Alza la fronte. Non farti imbrogliare da chi vorrebbe comprare il tuo consenso con denaro o adulazioni, non ti far bastare ciò che sono disposti a darti. Il tempo ti dirà che le idee sono tanto piú preziose quanto piú sono diverse.

Alza la fronte e non porre limiti alla tua ambizione: i limiti sono fatti per essere superati attraverso passione e capacità. Non è vero che nella vita bisogna accettarsi, piuttosto è fondamentale sapere che ti puoi migliorare, qualsiasi sia la stagione che stai attraversando.

Sforzati di trovare il coraggio per dare spazio alla tua creatività, confida nel tuo talento cercandolo ogni giorno e ogni notte dentro di te.

Raschia il barile delle tue capacità, scopri ogni cunicolo della tua anima ma non donarla mai tutta, riservane sempre una briciola per ogni tua prossima passione.

L'esistenza non è una corsa di cento metri, ma una straordinaria maratona e per arrivare alla fine occorre merito, non furbizia; voglia di essere disponibili a meravigliarsi, non in-

fruttuose ricette alchemiche: «Un uomo libero agisce sempre in buona fede e non ricorre all'astuzia», diceva Spinoza.

Non dare retta a chi ti indica le scorciatoie, prova a osare strade difficili, evita tutto ciò che è comodo e diffida di chi te lo propone. Fa' crescere dentro di te rabbia e sete per l'inquietudine.

Non buttarti via, impara a dannarti senza perderti.

Alza la fronte e tieni dritta la schiena.

Ama la tua libertà e difendila da tutto e da tutti; adora la tua autonomia: le dipendenze non fanno crescere, aiutano soltanto a smarrire il senso del viaggio.

Non farti atterrire dall'urto delle tue emozioni, contamina con l'eco di quel rombo magnifico chi, accanto a te, ha abbassato lo sguardo.

Impara che hai diritto a pensare che nella vita si possa e si debba tentare e sbagliare, e che nessuno ti deve poter giudicare per gli errori che commetterai, ma semmai per le omissioni che ammetterai a te stesso.

La riga la si tira alla fine, non certo a vent'anni, e, quando ti verrà di guardare alla vita come a una straordinaria vallata percorsa, avrai finalmente capito che la sera cui sei giunto conosce segreti che il lontano mattino nemmeno poteva immaginare; ma dovrai anche sapere che ciò che di buono è stato l'hai costruito tu, cosí come anche ciò che le tue forze non sono state capaci di compiere.

La fatica di crescere

Conosco bene questa città. Mi ci sta portando un tassista preso al volo all'uscita dell'aeroporto. Incautamente gli ho fatto fretta, lui mi rassicura in un italiano incerto che sa molto piú di Maghreb che di Padania: «Quindici minuti e ci siamo...» «Un po' poco», penso, ma sta già volando tra due file di Tir che occupano l'autostrada. Suona il clacson come se conducesse un'ambulanza o dovesse farsi largo in un mercato di Tangeri, abbaglia chiunque di fronte a noi tenti un sorpasso e la foschia, bruscamente illuminata, sembra infittirsi. Guida tranquillo: cespuglio di capelli neri raccolti in un codino, musica franco-araba: ne tamburella sul cruscotto il ritmo con le dita inanellate della destra, la sinistra impugna il volante ricoperto di plastica maculata.

Dal mio scomodo sedile posteriore ciò che vedo e odo appare incomparabile con i ricordi della mia adolescenza in questa terra di Nord-est allora lenta e dolce, ora scattante e scostante. Segnali di un'evoluzione straordinaria e inquietante: il traffico impazzito, la distesa di capannoni che ha sommerso i campi di erba spagna, il confronto ravvicinato con gente che un tempo s'incontrava solo viaggiando lontano, quindi con differenze, modi di fare, colori, musiche. Anche un taxi può contenere una metafora, quando i cambiamenti avvengono a ritmo cosí sincopato.

Finalmente, dopo neppure un quarto d'ora, la mia freccia nordafricana annuncia che siamo arrivati a destinazione. Lui ride e io non chiedo il resto.

Ogni volta che torno in un posto dove sono già stato per una conferenza mi assale una sensazione ambigua: da un lato la consapevolezza e la responsabilità di rappresentare per qualcuno un punto di riferimento non effimero, dunque una conferma anche per me; dall'altro la paura che le persone possano essersi in qualche modo assuefatte alle parole. M'intralcia il timore di ripetermi.

I lampioni al neon del piazzale della Fiera opacizzano una nebbiolina fastidiosa, raddensano un'idea familiare d'umidità pervadente, capace d'infilarsi sotto il cappotto, dentro le scarpe. Nonostante la concomitanza con l'ennesima partita internazionale di calcio, il parcheggio è pieno di macchine: quasi tutte di lusso, compresi i gipponi aggressivi con le gomme giganti e i paraurti lucenti dei telefilm americani.

Superate le grandi porte di vetro, nel salone d'accesso si allungano file di uomini e donne silenziosi, ordinati secondo l'iniziale del cognome.

Per raggiungere il palcoscenico, mi fanno salire da una scala laterale. Devono provare i microfoni, indicarmi la poltrona, discutere la scaletta della serata, i tempi degli interventi introduttivi: tutto procede con precisione, come la preparazione puntigliosa della prima di uno spettacolo. Si percepiscono entusiasmo, ansia, eccitazione. Dalla fenditura del sipario riesco a vedere quasi interamente la sala: sembra enorme, impossibile da riempire, eppure grado a grado il panno rosso delle poltrone scompare, coperto da sagome di persone di ogni età. Qualcuno potrebbe essere già nonno, altri sembrano giovani coppie fresche d'innamoramento, c'è perfino qualche gruppo di adolescenti: raro, in una manifestazione dedicata agli adulti.

Nelle due aree attrezzate per i bambini che avevo notato all'entrata, un gruppo di animatori dipinge assieme ai piccoli figli dei partecipanti grandi fogli stesi sul pavimento: un segno dell'intelligenza e sensibilità degli organizzatori. Chi ha lavorato per la riuscita della serata non è un'università o una parrocchia, nemmeno un'amministrazione comunale o un'associazione di genitori o una scuola, ma la Confederazione degli artigiani di Vicenza.

In questi luoghi generalmente si parla di lavoro, produzione, sindacato, tasse e sgravi fiscali, delocalizzazione, arrembaggio dei cinesi; invece questa volta si discute di famiglia, di figli, di educare. Anzi, si avverte la necessità di organizzare una «scuola per genitori» funzionante per un intero anno, che prevede conferenze, seminari, focus-group.

Nulla avviene per caso, diceva il maestro.

L'incontro si prolunga fino a tardi. Sembra che la gente non abbia fretta di tornare a casa, eppure domani si lavora. Forse sentono di aver ricucito, almeno per un attimo, il senso di una comunità: hanno trovato l'occasione per spegnere una volta tanto la televisione e uscire di casa, incontrarsi, confermarsi l'un l'altro d'esser fatti della stessa pasta. Assaporano il significato di parlare di sé con concittadini che sentivano alieni, ormai; e invece sono proprio gli stessi problemi quotidiani che questa volta non affrontano da soli, ma seduti vicini.

Sono arrivati sin qui a sentire di essere ancora vivi: arrabbiati o convinti, stanchi o indignati, dubbiosi o entusiasti, ma vivi. Vivi e preoccupati: di cosa, non è facile capire. Però a guardare quella folla, ad ascoltare le domande si percepisce il profondo, drammatico cambiamento di questi ultimi quarant'anni.

Non si tratta soltanto di una transizione economica, dell'essere passati, nel giro di qualche breve lustro, dalla polenta alla Bmw.

I processi produttivi – in qualche modo, per lo piú positivo – questa gente è stata capace di gestirli. Soltanto che ora ha capito che un simile sforzo, per quanto grande, non basta piú, si è resa conto che proprio questa straordinaria promozione sociale ha prodotto effetti collaterali impensabili soltanto qualche anno fa. Effetti che hanno avuto un bersaglio speciale, fondamenta dell'intera comunità: il rapporto tra le generazioni, ovvero come progettare un futuro possibile per tutti.

Terminata la conferenza, stemperato il dibattito, gli organizzatori m'accompagnano a bere un bicchiere di vino e a mangiare qualcosa. Un artigiano si siede a fianco a me, la voce di chi ha voglia di confessare un problema grave. «Ci ho messo quarant'anni di fatica e sudore per tirare su un capannone, adesso dirigo un'azienda che funziona, vendiamo bene i nostri prodotti in tutto il mondo anche se in giro c'è crisi. Ho un figlio di ventotto anni, mi piacerebbe lasciare ciò che ho costruito a lui, ma se lo faccio quel capannone tra sei mesi non c'è piú. E sa perché? Quel ragazzo non sa far niente, ha preso un diploma senza impegnarsi, è iscritto all'università e fa sí e no un paio d'esami all'anno, vive in casa con noi, ha una fidanzata che come lui pensa solo a divertirsi, non hanno nessuna intenzione di sposarsi figuriamoci di mettere su famiglia. Mia moglie è disperata come me ma lo difende sempre, lo chiama "poverino"... Cosa dovrei fare, prenderlo a calci o abbandonarlo alla sua vita insulsa?»

Un altro imprenditore ascolta con particolare interesse, si unisce al lamento: «Anch'io sono nella stessa situazione. Mio figlio sta per compiere trent'anni e non fa nulla nemmeno lui. Con mia moglie abbiamo deciso di costringerlo ad andare a vivere per conto suo, sperando che cosí cominci a capire cos'è la vita. Gli abbiamo comprato un appartamentino nel nostro stesso quartiere, lui c'è andato con la ragazza, l'hanno arredato... poi l'ha affittato a un amico ed è tornato a casa da noi. Mia moglie, tutto sommato, non è dispiaciuta. Cosa dovrebbe fare un padre, con un ragazzo cosí?»

Cerco di allargare la discussione agli altri commensali: risultano piú o meno tutti nelle stesse condizioni.

Le ragioni del declino sociale ed economico del Paese non sono dunque nascoste soltanto nella globalizzazione o nell'improbabile concorrenza di Paesi dell'estremo Oriente, una ragione profonda, quasi indicibile ha invece a che fare con ciò che abbiamo voluto e saputo trasformare e con ciò che abbiamo voluto mantenere. Una radice che s'insinua e ramifica fin dentro le nostre case, nei salotti, nelle camere dei nostri figli.

Cerco d'immedesimarmi nel dramma di quell'artigiano imprenditore: il capannone è stato capace di tirarlo su – con enorme fatica, ingegno e coraggio – e forse anche di ingrandirlo, ma ha fallito nella cosa piú difficile: l'educazione dei propri figli. Lo guardo, mi chiedo se quell'uomo rappresenti un'eccezione o una regola deviata di una comunità mal cresciuta.

Temo il peggio. Mi torna alla mente la lettera di una signora toscana alla rubrica che tengo da tempo in un settimanale di grande diffusione. Vado a rileggerla. Fa impressione: il contenuto è straordinariamente coerente con il racconto dell'imprenditore vicentino. Vite analoghe, stesse preoccupazioni, stessa fragilità. Ne trascrivo un brano:

«... mio figlio di ventitre anni ha smesso di frequentare l'università (ha dato sette esami) già alla fine dello scorso anno accademico. Da allora non si occupa piú di niente, e all'invito: "Cercati un lavoro" scappa via coprendosi le orecchie per non sentire; se insisto comincia a essere violento e diventa capace di rompere una porta a pugni. Non si vuole prendere la responsabilità di una persona adulta qual è... Io e mio marito abbiamo provato in tutti i modi a fargli capire che il lavoro è alla base del suo avvenire, ma lui sfugge o rinvia, e alla fine tutto rimane come prima: dorme fino a tardi, ascolta musica, fuma, vede tv e dvd. E basta. È cosí ormai da otto mesi e non vedo vie d'uscita. Mi dia un consiglio lei su come affrontare questa situazione e a chi eventualmente rivolgermi per essere aiutata...»

Di solito, quando ascolto un'argomentazione cosí largamente condivisa, cerco di vedere dove si nasconde l'eccezione che la conferma: è un piccolo trucco che funziona per capire meglio le cose. Propongo quindi a quel gruppo di imprenditori di pensare se tra i colleghi ve ne sia uno con una storia familiare diversa, opposta. Confabulano un poco, poi uno mi dice: «Sí, ha ragione lei, uno ce n'è...» E mi raccontano la storia di Nello.

Nello è un artigiano come loro e come loro ha creato un piccolo patrimonio dal nulla: un lavoro da bestia per quarant'anni, creatività, un briciolo d'astuzia. Risultato: dal niente, da un piatto di baccalà a una florida azienda di macchinari di precisione venduti soprattutto negli Usa.

Nel frattempo a casa la famiglia cresce apparentemente tranquilla: la moglie che appena può dà una mano a tenere i conti dell'azienda; una figlia che presto si sposa; un figlio, Bruno, simpatico e un po' indolente. Finito il liceo, quest'ultimo s'iscrive a Economia e commercio, ovviamente a pochi chilometri da casa. Eppure non frequenta, non dà esami, in casa non collabora: sopravvive senza gioie e senza lamenti. Finché il padre, dopo l'ennesima litigata, lo mette con le spalle al muro: «Ti devo dare due notizie», lo avverte risoluto, «una peggiore dell'altra: la prima è che domani mattina verrà il falegname a cambiare la serratura della porta di casa, né io né tua madre ti daremo una copia delle chiavi, quindi tu sarai fuori. La seconda è che se vuoi sono pronto a pagarti viaggio e iscrizione al master negli Stati Uniti di cui abbiamo tanto parlato e che tu non hai mai preso in considerazione. Prendere o lasciare. Hai tutta la notte per pensarci, domani mattina presto voglio una risposta».

L'indomani il ragazzo, molto a malincuore, comunica la decisione di partire per gli Usa. Tre anni piú tardi, Bruno è tornato in città e ha messo in piedi un'azienda che adesso funziona a gonfie vele. L'unico vero valore aggiunto di quella generazione.

Andare, o essere costretti a trasferirsi all'estero implica un'esperienza fondamentale che impone una maturazione impensabile tra le quattro mura domestiche, cullati e viziati da benessere e comodità. Significa essere costretti a confrontarsi con realtà culturalmente e socialmente diverse, ad acquisire un punto di vista meno provinciale, a imparare a fare conto sulle proprie forze e capacità. Durante questo percorso non può che crescere l'autostima e il senso dell'intraprendere a essa correlato. Ma se queste osservazioni rischiano di essere scontate tanto sono condivisibili, perché un genitore deve arrivare a minacciare di cambiare la serratura di casa per fare in modo che il figlio si possa salvare dalla mediocrità grigia del quotidiano imbottito di privilegi in cui si lascia vivere?

Naturalmente le responsabilità non vanno cercate solo nella generazione dei genitori: un fenomeno cosí articolato rimanda a una rete che comprende le omissioni dei figli, la disfunzionalità della scuola, la miopia delle istituzioni che governano e amministrano la nostra comunità.

Il problema è che gli unici ad avere una qualche coscienza di ciò sembrano proprio i genitori: quegli uomini e quelle donne che nell'immensa sala della fiera di Vicenza ancora a mezzanotte continuavano a parlare, chiedersi, ascoltare, cercare e trovare le parole per mettere a fuoco, dire e stemperare dubbi, inquietudini.

Nessun cambiamento sociale, tanto meno quello complesso di cui stiamo parlando, può sperare di essere condotto verso una piena maturità senza che vi sia, al fondo, un processo che porta a una presa di coscienza. Questo normalmente chiedo a un paziente la prima volta che lo incontro: non m'interessa tanto sapere del suo attuale disagio e delle radici prossime e remote del suo star male, quanto piuttosto della disponibilità a cambiare, magari anche solo un capello, la sua esistenza, qualsiasi sia la stratificazione di dolore da cui emerge.

Ed è, lo dice l'esperienza, di gran lunga la cosa piú difficile da ottenere da un individuo.

La famiglia si è fatta fragile, esattamente come il mondo che la circonda. Ogni tanto la politica si cimenta a parlare di aiuti, ma l'unico che riesce a pensare e a dire è il piú banale e inutile: una beneficenza economica direttamente proporzionale al numero di figli o al reddito.

Da decenni la politica non è riuscita a partorire nulla di diverso e meno umiliante della «cottimizzazione» della prole (di per sé agghiacciante).

Un pensiero progettuale dunque è necessario, ma prima di esprimere qualche idea a riguardo vorrei, senza ripetere ciò che autorevoli sociologi hanno descritto in questi ultimi quarant'anni, proporre qualche considerazione introduttiva.

Fino a che la famiglia ha dovuto funzionare come una agenzia che assicurava la sopravvivenza economica delle generazioni a venire, ha correttamente svolto il suo compito: era nella sua cultura, inscritto nel suo Dna. D'altra parte, l'idea di comunità è acquisizione recente, fino a pochi decenni fa era la rete familiare a surrogare ciò che la collettività sociale non era in grado di fornire.

La fragilità è emersa quando alla famiglia si è richiesto non piú soltanto di provvedere alla sopravvivenza dei figli, ma di educarli: non potevano piú bastare i soldi, la salute, gli studi, ma diventava fondamentale la costruzione delle fondamenta della comunicazione emotiva e dei legami affettivi. Esattamente ciò che per secoli era apparso del tutto opzionale.

Questa diversa e piú complessa aspettativa è maturata proprio quando la struttura organizzativa della famiglia è mutata: da una logica gerarchica (una piramide con al vertice il maschio anziano e alla base i bambini), a una orizzontale (con un potere comparabile di tutti i membri).

In questa complessa trasformazione, il benessere economico e la declinazione dei diritti individuali hanno indotto, piú di molti altri fattori, un'ancor piú profonda mutazione della struttura familiare. Non parlo di transizione in termini meramente organizzativi, ma soprattutto di alcune ricadute di quel soqquadro sul mondo relazionale.

Dibattito in Val d'Ossola, provincia con il piú alto numero di separazioni d'Italia. Fa freddo e piove da tre giorni. Da queste parti si lavora come due secoli fa, oggi però si fanno soldi, si costruiscono villette con tutti i comfort, e poi si fa molto presto a odiare la persona che condivide quella cattività dorata.

Alle persone convenute nella bella sala del teatro multifunzionale ricavato da un'ex filanda chiedo: «Se fossi un mago e potessi triplicare d'incanto le vostre individuali, e già notevoli, risorse… se ogni uomo e ogni donna di questa comunità potesse godere da domani mattina di un ulteriore privilegio economico, il numero di divorzi crescerebbe ulteriormente o calerebbe?»

La risposta, a larga maggioranza, è la prima.

Basterebbe guardare quanto accade nei Paesi in cui i due sessi hanno uguali opportunità di formazione e d'ingresso nel mondo del lavoro, dove ci si sceglie soprattutto per amore: non dipendendo piú l'uno dall'altra, se non per affetto, si viene a scoprire che il legame familiare coniugato all'autonomia regge molto meno di quello storicamente combinato all'interesse economico e sociale.

In passato ho spesso sentito ripetere una frase un po' ipocrita: «Non mi sono separato/a per tutelare i miei figli...»; nella mia professione mi son dovuto confrontare con ragioni piú prosaiche per non arrivare al divorzio: appartamenti, automobili, cameriere e baby-sitter, conti bancari, vacanze. Insomma, un certo benessere cui, comprensibilmente, nessuno dei coniugi è disposto a rinunciare.

Un doppio grimaldello si è dunque incuneato nella piú antica delle nostre radici: la diffusione del privilegio economico e dei diritti civili.

Il primo tende a portare all'autarchia, cioè alla possibilità reale di non dipendere necessariamente dal partner (e di non doverlo scegliere per le sue capacità economiche); il secondo al prender coscienza che non è scritto da nessuna parte che l'unione matrimoniale debba prevedere subalternità e obbligo di prolungare una relazione privata di senso affettivo ed emotivo.

Quando si parla di assottigliamento della struttura familiare, non si tiene abbastanza in considerazione che essa è complessa (non solo funzionalmente, come abbiamo visto, ma anche e soprattutto relazionalmente).

Per chiarirmi meglio vorrei citare, a questo riguardo, il ruolo della terza generazione (i nonni) in rapporto alla modificazione descritta.

Il maggior potere d'acquisto ha diffuso benessere in tutte le generazioni, nonni compresi. Non a caso il maggior tasso di separazioni e divorzi si registra, da qualche anno, proprio nella sottopopolazione rappresentata dalle persone anziane: segno evidente che, se si possiedono mezzi economici sufficienti, non si è disposti a sopportare malversazioni né a rinunciare alla libertà nemmeno a settant'anni (credo però che anche certa chimica «miracolosa» sul piano sessuale giochi un ruolo non sempre secondario nell'accelerazione e diffusione del fenomeno).

D'altro lato, una pensione piú generosa e qualche gruzzolo messo da parte permettono scelte di vita sostanzialmente diverse dal passato: ad esempio il poter scappare in qualche località di mare invece di passare interminabili inverni in una metropoli puzzolente.

Se il nonno e la nonna hanno deciso di non vivere piú assieme o si sono comprati una multiproprietà alle Canarie, il risultato dal punto di vista relazionale tra generazioni non cambia granché: non sono piú cosí vicini ai nipoti (neanche in senso fisico) o disponibili per loro, non cucineranno crostate per le loro feste, ma manderanno bellissime cartoline.

Per quanto possano essere importanti i cambiamenti avvenuti nelle zone «periferiche» della rete familiare, probabilmente però, il terremoto piú consistente si è verificato nella relazione tra genitori e figli.

Oggi in buona parte del Paese padre e madre lavorano entrambi, quindi le famiglie si sono assottigliate essendo venuto a mancare, come abbiamo appena visto, anche la rete di supporto dei nonni. Ciò ha comportato un aumento dei sensi di colpa in entrambi i coniugi. E i sensi di colpa – è facilmente intuibile – riducono la capacità di educare con autorevolezza. In questo modo si possono almeno in parte spiegare i comportamenti improntati a una inconsistenza altrimenti incomprensibile di molti genitori che sembrano costantemente sul punto di naufragare quando devono assumere decisioni o pronunciare semplicemente un «no».

Per non parlare poi delle famiglie fratturate o monogenitoriali o di quelle che si ricompongono (a volte con una fretta pari solo alla indisponibilità e incapacità degli adulti di passare un periodo di tempo da soli). Declinazioni ineccepibili dei nostri diritti e delle nostre libertà, ma anche esperienze nelle quali – là dove l'allontanamento non è gestito dalla coppia con maturità e consapevolezza – i figli possono accumulare sentimenti abbandonici che si riverseranno sulla loro formazione sentimentale (a volte accresciuti dall'insipienza di certi giudici dei tribunali dei minori e dalla ferocia di certi avvocati che trasformano i figli in pacchi postali o in materia di risarcimento).

La famiglia fragile, dunque, di tutto avrebbe bisogno fuorché di un aiuto economico o di uno sconto sul 740, anche perché il benessere materiale non risulta necessariamente un fattore protettivo ma, al contrario, come dimostrano gli esempi del Nord-est, una condizione di rischio ulteriore.

La famiglia fragile ha bisogno di un progetto laico (finora se n'è interessata quasi esclusivamente la cultura cattolica) che non tragga la propria ispirazione da moralismi e ipocrisie né tanto meno da malinconici auspici di ritorno a un passato che nessuno in buona fede può ricordare solo con gioia.

Le nuove organizzazioni familiari (penso anche, ad esempio, alle coppie di fatto) hanno bisogno di servizi (scuole migliori, trasporti piú efficienti, città funzionanti), non di denaro; di consigli e occasioni di confronto sui problemi reali, non di vincoli di legge.

Esperienze come la scuola per genitori di Vicenza (quasi ottocento presenze di media ogni mese) dimostrano che vi sono strade percorribili e organizzabili con un poco di buona volontà.

Una ragazza minorenne rimane incinta, l'ecografia scopre che il feto è molto sofferente.

Due possibilità di scelta, entrambe devastanti per qualsiasi donna, figuriamoci per una giovanissima: portare a termine la gravidanza e far nascere un figlio gravemente malato o interromperla assumendosi il peso di uno straziante e infinito senso di colpa? La madre della ragazza manifesta apertamente la sua contrarietà a quell'interruzione e intende esercitare la propria potestà.

La decisione che consente l'aborto viene però presa da un tribunale che tuttavia non potrà curare certo la ferita immensa che ha lacerato ancor piú il rapporto tra quella madre e quella figlia, né aiutare l'adolescente ad affrontare la vita meno sola.

Non si tratta solo dell'ennesimo caso di dolore privato profanato dalla cronaca, di un lembo di straordinaria intimità azzannato dalla morbosità pubblica: è anche un'occasione utile per capire la direzione del nostro cammino.

Al di là degli aspetti morali e giuridici, questa dolorosa vicenda ripropone infatti un tema ostinatamente rimosso: il senso di responsabilità dei giovani.

L'inizio della maggiore età al compimento del diciottesimo anno è una convenzione stipulata in tempi ormai lontani, incomparabili con la realtà che viviamo. I ragazzi di allora non godevano delle enormi libertà attuali: a quattordici o quindici anni spesso si ha il permesso di tornare all'alba dalla discoteca, di passare la notte a casa della ragazza (e viceversa), di andare in vacanza con gli amici. Quando quel legislatore scriveva, gli adolescenti non godevano ancora dell'infinita informazione consentita da internet, non potevano vedere certi film: oggi non possono solo comprare sigarette e bevande alcoliche, ma anche un volo *last minute* per andare ovunque con pochi soldi.

I pediatri affermano che oggi le mestruazioni compaiono in media molti mesi prima rispetto a quarant'anni fa: vuol dire che siamo di fronte a un'evoluzione che anticipa le tappe della crescita. Ma se gli adolescenti crescono cosí precoci, perché non metterli nella condizione di essere anche responsabili? Se pretendono e ottengono una grande libertà individuale, perché non spiegare loro che crescere significa anche acquisizione di maturità? Perché non indurli ad assumere i doveri connessi all'acquisizione graduale di un senso di una piena cittadinanza?

Quando una ragazza fa l'amore con il proprio ragazzo a sedici o diciassette anni, deve assumere le responsabilità che tale relazione inevitabilmente comporta: ridurre l'assunzione dei doveri connessi ai loro diritti significa non fidarsi di loro.

La contraddizione piú palese nell'idea odierna di educare risiede proprio nell'indurre una crescita – fisica e psicologica – non corrispondente alla maturazione, cioè al senso di responsabilità. Sarebbe come concedere ai quattordicenni di prendere il foglio rosa e poi proibirgli l'acquisto di un'automobile fino a trent'anni.

L'età evolutiva è infatti sempre piú caratterizzata da

un aumento di aspettative sociali. Una per tutte: mentre la riforma scolastica prevede che i preadolescenti scelgano il proprio futuro professionale, parallelamente decresce e si marginalizza il loro ruolo nella comunità a cominciare proprio dalle nuove regole che disciplinano il marcato del lavoro. Piú s'accresce il bisogno di formazione (anticipazione dell'età d'ingresso nella vita scolastica e allungamento della formazione universitaria attraverso la nascita di una pletora di master e dottorati), meno il mercato è disposto a riconoscere le giovani professionalità sia dal punto di vista normativo che salariale.

Stando cosí le cose, se è dunque urgente pensare a un reale inserimento dei giovani nella comunità, perché non prendere in considerazione un atto d'indubitabile e clamorosa dichiarazione d'impegno da parte degli adulti, una prova d'interesse reale al contributo dei ragazzi: perché non far votare i sedicenni?

Da un lato gli adulti sarebbero indotti a stemperare anticipatamente l'eccessiva tutela, dall'altro gli adolescenti comincerebbero a capire che non possono solo chiedere, ma devono anche offrire (finalmente si potrebbe avere una rappresentanza vera dei giovani, non quelle buffonate dei consigli comunali per adolescenti che suonano come un'insopportabile presa in giro). Un sindaco, un deputato sarebbero costretti a rivolgersi anche a loro per ottenere consenso, cosí ascolterebbero richieste altrimenti sconosciute, quanto meno in campagna elettorale. E la politica, finalmente, si svecchierebbe nelle persone e nelle idee.

La cronaca quotidiana, in particolare quella drammatica, contiene sempre aspetti metaforici: i limiti, le eccezioni servono a comprendere la norma, ovvero dicono di noi, di come siamo fatti. Aiutano a capirci.

In un piccolo borgo in provincia di Lecco, le luci delle telecamere si sono subito spente: rimane il ricordo di Mirko, un bambino che non giocherà mai, le foto di una giovanissima madre che ha buttato l'esistenza con un gesto sconsiderato. Quel dramma rischia di essere archiviato con l'aiuto di etichette zeppe di facili parole che segnalano la necessità di affrettare la rimozione: «raptus» e «depressione post-parto» sembrano chiavi psicologiche per spiegare, mentre sono solo strumenti per allontanare responsabilità individuali e collettive che invece non debbono, una volta ancora, essere schivate.

Qualche elemento di riflessione.

La solitudine tra e nei giovani. Non mi riferisco all'*essere* soli (oggi non lo è quasi nessuno), ma al *sentirsi* soli: il non poter dire di sé perché c'è fretta e comunque non si sarebbe capiti, solo giudicati. Penso alla specifica solitudine legata alle aspettative: magari quelle di una ragazza che, se fosse vissuta quarant'anni fa, avrebbe soltanto cercato di essere una brava madre, avrebbe saputo rinunciare a una gran parte della propria vita, quella costituita dalla libera scelta, dalle emozioni, dall'inseguire un sogno: il destino, per milioni di donne. Oggi non è piú cosí, per fortuna. Solo che le aspettative possono uccidere, proprio perché creano un'attesa sproporzionata a ciò che la quotidianità può offrire: tra quello che si vorrebbe vivere e quello che si teme di dover vivere si stabilisce un vuoto immenso, dove risuona un'infinita disperazione.

E il corpo diventa l'emblema, il simbolo di un'indicibile sconfitta. Quel corpo dapprima idolatrato, strumento per accedere al sogno, alla vita luccicante dove non si è piú una qualunque ma parte di un luna-park possibile; poi improvvisamente peso incongruo, bocciato, indistinguibile cornice dolente, piccolo essere in una massa costretta a rientrare nella quotidianità scandita da file al supermercato, da qualche sabato sera in pizzeria e da lunghe ore a guardare le altre – quelle che non si sa perché ce l'hanno fatta – che sgambettano in una trasmissione televisiva.

Il corpo gonfiato da una gravidanza che sancisce la fine dell'illusione, che partorisce l'icona dell'impossibile, rabbia altrimenti inesprimibile, oggetto di un odio inconfessabile.

E di tutto ciò non poter parlare. Tanto, chi capirebbe? E poi, cosa cambierebbero il parlare, l'essere ascoltati?

L'incomunicabilità. «Era una ragazza solare, serena, non può essere stata lei...» ripeteva davanti alle telecamere una vicina. Ovvero le nostre relazioni superficiali, dove conta soltanto il sorriso incrociato dal panettiere, il vestito appena comprato, l'automobile lavata per il weekend. Una comunicazione basata su una consolazione pallida, sulla condivisione di una resa senza ribellione, sull'abbandono di ogni ambizione.

«Ciao come va? Tutto ok?» «Ok». Fine, ognuno a casa propria, lontani, alieni. È il linguaggio trito di molti giovani e non solo. Se uno volesse rispondere: «No, non va bene per niente!», manderebbe nel panico l'altro, perché quella risposta non è prevista dal loro e dal nostro laconico vocabolario. Quel grido di dolore richiede tempo, ascolto: perle rare nella comunità dei privilegiati.

Fino a qualche decennio fa si poteva dare la colpa all'ignoranza e alla miseria, ma oggi come si fa ad affermare che siamo ancora cosí incapaci di conoscere l'altro nonostante la modernità sbandierata, i diritti conquistati, la vita allungata?

A cosa servono gli strumenti di comunicazione di cui ognuno è dotato? A cosa, se nessuno può nemmeno urlare «Sto male!», se milioni di persone si sfiorano senza guardare l'altro per paura che il suo dolore rispecchi il proprio?

Temo che la morte del piccolo Mirko sia stata inutile: quando i giudici accrediteranno alla madre le attenuanti del caso, i preti avranno già chiesto pietà e perdono, i giornali scordato, gli psichiatri ancora una volta racchiuso quell'immenso dramma in un piccolo, facile passe-partout: depressione.

Molti si saranno convinti di aver detto ciò che c'era da dire, tutti saranno tornati a dormire irresponsabili.

Di quella metafora non si è voluto capire, è rimasta come un mazzo di fiori davanti alla tomba con due date troppo vicine tra loro.

Metafora incompresa, afona, fastidiosa.

Quando la cronaca riporta vicende di madri che uccidono i propri figli, pensiamo subito alla donna assassina o tutt'al piú al marito e alla famiglia: quasi mai al bambino, la vittima. Come se quell'infante non esistesse piú oltre a quel massacro, come se chi non aveva diritti prima, ne avesse ancor meno dopo.

Quando le brutte vicende di tutti i giorni ci parlano di un bambino straziato da un adulto pensiamo che quello sia il delitto dei delitti, dunque un'anomalia: e ciò ci solleva. Quell'orrore serve per non pensare ad altri orrori non meno indicibili, anzi a scagionare le coscienze: per una madre che uccide il proprio figlio, ve ne sono milioni che li amano e li rispettano, dicono i benpensanti.

Come se soltanto la morte potesse calpestare il diritto di un bambino a vivere. Non è cosí, secoli di storia della famiglia hanno insegnato che un genitore può percorrere molte altre strade per dimostrare il proprio odio nei confronti di chi ha messo al mondo. L'indifferenza, la lontananza affettiva, il «non vedere» chi dovrebbe ricevere il bene e lo aspetta, possono infliggere un male enorme, farlo durare per anni.

Come dev'essere difficile guardare alla vita con gli occhi di un bambino che si accorge di non essere voluto, come dev'essere difficile non aver paura di un mondo popolato da adulti cosí egoisti e lontani.

Come dev'essere terribile sentire di essere venuti al mondo come un peso, un insopportabile ingombro, un ostacolo alle ambizioni di realizzazione sociale e professionale di una madre o di un padre. Nascere in un mondo cosí emotivamente ristretto insegna a vivere morendo di paura, restringe il punto di vista sulle cose, crea e costruisce apprensione.

Un giovane prete di Milano mi sta accompagnando all'aeroporto. È un ragazzo entusiasta, pieno di vita, lontano anni luce dalla noia stampata sulle facce di tanti suoi coetanei. Mi parla della propria esperienza di maestro di scuola dell'infanzia in una realtà difficile come il centro di una grande città. Non sembra neppure troppo scandalizzato nel raccontarmi che nel suo asilo, per tre bambini su dieci, sono le baby-sitter che vanno a parlare con le maestre. D'altra parte, è logico che si presenti chi conosce meglio il bambino, mi spiega.

La psicologia dell'età evolutiva prevede due fasi fondamentali in successione: l'attaccamento e il distacco (cosí funziona, del resto, per tutti i cuccioli di mammiferi).

La prima riguarda la relazione madre-figlio (ma in teoria potrebbe essere riferita anche al padre o comunque a chi accudisce direttamente il neonato), ovvero la rete di scambio di affetto e emozioni tra il feto prima (inizia infatti già durante la gravidanza) e il neonato poi. Si tratta di un ricamo infinitamente ricco attraverso il quale si stabiliscono comunicazioni verbali e non, ricatti, rinforzi emotivi, frustrazioni. Naturalmente questa fase svolge la funzione di rassicurare sia la madre che il bambino, riaffermando la presenza e la dipendenza reciproca.

La seconda fase, che anch'essa si svolge in modo graduale, dovrebbe portare allo svincolo, ovvero alla completa autonomia e indipendenza reciproca sia dell'adulto che del bambino, un po' come accade alla mamma papera che scivola sull'acqua dello stagno seguita dai suoi paperotti: non esiste in natura il contrario, ovvero che i piccoli pennuti precedano la madre sguazzando. Il che vuol dire che la fase di sgancio passa attraverso l'apprendistato all'autonomia, non certo alla dipendenza.

Eppure, per quanto possano sembrare scontate queste semplici osservazioni, nella nostra cultura tendiamo sempre piú a fare il contrario di quanto la natura suggerisce: ovvero rendiamo piú fragile il periodo di attaccamento e poi, forse perché gravati dai sensi di colpa, piú difficile e problematica la fase di distacco.

L'attaccamento è oggi frammentato attraverso la presenza di figure diverse da quelle genitoriali (baby-sitter, tutori, maestre d'asilo che compaiono sempre piú precocemente nella vita del bambino); ciò crea le basi nei padri e nelle madri per una subdola insicurezza che tende a rafforzarsi e ad alimentarsi con il posporsi dell'età in cui lo sgancio si realizza.

Il mettere in atto – a volte inconsciamente – legami e relazioni che portano a irrobustire la dipendenza dei figli dai genitori e viceversa, non può infatti che comportare un indebolimento dell'autostima del bambino e una crescita dei livelli di ansia genitoriali.

La dipendenza indotta da un genitore – e replicata specularmente dal figlio – tende a funzionare come un vero e proprio cortocircuito: l'inevitabile privazione di libertà che comporta viene infatti compensata – inconsapevolmente – dall'elargire smisurate facilitazioni esistenziali. Si tende cosí a stabilire un patto diabolico: i figli potranno crescere viziati, accontentati in tutte le loro richieste a patto però che non pretendano autonomia. L'anelito di libertà è barattato con una buona paghetta, un motorino, una vacanza a Formentera con gli amici.

Il centro strategico del discorso mi appare dunque sempre di piú la capacità/incapacità di comunicare emotivamente tra generazioni.

Danilo Dolci magnificamente riassumeva il concetto: «Quando il bambino nasce, in un certo senso avviene un'interruzione della comunicazione. Mentre il respiro, il battito del cuore sono programmati geneticamente dal cervello, e avvengono indipendentemente dalla nostra volontà, la capacità di comunicare con gli altri è una necessità, ma non è innata e deve dunque essere appresa. Dopo la nascita c'è un periodo molto delicato, che può essere anche traumatico, nel quale il padre e la madre devono diventare educatori, in modo tale che il bambino impari a comunicare con le creature. Se manca questo, il bambino cresce di statura ma si «nanizza» culturalmente e psichicamente. Invece, attraverso la comunicazione con le creature intorno ricomincerà la crescita integrale. Questo è molto importante dal punto di vista educativo, ma le scuole non lo sanno. Dopo lunghe verifiche adesso sono pienamente convinto che ognuno debba imparare a comunicare, altrimenti non ci potrà essere crescita complessa. Dapprima è un fatto sistematicamente genetico, ma poi è necessario un apprendimento e solo cosí riprende la crescita».

La riflessione sull'importanza della comunicazione emotiva assume una speciale rilevanza rispetto al concetto di sofferenza psicologica, soprattutto in età evolutiva.

Da tempo ho maturato una personale e semplice convinzione: nello strutturarsi e nel manifestarsi di un disturbo psicologico in un bambino o in un adolescente, nulla è riconducibile all'individuo, tutto alle nostre relazioni e al nostro modo di comunicarle. Spesso invece psicologia clinica e psichiatria hanno utilizzato il «riduzionismo sintomatologico», ovvero la ricerca del «capro espiatorio».

Tipico l'esempio dell'anoressia. Il rifiuto del cibo, la magrezza, l'astenia sono spesso stati interpretati come sintomi del disagio individuale di un adolescente, tant'è vero che i rimedi terapeutici (farmacologici o riabilitativi in termini cognitivo-comportamentali o dietetici) sono solitamente pensati e agiti per e su un individuo, come si trattasse di aggredire una sintomatologia organica.

Non sto qui accennando a una stucchevole polemica metodologica, ma a una realtà ben concreta e drammatica. In Italia si calcola che ogni anno siano costretti a usare antidepressivi ben trentamila tra bambini e adolescenti (oltre quelli che utilizzano ansiolitici, ipnotici e antipsicotici), con conseguenze sia sul piano strettamente cognitivo (alterazione dei livelli d'attenzione, dell'espressione creativa e della percezione corporea), sia sul livello della considerazione di sé (un uso precoce di psicofarmaci conduce a una vera e propria «carriera di malato» che porterà il soggetto ad autolimitare gli sforzi per apprendere, progettare e migliorare la propria vita).

Un giovane corpo visibilmente sofferente è una spia luminosa che si accende sulla plancia di comando di un intero ambito familiare o microsociale (ad esempio la scuola), il quale conosce e adotta ruoli, relazioni, gerarchie, regole ma soprattutto strategie di comunicazione precise. Il sintomo comportamentale – o la costellazione sintomatica – non indica dunque semplicemente un malfunzionamento individuale, ma l'incapacità di un contesto di comunicare emotivamente: anzi, quel contesto familiare e sociale dovrebbe vedere in quei sintomi l'occasione per valutare le proprie capacità e/o incapacità comunicative.

Naturalmente condurre una famiglia o una scuola a constatare la propria fragilità nella comunicazione emotiva è tutt'altro che facile e gli esiti sono, molto spesso, deludenti: quasi inevitabilmente ci si scontra con rifiuti, rimozioni, negazioni soprattutto da parte degli adulti. Infinitamente piú semplice addebitare responsabilità e compiti a un'unica persona, in apparenza la piú debole e indifesa. È molto piú facile applicare una fleboclisi al braccio di un'adolescente che capire come le responsabilità del fallimento comunicativo debbano essere distribuite tra tutti i membri di un contesto affettivo: «Il problema è lei, è lei – quella magra, quella che fa disperare, quella che non ti fa piú vivere – che deve accettare di farsi curare. Altrimenti ci farà ammalare tutti...» dicono spesso i familiari dell'anoressica.

Molti psichiatri e psicologi clinici dovrebbero, una volta per tutte, ammettere che il metodo dell'individuazione del capro espiatorio proprio non funziona: quel corpo martoriato, cosí incongruo rispetto ai canoni sempre piú stretti della nostra cultura strillati dai mezzi di comunicazione di massa, infatti non indica per nulla l'anello debole.

Al contrario di ciò che superficialmente si può ritenere, l'anoressica possiede una forza mentale straordinaria che le permette di esercitare un controllo ossessivo e assoluto – si potrebbe dire «pericolosamente» perfetto – sul proprio corpo, tanto da riuscire gradualmente ad annientarlo: dall'annullamento dell'apparato riproduttivo (metafora del «lutto», della perdita della relazione affettiva), a quello relazionale (cucirsi addosso la deformazione della propria immagine fisica per evitare ogni tentazione empatica e scartare con cura l'idea stessa del rapporto affettivo, come evidenzia l'annebbiamento delle pulsioni erotiche).

L'errore d'impostazione di una certa psichiatria e psicologia consiste dunque proprio nel considerare il corpo dell'anoressica come un sintomo di fragilità mentale, mentre altro non è che il segno di una forza residuale enormemente superiore a quella della coesione emotiva emergente dal contesto familiare e sociale in cui quell'adolescente è nata e cresciuta.

In ultima analisi, dunque, qualsiasi modello d'intervento sintomatico tende a «riabilitare» ciò che è già di per sé forte – ad esempio il corpo magro dell'anoressica – e a sottovalutare le fragilità – incongruenze, contraddizioni, carenze – comunicative e relazionali del contesto in cui l'evento sintomatico si manifesta.

Esistono amori che fanno morire, altri che fanno crescere. Sto parlando dell'amor filiale, naturalmente.

Perché dell'altro amore non saprei dire come e quando faccia male o bene: credo che, per definizione, includa il patimento, come spiega l'etimo della parola «passione», comune al dolore del sacrificio estremo (quello di Cristo, ad esempio) e alla sublime emozione provata nella piú bella notte della nostra vita.

È l'amore che agisce come una malattia, ma funziona al contrario: fa bene quando infetta, fa morire quando guarisce. Il virus di un amore cosí fa vivere un sentimento in modo tanto piú appassionante quanto piú è ammorbante, quanto piú la patologia si radica nell'innamorato, ammalandolo.

All'inverso, quando il virus si attenua e perde la sua forza devastante, l'amore si banalizza e sparisce. L'amante, finalmente guarito, in realtà non è piú amante, ma solo il ricordo di una passione conclusa, «purtroppo» sgravata dai sintomi.

Dunque vorrei tornare all'amor filiale, il quale conosce due estremi dannosi per la crescita, due modalità diffuse e accettate nella nostra cultura occidentale.

Definirei la prima «amor latino». Si tratta di un sentimento che si traduce in una relazione ordita da infiniti ricatti affettivi, in cui amare corrisponde a possedere (nella lingua spagnola il verbo amare si traduce con «*querer*», ovvero volere, aver bisogno, richiedere): madri e padri sentono di essere i padroni dei propri figli, controllandone non piú i comportamenti, come accadeva decenni fa, ma il loro mondo affettivo. Infatti oggi questo amore tende ad assumere il piú subdolo aspetto di rapporto amicale, dove l'idea di predominio si traveste con una forma di falsa complicità. Un cordone ombelicale infinito che porta a una doppia, reciproca dipendenza: dei figli nei confronti dei genitori e viceversa.

È una forma d'amore egoistico che non conosce rispetto dell'altro, quindi non riesce a vederlo crescere in quanto ciò implicherebbe allontanamento, dunque la propria morte. Rappresenta l'antitesi dell'educazione all'indipendenza e all'autostima, in quanto un legame di dipendenza cosí forte non può che ridurre l'identità del figlio a una sorta di «bonsai», portandolo alla totale incapacità di progettare e progettarsi.

Alcune forme di involuzione visibili nei giovani di oggi hanno, almeno in parte, origine da questa modalità malata d'amare, dove il ruolo paterno e materno tendono a essere epicentrici, mentre la crescita del figli come entità autonoma finisce con l'essere periferica e subalterna all'egoismo genitoriale.

Vi è però un'altra forma d'amor filiale che potrebbe sembrare opposta alla precedente, ma che in realtà è complementare.

La chiamerei «amor glaciale» ed è assai diffuso nella medio-alta borghesia (ma non solo). Nasce dall'esigenza dei genitori di essere precocemente autonomi dai figli, avvertiti spesso come intralcio alla propria personale affermazione sociale e professionale: in questi casi un figlio può comportare perfino una «ferita narcisistica» del genitore, in quanto tende ad accentrare su di sé ogni attenzione spingendo l'adulto nell'ombra.

La delega genitoriale avviene in modo molto precoce, attraverso un infinito turn-over di baby-sitter, tate, tutori. Dietro l'idea di precoce responsabilizzazione dei figli si nasconde il desiderio di anticiparne freneticamente la crescita. Il tutto abbinato a una carenza di comunicazione affettiva, che rasenta il senso di abbandono: si viene cosí a produrre un vuoto emotivo che il bambino tenderà a riempire nell'adolescenza e nella prima giovinezza con una ricerca spasmodica d'affetto, a volte quasi una bulimia emotiva (riscontrabile nei legami sia amorosi che amicali).

Né l'amor latino né l'amor glaciale portano a una crescita serena del senso di appartenenza emotiva.

Occorre pensare dunque a qualcosa che non costringa miserabilmente a scegliere se essere strangolati dal possesso genitoriale o sopravvivere nell'abbandono e nell'indifferenza.

Un'idea me l'ha suggerita un frate di Assisi. Mi parlava dell'insegnamento di Francesco a vivere la vita attraverso l'accompagnamento. «Accompagnare», mi diceva il giovane frate, «significa mangiar pane assieme e non c'è nulla di piú straordinario e rassicurante dell'idea di condividere del pane e una tavola per crescere, per progettare la vita».

Stupefacente metafora, questa di Francesco. L'idea di accompagnare un figlio non significa quindi mettersi al suo livello – far finta di esser amici – né scegliere tavole separate, asettiche e distinte, ma esserci l'uno per l'altro, con la complicità che viene dalla reciproca diversità, dall'esigenza di guardarsi dritto negli occhi senza temere.

«Mangiare pane assieme» significa narrare all'altro, raccontarsi, trovare la forza di costruire una casa comune nella differenza, un amore senza possesso, un'appartenenza senza dipendenza, un affetto senza fughe, senza vuoto, senza il cinico e narcisistico ricorso all'abbandono per dire a noi stessi che esistiamo.

L'insegnamento di Francesco dovrebbe essere ben compreso da chi, in questi tempi, vuole a tutti i costi correre, accelerare e insegnare ai propri figli a fare altrettanto.

Penso, ad esempio, alla riforma della scuola dell'infanzia che prevede un ingresso sempre piú precoce nelle elementari. Da piú parti si è voluto incolpare l'attuale ministro dell'istruzione di quest'illogica tendenza, senza riflettere su quanto essa fosse già largamente presente e diffusa nella nostra cultura.

Per anni ho ascoltato genitori che mi dicevano, quasi bisbigliando per non farsi sentire: «Sa... io e mio marito abbiamo deciso di iscrivere la nostra bambina alla «primina» dalle suorine, cosí poi le faremo fare l'esame di ammissione dalla seconda alla terza elementare... cosa ne pensa, abbiamo fatto bene?»

Scienza e civiltà hanno allungato la vita media a noi occidentali: per tendere tutta la lunghezza dell'elastico della nostra esistenza e non certo soltanto l'ultima parte, immagino. Ognuno spera che tutto quello sforzo non debba significare soltanto qualche mese in piú sopra un letto di un reparto geriatrico.

E allora che senso ha questa fretta? perché anticipare l'ingresso di un bimbo nel percorso scolastico? perché abbreviare, snaturandolo, il suo tempo di gioco e spensieratezza? c'è qualcuno che, in buona fede, può davvero affermare che questo anticipo potrà essere strategico nella sua vita adulta? quando capita d'incontrare una persona intelligente e brillante, la prima cosa che viene in mente è che abbia fatto la «primina» dalle suorine? perché non pensare allo sforzo che, invece, quel bambino dovrà fare per adeguarsi, per mimetizzarsi tra chi non è suo pari?

C'è poco da fare: non riusciamo mai a essere dalla parte dei bambini, preferiamo pensare di avere in casa una macchina di formula uno da esibire ai parenti e agli amici come un mostro di meraviglie, invece di una piccola perla che cresce con i suoi tempi.

«Common sense is not so common», dicono gli inglesi. Per educare – credo di averlo ripetuto centinaia di volte – occorre essere autorevoli.

La direttrice di un settimanale mi chiede cosa penso di un'idea emersa nella sua redazione, composta in gran parte di madri di adolescenti: per limitare i rischi connessi alle bravate del sabato sera, hanno pensato d'invitare figli e amici a tornare a casa a «farsi una canna»: meglio tra le quattro mura della propria camera da letto che in un parcheggio di discoteca, per poi guidare fatti e ubriachi.

Della serie: la battaglia dell'educare è perduta, limitiamo almeno i danni piú drammatici.

Dov'è finita l'autorevolezza? La generazione che oggi ha figli adolescenti trenta o piú anni fa lottava contro le forme di autoritarismo dei propri genitori: battaglia sacrosanta, senza la quale non potremmo oggi parlare di relazioni empatiche, di nuova pedagogia (quella, per intenderci, che ha prodotto in questo Paese esperienze di scuola dell'infanzia che mezzo mondo ci invidia e che sono nate dall'opposizione a ogni forma di violenza). Il problema è venuto dopo, quando – divenuta adulta – quella generazione non è stata capace di capire che l'autoritarismo doveva essere sostituito dall'autorevolezza.

Sono cosí nate e proliferate figure genitoriali patetiche,

pedagogicamente disastrose: ad esempio, nonni che fanno le veci dei genitori,o peggio ancora genitori che fanno gli amici dei figli. Come quelle signore giornaliste tentavano di fare.

Qui devo ripetere – anche a costo di annoiare qualche lettore – alcuni punti fondamentali a proposito dell'importanza delle regole. Per rendere credibile qualsiasi progetto educativo.

La differenza tra un amico e un genitore è ovvia: se il primo dice un «no» è un'opinione; se quello stesso «no» lo pronuncia un padre o una madre è una regola. Ecco perché molti adulti hanno scelto di immedesimarsi nella figura ibrida e ipocrita di genitore-amico: per evitare di assumersi la responsabilità delle regole.

Poniamo il caso che una figlia adolescente stia per uscire di casa il sabato sera. I genitori dovranno pur dirle a che ora rincasare (e qui si può rasentare il comico, una ragazza mi ha raccontato la prescrizione di sua madre: «Torna all'ora che ti sembra giusta», costringendo la figlia a passare la serata a interrogarsi con l'amica su quale fosse l'orario corretto secondo la madre).

L'esercizio dell'autorevolezza implica la necessità di declinare la regola, quindi si dovrà dare una spiegazione sul perché, ad esempio, si chieda a una figlia di rientrare a mezzanotte, e non alle due, e non è certo facile essere convincenti. L'unico modo è affermare che una famiglia è una rete che si regge sul fondamentale principio del rispetto.

Ma perché abbia autorevolezza, una regola deve valere per tutti, per i genitori anzitutto (non esistono regole per i figli, ma solo regole). Per questo molti di loro preferiscono abdicare al proprio ruolo di persone autorevoli, alcuni rifugiandosi in vecchi modelli autoritari («No perché no! », urlavano i nostri nonni battendo il pugno sul tavolo), altri arrampicandosi sugli specchi di soluzioni paritarie, magari ammantate da un modaiolo «politicamente corretto».

Possiamo pure girare la frittata come ci pare, ma per essere autorevoli occorre essere coerenti. Eppure la cultura prevalente sembra dimenticarlo, o ignorarlo.

Prendiamo l'esempio del fumo. Si spendono molte parole per scoraggiarlo tra i giovani, eppure è proprio lo Stato che fino a pochi mesi fa produceva e vendeva sigarette (ora sembra deciso ad abdicare in favore dei privati), con l'imbarazzo di due ex ministri della Salute illustri cancerologi. E non è finita: proprio mentre al ministero dell'Agricoltura si dichiarano soddisfatti per il mantenimento degli aiuti economici europei alle colture di tabacco per i prossimi quindici anni, la Rai manda in onda una campagna pubblicitaria per dissuadere i giovani dal fumo.

Anche per vendere automobili non ci si spreca in coerenza: la Fiat per fare pubblicità al suo modello piú popolare tra i giovani utilizza il piú veloce dei piloti di Formula Uno, Michel Schumacher. E poi ci strappiamo i capelli ogni volta un ragazzo muore correndo il sabato sera.

A proposito di credibilità, coerenza, autorevolezza degli adulti e del loro buon senso.

Un'educazione senza regole non ha alcuna probabilità di funzionare: sono gli stessi bambini che – inconsciamente – chiedono agli adulti di essere autorevoli, cioè coerenti e fermi. Ne hanno bisogno, per crescere senza paura.

In Inghilterra, la Camera dei Lord ha recentemente riaffermato la legittimità di ricorrere a uno schiaffo, per educare. Non è una buona notizia: speravo che il tempo dell'autoritarismo avesse lasciato spazio a una pedagogia piú mite e consistente.

Da noi le cose non sono diverse. Al piú si discute sugli strumenti punitivi succedanei al ceffone: chi proibisce la PlayStation o la televisione, chi ritiene ancora efficace il classico «a letto senza cena».

La confusione è ulteriormente aggravata da due fenomeni.

Il primo riguarda la crescita dei sensi di colpa degli adulti nei confronti dei figli: a causa delle proprie assenze e distrazioni gli adulti si sentono inadempienti, quindi inadeguati, non riescono a essere irremovibili proprio nel momento di far rispettare le regole, quindi si lasciano sedurre dalla facilitazione/scorciatoia di transigere e negoziare.

Un appunto, un breve inciso. Politici e giornalisti potrebbero – teoricamente – influenzare in modo significativo il cambiamento in atto nel modo di educare: i primi modificando il campo legislativo, gli altri comunicandone acquisizioni e amplificandone contraddizioni. Il problema è che proprio di queste due categorie fanno parte persone gravate da consapevoli o meno sensi di colpa in quanto ancor piú spesso lontane dal mondo dei propri figli – per impegni sociali e di lavoro – di altri professionisti.

Forse anche questo rende cosí difficile avviare un discorso sereno sul rinnovamento delle politiche educative nel nostro Paese.

Ma torniamo agli elementi confusivi circa il rispetto delle regole.

La seconda osservazione riguarda i tempi e i luoghi di

vita dei nostri figli. Una volta esisteva ciò che in qualche mio scritto precedente ho chiamato il «terzo luogo», ovvero uno spazio dove bambini e adolescenti crescevano fuori del contatto diretto con gli adulti: né casa né scuola, ma prato, piazza, strada. Oggi c'è sempre almeno un adulto con loro (genitore, insegnante, allenatore...): ciò significa la scomparsa dell'educazione fra pari. Non esistono piú regole o regolamenti elaborati e applicati tra bambini e adolescenti, solo principî adulti che i piú piccoli devono far propri. Ciò che disciplina l'educazione è oggi un obbligo, mai una scelta consapevole maturata all'interno del proprio mondo infantile. In altre parole, le regole educative non vengono mai vissute da un bambino o un adolescente come proprie, ma come qualcosa di esterno che deve essere passivamente accettato. Ciò è funzionale a un processo di «crescita irresponsabile», ben visibile oggi.

Un genitore è come un faro nella notte buia: utile se tutti sanno dov'è, senza incertezze o interpretazioni: fondamentale nella tempesta, meno nei giorni di buon tempo.

Le regole importanti sono poche, sul resto ci si può mettere d'accordo; ciascuna di esse è tale solo se prevede una soglia che il minore è tenuto a non oltrepassare.

Affinché ciò avvenga, un adulto deve fare la cosa piú elementare e la piú educativa: dare l'esempio.

Insomma: se un padre vuol educare il figlio al rispetto del prossimo, deve anzitutto rispettarlo lui.

In un liceo di Forlí assisto a una discussione tra studenti degli ultimi anni: parlano di libertà, di viaggi, dell'estate ormai prossima.

Una ragazza dice che il suo programma è passare il tempo nelle discoteche della riviera romagnola. Le chiedo se non abbia anche qualche altra aspettativa: non mi capisce. «Tipo?» fa lei. «Non so, magari un bel biglietto inter-rail per girare in treno l'Europa», provo a suggerire, «potrebbe esser meglio di una discoteca dove sei già stata mille volte...» «E che differenza c'è?» mi risponde con il tono di chi non si capacita, anzi si stupisce del mio stupore.

Naturalmente non tutti i compagni sono d'accordo, ma è comunque terrificante l'idea che una parte non trascurabile dei giovani d'oggi possa pensare che un viaggio – ovvero la sorpresa e l'intrapresa, la curiosità e la fatica dell'andare in libertà – sia del tutto inutile, magari perché una bella fetta del mondo la si è già vista in televisione.

Una generazione cresciuta nell'abbondanza e nel superfluo, imbalsamata di benessere, risulta incapace di curiosità, di sogno, di trasgressione vera: a meno che non si creda che lo sia fare l'alba a guardare una cubista con la pelle oleata come una biscia d'acqua, trangugiare birre e vodke ghiacciate e calarsi qualche pastiglia eccitante per poi tornare a casa a duecento chilometri all'ora sfiorando i platani.

Se trasgredire significa «disobbedire», «andare oltre»:

perché tanti ragazzi rinunciano a criticare una comunità che dimostra in tutti i modi di non essere interessata al proprio futuro, ovvero alla loro condizione? Non si sono accorti del grande imbroglio?

Abbiamo inconsciamente siglato un patto terrificante. Come se avessimo invitato i nostri figli a una cena, la piú mirabolante e sontuosa, e poi dicessimo loro: «Mangiate e bevete tutto ciò che desiderate, è tutto gratuito, è tutto pronto per voi. Ma non provate a dire una parola di piú, le abbiamo pronunciate tutte noi; non sognate nulla, lo abbiamo già fatto per voi». La peggiore condanna per una generazione: l'induzione di una sorta di depressione collettiva, l'uccisione stessa della prospettiva, la morte dell'utopia, ovvero del diritto, del desiderio e della consapevolezza di poter cambiare le cose.

In fondo, cosa dovrebbero augurarsi i genitori per i propri figli se non che siano migliori di loro? Oppure li preferiscono replicanti, cloni, mansueti mammiferi dediti a conservare ciò che hanno ereditato?

Altro istituto di scuola media superiore, questa volta un tecnico a prevalenza femminile. Alle nove in punto uno sciame di ragazze entra nell'aula magna. Ordinate, beneducate, quasi tutte vestite di nero. È successo qualcosa, chiedo, qualcosa di brutto? «Niente affatto, non si preoccupi...» mi rassicurano, «è che il nero sfina...» Le guardo, sono tutte uguali: stessi pantaloni vita bassa, stesso capello stirato, stesse scarpe a punta. Nessuna sembra avere bisogno di un colore che la faccia sembrare diversa. Identiche tra loro e indifferenti al contesto: potrebbero essere a una festa, davanti al prof di matematica o al funerale del nonno.

Quando ero un ragazzo, non c'erano negozi di moda dedicati a noi, ma semplicemente botteghe per adulti che tenevano anche taglie piú piccole. Come quella dei padri, anche la nostra divisa della festa era vestito grigio, camicia bianca, scarpe scure, calzino corto chiaro. Nelle foto di famiglia dei vecchi album, i maschi sono vestiti uguali, dal nonno al nipote. Il colore faceva paura o doveva incutere rispetto: era lasciato alle bandiere e ai cardinali.

Oggi, decenni dopo, una delle industrie piú fiorenti è proprio quella dell'abbigliamento giovanile: per le generazioni dopo la nostra si sono aperte le porte dell'illusione delle libertà individuali e della concretezza dei soldi delle paghette elargite dai genitori.

E allora perché quelle ragazze erano tutte in nero? Perché nemmeno una era stata capace di dirsi, mentre si vestiva: «Oggi mi sento felice, voglio essere a modo mio, voglio un colore che piace a me, che magari non mi snellisce i fianchi ma che sono solo io a portare in tutti i tre piani dell'istituto, e poco importa se le mie amiche mi guarderanno come fossi marziana o se qualcuno farà la battutina scontata...»?

Siamo dunque di fronte a una latitanza di libertà reale, dopo decenni in cui non abbiamo parlato d'altro? Ci siamo illusi di essere diventati persone autonome, non piú chiuse in un gregge? Una generazione di genitori che ha voluto la libertà, l'ha cercata e ha lottato per ottenerla, si è poi dimenticata di insegnarla ai figli?

Quei vestiti tutti neri sanno di sconfitta, odorano di lutto collettivo.

Federica, studentessa di un liceo romano, mi scrive: *«... perché si ha cosí tanta paura del diverso? Tutti uguali ci si sente piú uniti, piú sicuri e quindi piú accettati, ma cosí non c'è gusto. Le anoressiche si creano un modo speciale di vivere credendo di essere uniche, quando poi sono tutte uguali. Anch'io ero uguale a loro, poi ho capito che non ha senso. Però per certi aspetti continuo a essere uguale. Cerco sempre di raggiungere obiettivi estremi e assurdi, sapendo che non ha senso. Per esempio: tutti mi criticano per questa mia mania: quella di non fare assenze a scuola. Da quando sto al liceo, mai ne ho fatta una e se succedesse sarebbe una tragedia per me. La preside mi premia ogni anno, ma ci sono delle professoresse che non sono d'accordo perché, secondo loro, prendo la scuola troppo sul serio. È vero...»*

Cittadina in provincia di Verona. Alla fine di un incontro con gli studenti del liceo scientifico, una ragazza dell'ultimo anno mi si presenta, vuole dirmi qualcosa. Ci sediamo in disparte e lei mi racconta della sua grande passione: la poesia russa del Novecento. Ne parla con competenza, nelle sue parole la gioia delle ore passate a leggere. Poi le chiedo che vita fa: un disastro, sola, aliena, isolata dagli amici, derisa anche a scuola, non capita nemmeno dalla sua insegnante d'italiano.

Certo, se una ragazza sa tutto su Osip Mandel´štam o su Aleksandr Blok rischia magari di non essere aggiornata, come le sue coetanee, sulle novità di Max and Co. o di Onyx o sull'ultimo cd dei White Stripes, quindi non verrà invitata in discoteca.

Come dev'essere difficile la vita per un adolescente che abbia semplicemente l'ambizione di essere se stesso: soprattutto oggi, sommerso nel terribile paradosso di una società che dice di credere nella libertà, ma non la sa amministrare né tanto meno insegnare.

Come potrà essere la quotidianità di quella ragazza con la passione dei poeti russi? Semplice: trascorsa a casa sua, asserragliata nella propria camera da letto. Esiste forse un luogo nella città – qualsiasi città, grande o piccola, amministrata dalla destra o dalla sinistra – dove la sua passione possa essere accolta, un luogo interessato davvero alle sue scoperte meravigliose? la scuola, una parrocchia, qualche metro quadro pubblico?

La risposta è semplice e agghiacciante: no. Nemmeno la sua scuola è curiosa di quelle letture, perché non sono previste dai programmi ministeriali.

Eppure, si potrebbe eccepire, il nostro territorio è disseminato di luoghi per i giovani: associazioni sportive, discoteche, pub, sale-prova per musicisti, bar con migliaia di videogiochi. Tutti luoghi a pagamento, dove c'è sempre un adulto che specula sui ragazzi e guadagna un sacco di soldi. I giovani non sono cittadini della nostra comunità, tutt'al piú ospiti o clienti.

E allora se quella ragazza non può contaminare qualche suo coetaneo con la poesia russa del Novecento, come può diffondersi un'idea controcorrente, come può prender piede la speranza che si possa e si debba sapere che essere anticonformisti non è un ruolo o una maschera stucchevole, ma una naturale e libera scelta di vita?

Che cosa deve fare un adolescente per sentirsi e dirsi diverso: essere anoressico, drogato, alcolizzato? E se anche quelle vie di fuga dalla banale normalità rischiano di rappresentare il conformismo dell'anticonformismo, cosa gli resta da fare? arrendersi?

Un'alternativa purtroppo sembra prevalere: l'idea di bastarsi, di pensare che è piú che sufficiente essere come si è. Una vera offesa alla vita, una mancanza di rispetto verso se stessi. Il trionfo della piú desolante autarchia, ovvero la forma piú misera di presunzione: non ho bisogno d'altro, possiedo già tutto il necessario per sopravvivere.

La diffusione di alcol e di droga – che parla di solitudine, sopravvivenza chimica, artificio esistenziale – è lo specchio abbastanza fedele di una generazione che rischia di ritrarsi routinariamente, di chiudersi in se stessa, sazia di benessere. Una tendenza sempre piú precoce, come segnalano puntualmente ogni anno i dati dei servizi per le tossicodipendenze: gli spinelli compaiono ormai nella preadolescenza e la cocaina, simbolo di un mondo fatuo e narcisista, è una prospettiva piú che reale, la piú facilmente sognata.

Una sera d'estate mi è capitato di essere a una festa sulla spiaggia di un borgo ligure. Musica africana, ragazze e ragazzi danzano a piedi scalzi, contenti: non ve n'è uno che non abbia con sé una o due bottiglie di birra, una sigaretta in bocca e l'altra sul padiglione dell'orecchio. La spontaneità è sepolta. La relazione è sempre delegata a qualcosa, a un oggetto, a una sostanza. Su quella spiaggia di naturale c'è rimasta la sabbia.

Se molti adolescenti sono ossessionati dalla normalità e dalla spontaneità, ciò accade anche perché lo sono per primi i loro genitori.

Spesso mi chiedono: «Ma se mi rifiuto di comprare l'ennesimo zainetto di marca a mio figlio, lui si dispera dicendomi che i suoi amici l'hanno avuto in regalo dai loro genitori; e se, non volendomi adeguare a ciò che fanno tutti gli altri, lo crescessi diverso? e se per questo ne soffrisse?»

Come se l'obiettivo fosse avere ognuno gli stessi figli, come se nell'educarli avessimo inglobato la logica di una azienda che vuole rendere tutti clienti di uno stesso zainetto.

La gioia di una madre o di un padre dovrebbe essere crescere un figlio o una figlia arricchito/a da quello stupefacente valore aggiunto che è la sua diversità: ciò che la storia dell'uomo ha creato in milioni di anni sul pianeta, ovvero l'impossibilità di replicarci identici.

Il sindaco di una piccola città della Romagna mi racconta con orgoglio che in entrambe le sue scuole elementari i bambini e le bambine portano i grembiulini. Gli chiedo di spiegarmi un pensiero che mi sembra barbarico e lui mi risponde citando due ragioni, l'una piú terrificante dell'altra.

La prima è che in questo modo tutti i bambini dovrebbero essere uguali. Ancora una volta, la paura della diversità esorcizzata da una maschera di uguaglianza per rassicurare tutti, compreso il primo cittadino. Apparire uguali e non esserlo, oltre tutto: a segnalare l'ipocrisia degli adulti, sotto le piccole divise identiche per colore e foggia spunteranno comunque scarpette diverse, e da macchine ancor piú diverse i piccoli si vedranno scendere ogni mattina davanti a scuola, cosí come impareranno a distinguere che diverse sono le loro case e i giochi che possiedono.

Perché allora non affrontare il complicato lavoro di spiegar loro quante e quali siano le differenze tra gli uomini della terra, e perché tante siano ingiuste? Perché non dire che alcune diversità appartengono alla nostra creatività e visione del mondo, altre sono il prodotto di cultura, religione, razza, sesso, politica, altre ancora della piú spregevole subalternità al potere?

Cose forse difficili da spiegare, ma utili per aiutare un bambino a orientarsi in un mondo reale, non in quello virtuale e ipocrita cui alcuni vorrebbero s'illudesse di appartenere.

La seconda ragione addotta dal sindaco romagnolo è che, portando quella divisa, i bambini non rischiano di sporcarsi. A quel punto mi permetto una domanda e gli chiedo una risposta sincera: «Supponiamo che suo figlio frequenti una di queste scuole elementari e che indossi tutte le mattine il suo bravo grembiulino. Mettiamo che, nella stagione delle piogge, sul pezzo di strada tra la scuola e la fermata del bus giallo, che lo riporta a casa assieme ai suoi compagni, si formino trentasette pozzanghere, di numero. Se suo figlio riuscisse a evitarle tutte e trentasette e a salire sul bus perfettamente immacolato, lo riterrebbe mentalmente integro o si preoccuperebbe per le sue condizioni psicologiche?»

Chissà quanti genitori sono d'accordo con i ragionamenti del sindaco, quanti preferiscono anteporre un vuoto senso dell'ordine e della pulizia al piacere d'insegnare la libertà di seguire i propri sensi.

Se un bambino impara questo rischia di diventare imbarazzante, potrebbe far cose che altri magari vorrebbero, ma temono: toccare, esplorare, sentire la realtà e sentirsene parte insegna a essere liberi e forse quel sindaco non è l'unica persona che preferisce vivere in una comunità muta e asservita piuttosto che tra gente che ha imparato a giudicare con la propria testa.

Una buona scuola è quella dove il bambino entra pulito e torna a casa sporco: vuol dire che ha giocato, si è divertito, si è dipinto addosso, ha usato i propri sensi, è entrato in contatto fisico ed emotivo con gli altri. In altre parole: ha iniziato a vivere.

Mattina di un giorno qualsiasi della settimana, Torino, Galleria d'arte moderna.

Non voglio perdermi una magnifica mostra di artisti africani. L'ambiente è suggestivo: grandi sale buie, spot a illuminare formidabili sculture di ferro, bronzo, legno. Musica tribale di sottofondo, un'atmosfera magica: infatti sono solo a visitarla, tutti a lavorare in questa città, anche i pensionati. Finalmente entra qualcuno, una scolaresca, lo si capisce perché c'è un insegnante davanti e uno in fondo al gruppo; avanzano disciplinati, tenuti a bada dai due cani pastore: la geometria del gruppo dev'essere evidentemente piú importante del capire il senso di quelle straordinarie creazioni.

Affrettandomi a precedere quel gruppo di fantasmi, arrivo nella sala piú grande, resa immensa dal buio squarciato da un faro a illuminare un prorompente tronco dipinto con una terra color giallo zafferano intenso: incantesimo di una foresta lontana, eppure prossima alle nostre piú profonde inquietudini. Avvicinandomi percepisco un profumo indicibile, ulteriore magia dell'anonimo artista, odore di un altrove lento e deduttivo, qualcosa che richiama alchimie, archetipi del senso dell'abitare un unico pianeta.

Sono preso e perso. Con la coda dell'occhio scorgo un

ragazzo staccarsi dal gruppo e andare verso l'albero zafferano: chissà cosa vuol fare, toccarlo, abbracciarlo, leccarlo e annusarlo come un animale esotico materializzato da chissà quale sogno o paura? Immediatamente lo raggiungono le due insegnanti davvero inferocite, gli intimano di rientrare nei ranghi. Forse verrà redarguito, penso, non certo indicato ai suoi compagni come un esempio da imitare.

In effetti era proprio lui l'unico non «autistico» (in senso lato, non psicopatologico) del gruppo, l'unico ancora cerebro-illeso, chissà come sopravvissuto all'appiattimento educativo che troppo spesso tende a sclerotizzare le personalità dei nostri ragazzi; l'unico in grado di dimostrare a se stesso e ai coetanei di saper percepire la forza della «sinestesia» (dal greco *syn-aisthesis*, sensazione, percezione simultanea, ovvero quella particolare figura retorica consistente nella capacità di associare due o piú termini pertinenti a forme sensoriali differenti, ad esempio una sensazione uditiva a una visiva e a una olfattiva). Una sinestesia che potrei, in questo contesto, contrapporre al concetto di «anestesia» – qui interpretabile come insensibilità o incapacità a utilizzare i propri sensi – e dunque alla perdita, per dirla con Roland Barthes, del «piacere inerente all'associazione di idee».

Il ragazzo uscito dal gruppo come per un richiamo forse misterioso anche a lui, ma subito riacchiappato, piallato, «normalizzato» nel gruppo, era dunque l'unico che aveva iniziato a reagire a quella formidabile provocazione sensoriale: per svegliarci dal coma emotivo in cui molti di noi sono precipitati, l'oscuro scultore africano aveva infatti usato quel giallo selvaggio per eccitare la vista, le straordinarie misure per sbalordire un tatto addomesticato, un profumo misterioso per smerigliare il piú trascurato dei nostri sensi.

Cosa vuole davvero la nostra cultura, cosa promuove? un ragazzo capace di andare incontro al mistero e lo pretende, o chi nemmeno si è accorto della bellezza e continua a scrivere sms o parlottare e ridacchiare? A quegli insegnanti importava solo che i ragazzi mantenessero l'ordine e non rompessero le righe, come avrebbe imposto un bravo e insensibile sergente prussiano.

I piccoli irreggimentati nei grembiulini uguali e le ragazze tutte vestite di nero fanno meno paura, rassicurano; il ragazzo che vuole abbracciare il tronco africano crea problemi perché ha alzato, senza che nessuno se ne accorgesse, il livello delle proprie aspettative e adesso è in attesa di qualcosa dagli adulti. Ecco perché non piace, dà fastidio, viene punito; ecco perché non diventa un esempio da additare agli altri.

Eppure non è impossibile combattere quella forma dilagante di «autismo», basterebbe seguire l'insegnamento di qualche grande maestro.

Probabilmente non tutti sanno che Tonino Guerra, grande poeta romagnolo e indimenticabile sceneggiatore di capolavori della cinematografia del Novecento – collaboratore di Federico Fellini, Michelangelo Antonioni, Theo Angelopulos, di Andrej Tarkovskij – è nato, professionalmente parlando, come pedagogista.

Finita la guerra e tornato a Santarcangelo, suo paese d'origine, dal lager nazista di Troisdorf, fonda il primo circolo di poeti dialettali, ma è subito attratto dal progetto pedagogico che Margherita Zoebeli ha da poco iniziato a Rimini e che negli anni (nonostante i numerosi detrattori è ancora funzionante, per fortuna) sarà noto come «la scuola svizzera».

Non ricordo quanto tempo Tonino Guerra abbia passato in quel luogo sorto come un miracolo della Provvidenza a sanare parte delle ferite e delle macerie della città offesa, comunque abbastanza per apprendere qualcosa di straordinario da quella «magia larga», come lui definiva l'attività pionieristica di Margherita.

Sta di fatto che l'allarga ulteriormente, una volta trovato lavoro come insegnante d'italiano in un paese della zona. Si sente impreparato ad affrontare quei ragazzi e allora inventa un'idea per entrare nel loro mondo emotivo, un tema: «Ieri sera a cena». Ed ecco i ragazzi, chi piú chi meno, cimentarsi con questo semplice e in po' bizzarro argomento. La settimana successiva, stesso tema. E cosí via, per molte altre settimane di seguito. I ragazzi naturalmente protestano, ma la straordinaria intuizione di Tonino dà i suoi frutti: se la prima volta hanno risposto facendo riferimento principalmente al proprio schema cognitivo («ho mangiato pasta e fagioli... mio fratello ha mangiato dalla mia scodella...»), costretti a ritornare su quel piccolo e semplice argomento hanno dovuto attingere alle proprie competenze emotive («la pasta non era ben cotta... il nonno era triste... papà si è arrabbiato e ha urlato tutto il tempo alla mamma...»)

Risultato: gli ultimi temi sono piú interessanti rispetto ai primi proprio perché i ragazzi hanno allargato il proprio sguardo sul mondo utilizzando in modo piú acuto i sensi, il punto di vista è diventato piú vasto e complesso. Come avessero imparato, tornando e ritornando su un piccolo pezzo della propria quotidianità, che il problema non è ciò che può capitare nella vita, ma come lo si vive e lo si sente.

A un risultato assolutamente simile mi ha condotto un'esperienza insegnatami da un altro grande maestro, vecchio amico di Tonino Guerra: Nino Migliori, uno dei piú innovativi e straordinari fotografi viventi (precursore delle nuove tecniche di trasformazione della pellicola fotografica, inventore della «off camera» o delle «ossidazioni»).

Quando abbiamo lavorato assieme a un progetto con gli studenti delle scuole della Valsugana, abbiamo cercato di replicare ciò che aveva provato a fare con un gruppo di bambini di quella zona. L'insegnante aveva dapprima chiesto di scrivere un tema sulla domenica passata in famiglia, dopodiché Nino aveva offerto a ciascun bambino, attraverso una raccolta d'immagini tratte da internet, la possibilità di scegliere, via via che si dipanava il racconto, quelle che meglio si adattavano al ricordo. Un bosco semplicemente memorizzato è cosa assai diversa dalla sensazione di chiaroscuro ritrovata in un'immagine fotografica. Terminata la ricerca su internet, l'insegnante chiedeva ai bambini di riscrivere il tema che questa volta appariva straordinariamente arricchito di colori e fantasia.

Anche questa esperienza dunque dimostra che l'utilizzo dei sensi porta l'individuo a una percezione emotiva della realtà che risulta enormemente piú arricchente rispetto a quella dedotta soltanto in termini cognitivi.

Uno dei limiti piú evidenti dell'idea di educare è infatti una sacra ossessione: il voler capire a tutti i costi i propri figli. Lo si fa in modi diversi ma convergenti: scrutando diari segreti, frugando nelle tasche, esaminando una pagella, esultando per una partita vinta, rallegrandosi perché escono vestiti decentemente e non si sono ancora fatti fare tatuaggi né piercing. L'ossessione della comprensione porta a quella, speculare, del controllo su comportamenti, del giudizio sull'esteriorità.

Pochi genitori ritengono invece che il «sentire» i figli sia prioritario rispetto al comprenderli. Sentire implica la necessità di utilizzare non solo l'udito, ma anche ogni altro senso: ovvero implica l'ascolto, nel significato piú alto e magistrale.

Ascoltare è prescindere dal giudizio, rende necessaria una relazione di «simpatia» (dall'etimo: sentire insieme, nello stesso tempo) che precede, preannuncia quella «empatica».

Una buona parte dei ragazzi di oggi è dunque cresciuta imparando a temere ogni deviazione dallo standard normativo. La norma è interpretata come rassicurazione e ciò conduce all'appiattimento. Forse il benessere ha a che fare con tutto ciò: l'idea che questa comunità abbia realizzato il migliore dei mondi possibili, che non vi sia piú nulla di essenziale da desiderare, perseguire, cambiare toglie un elemento fondamentale alla crescita e allo sviluppo, la rabbia.

Per rabbia non intendo certo la forza distruttiva che porta l'uomo a replicare la piú cieca e stupida violenza, bensí quell'energia straordinaria che fa tenere la schiena orgogliosamente dritta («outstanding», dicono gli inglesi, cioè il collo mai piegato, dunque visibili nel proprio orgoglio di stare al mondo): ciò rende l'individuo capace di far fronte a ogni evento della vita – positivo o negativo – trasformandolo in occasione di crescita.

Far capire a un figlio che, avendo già molto piú del necessario, non è cosí rilevante se nella vita progetterà o si limiterà a usare ciò che ha ricevuto dai genitori, vuol dire condannarlo ad ammainare buona parte delle proprie ambizioni esistenziali.

Nell'idea piú intensa e forte di crescita dovrebbe, invece, essere contenuto anche – e soprattutto – l'impegno/dovere di modificare, creare: è necessario autorizzarsi a pensare che nel passaggio tra le generazioni non tutto ciò che hanno conquistato i padri dev'essere necessariamente consegnato ai figli. Occorre che crescano con l'idea di dover conquistarsi la vita, meritarsela.

Credo infatti fortemente che una riflessione non facile sia ormai necessaria e urgente: siamo davvero sicuri che garantire ai propri figli ogni sicurezza per il futuro li faccia crescere piú forti e sereni? È davvero indiscutibile il dover lasciare loro in eredità soldi, appartamento, macchina? Non sto perorando l'abbandono economico dei figli, ma sono certo che se, quando ero ancora un ragazzo in cerca di una vita possibile, i miei genitori mi avessero garantito un approdo già pronto, sicuro e vicino, non avrei accettato di cercare e scoprire qualcosa altrove: la mia vita sarebbe stata meno mia.

Molti italiani, si sa, vanno pazzi per i condoni: adorano quello catastale che permette di far diventare una stanza il terrazzo della cucina o di sanare la villetta costruita abusivamente sulla costiera incontaminata, provano grandi e perduranti emozioni ogni volta che un governo ne propone uno fiscale. Come non aspettarsi, quindi, che tra quei cittadini si potesse nascondere un piccolo genio in grado di inventare il «condono educativo»?

Il concetto è elementare e del tutto risolutivo. Se un figlio non ha voglia di far niente, nemmeno la fatica di studiare un giorno alla settimana, e corre il rischio di ripetere per la seconda volta l'anno scolastico, non bisogna perdersi d'animo: basta «condonarlo», ovvero disporre di qualche migliaia di euro, iscriverlo a uno dei tanti istituti privati che promette a chiunque – a prescindere da capacità o volontà – qualsiasi diploma senza il minimo sforzo.

In questo modo sono contenti i genitori che finalmente possono vantarsi ai quattro venti di un figlio diplomato, è felice il figlio finalmente lasciato in pace con il suo pezzo di carta da incorniciare in camera. Ha imparato dai genitori che nella vita con i soldi si rimedia a tutto. E sono felici perfino gli insegnanti delle scuole pubbliche che finalmente vedono la propria classe setacciata dalle piante infestanti dei fannulloni.

La scuola non è cambiata, forse non può cambiare perché molti (la maggioranza?) la vogliono proprio cosí: non ci investiamo risorse e non pretendiamo risultati. Le città sono invase da cartelloni pubblicitari sei metri per tre che promettono recuperi scolastici prodigiosi, esami indolori.

Il messaggio educativo è tanto semplice quanto dissennato: tutto dev'essere facile, raggiungibile, al di là di merito e fatica. Cosí vogliono i genitori, per smettere di rinfacciare ai figli insuccessi e indolenza; cosí vogliono i figli, per rimandare all'infinito il confronto con la vita reale.

Tutti condonati, tutti contenti, compresi gli insegnanti che l'anno dopo avranno meno sfaccendati da convincere a impegnarsi almeno un po'. Trionfa l'Italietta da sei meno meno: potessi essere per un giorno solo ministro dell'istruzione, per prima cosa abolirei quel voto pornografico. Perché il tragico è che con il sei meno meno ti promuovono: l'inno piú pernicioso alla mediocrità.

Testimonial di queste campagne pubblicitarie sono di solito i calciatori famosi, quelli che hanno fatto tanti goal e tanti miliardi con la terza media in tasca, prova vivente di come si possa diventare ricchi e famosi rimanendo ignoranti: cultura e conoscenza degradati a inutile orpello, nella percezione di troppi.

Chissà come ci sentiremo domani, quando non sapremo se la laurea del nostro medico o architetto è il prodotto di un merito reale o di qualche istituto privato compiacente? C'è qualcuno che si farebbe aprire la pancia da un medico laureato con lo stesso sforzo compiuto da un centravanti della nazionale di calcio per garantirsi quel diploma?

Come potrà questo Paese competere in Europa e nel mondo se i nostri figli non avranno basi serie per accettare una sfida alla pari?

Per troppo tempo abbiamo pensato che potesse funzionare cosí come sempre: un'intera economia basata sull'ingegno di migliaia di semianalfabeti capaci d'inventare industrie e prodotti stupefacenti. Improvvisazione, genialità senza basi strutturali, caparbietà, abilità a reggere un enorme peso di lavoro.

Oggi di quel mondo rischia di rimanere solo l'ignoranza, nemmeno piú corretta dal coraggio, dall'abnegazione, dalla capacità di sopportazione, ma soltanto dalla presunzione di farcela.

Di qui la necessità di progettare un'idea nuova di educare, in cui merito e fatica siano sinonimi nel determinare qualsiasi sbocco di vita; un'idea piú severa di educare, che dia fiducia ai figli nella loro capacità di affrontare anche le sfide piú difficili; un'idea che contenga un progetto di scuola fondata sulla valorizzazione del merito e non della furbizia. Una scuola senza scorciatoie, dove vai avanti solo se ti impegni a sapere, dove non contano i soldi per comprare i diplomi (i dati recenti, che segnalano una lieve crescita della percentuale di bocciati nelle superiori, fanno pensare che qualcosa stia finalmente maturando nella testa di insegnanti e genitori).

È questo che davvero vogliamo? Ce la faremo? Quanto siamo disposti a investire in risorse umane ed economiche?

Gordon Brown, ministro delle Finanze e numero due del governo britannico di Tony Blair, ha dichiarato l'educazione priorità assoluta per il suo Paese e ha deciso di raddoppiare nei prossimi anni il budget dedicato. I nostri politici, la nostra comunità, seguiranno l'esempio inglese? O saremo capaci soltanto di replicare il vecchio e ormai inadeguato modello della creatività ignorante?

Spero di non dover temere che, in un Paese dove qualsiasi ragazzo o ragazza possono conquistare la ribalta televisiva solo perché fisicamente carini e socialmente disponibili, l'idea di un condono educativo per i nullafacenti continui a rappresentare una concreta e credibile possibilità.

C'è una forma di revanscismo la cui considerazione non è pari all'evidenza di alcune sue deleterie declinazioni.

In un tempo non molto lontano, chi voleva rendere palese il proprio definitivo affrancamento dai morsi della fame si faceva crescere la pancia: girare per la piazza del paese esibendo un addome rigonfio indicava il lusso di possedere un pollo e qualche razione di burro sempre a disposizione in ghiacciaia, quindi era sinonimo di crescita sociale. Cosí come poteva capitare di vedere persone con l'unghia del mignolo un poco piú lunga delle altre, tenuta sempre ossessivamente pulita: era il segno che non si dovevano piú affondare le mani nella terra (l'unghia si sarebbe spezzata) per guadagnarsi il pane.

In modo analogo, per molti adulti del secondo dopoguerra – gli artefici del boom economico – si è fatta pressante l'esigenza di rendere evidente qualsiasi segno distinguesse i propri figli da quei morti di fame dei progenitori. Fatica e dolore avevano accomunato le loro vite: cancellare ogni forma di fatica e dolore dalla loro educazione avrebbe reso evidente l'affrancamento dei figli.

Il risultato è stato terrificante.

Non sto idealizzando la fatica brutale dei nostri predecessori, né augurando alle giovani generazioni di essere forgiate dal dolore (quasi una necessità, secondo una certa retorica vetero-cattolica, funzionale a rendere piú incisivo il proprio verbo e sopportabili i soprusi e le ingiustizie sociali).

Si tratta piú semplicemente di constatare che questi due elementi sono ineliminabili dal progetto di crescita, anzi rappresentano essi stessi il sinonimo di vita.

Pensiamo all'adolescenza: come potrebbe quello sviluppo sincopato essere deprivato dalla fatica, ovvero dal riconoscimento che quel tempo non sta scorrendo invano? L'adolescenza è dolorosa per definizione: somiglia a un trasloco, traumatico sempre, anche se ci fa trasferire nella casa a lungo sognata, per la quale abbiamo fatto tanti sacrifici; quando chiudiamo la porta del vecchio appartamento, sappiamo bene che non la potremo riaprire mai piú e ci prende un nodo alla gola. Analogamente, un ragazzo sogna di veleggiare il piú velocemente possibile verso l'età adulta, pensandola colma e lucente di libertà; mano a mano che vi si avvicina, però, comprende quanto dietro alle seduzioni libertarie si celi il peso delle responsabilità e vorrebbe magari tornare all'infanzia (le regressioni che tanto spaventano i genitori).

L'adolescenza, dunque, appare come un continuo tentativo o anelito al vivere senza la certezza di riuscire a farlo pienamente: un viaggio a zig-zag a velocità accelerata, una transizione inevitabilmente dolente.

Del resto, un adolescente non inquieto è di per sé inquietante: giacché l'inquietudine attecchisce solo dove c'è qualcosa da dire.

La dimensione del dolore e della fatica permette la costruzione del sistema di anticorpi psicologici necessari alla crescita. Provo a spiegarmi con un esempio.

Qualche tempo fa ho avuto il piacere e l'onore d'incontrare il regista Pupi Avati: un settimanale mi aveva chiesto di intervistarlo.

Mi accoglie nella sua casa romana a quattro passi da piazza di Spagna: una splendida mattina di settembre, il sole e il suo buon umore trasformano un impegno professionale in una piacevolissima chiacchierata tra amici.

Sprofondati l'uno in una poltrona l'altro in un divano di velluto scuro, Pupi Avati mi offre una tazza di caffè sorridendo come ci conoscessimo da anni. Poi, con la pacatezza sorniona di un gatto domestico, inizia a parlare di sé e della propria adolescenza.

Il padre, noto antiquario bolognese, era un uomo bello e affascinante, molto ammirato e conteso dalle donne. Pupi invece cresceva con il complesso di non essere né bello né affascinante, tanto da temere il confronto con le ragazze: gli amici lo chiamavano «Camparino» perché, ogni volta che lo invitavano a una festa, si fermava prima al bar a berne qualcuno per tirarsi su il morale e affrontarle con minor angoscia.

Mi raccontava, con grande senso di autoironia, quel supplizio delle domeniche pomeriggio, ore che non finivano mai passate in un angolo della sala da ballo senza il coraggio di invitare nemmeno la piú brutta per paura di un rifiuto.

Eppure, quel tempo passato a invidiare gli amici belli e sicuri di sé, quel dolore di osservare impotente il successo altrui verificando le proprie incapacità, quell'esperienza apparentemente cosí frustrante conteneva qualcosa di straordinario e fondamentale per la sua formazione.

Dall'angolo delle sale da ballo, Pupi aveva imparato il mestiere di «guardare» l'altro, ovvero aveva iniziato a osservare e cogliere le differenze minime, le sfumature, i piccoli atteggiamenti, gli ammiccamenti, le gestualità piú inconsapevoli.

Quando, piú avanti con gli anni, cominciò a sentire la passione del cinema, Pupi Avati aveva già dentro di sé la capacità e l'esperienza di usare lo sguardo, di sapere dove e come porlo (e con esso l'obiettivo della macchina da presa). I tagli di luce, le ombre, le minime posture erano per lui esperienze già interiorizzate.

Quel dolore, quell'esperienza di frustrazione adolescenziale l'aveva forgiato consentendogli di conoscere l'altro, costruendo in lui la capacità di osservare e quasi di prevedere un'inquadratura, mai banale proprio perché frutto di sofferenza e fatica. Se il mondo esterno – frequentazioni, seduzioni, amori – fosse stato per lui fruibile, facile, non gli avrebbe permesso di costruire dentro di sé un sapere reale, giacché l'esperienza ha bisogno di stratificarsi anche sul lamento di uno sforzo, non solo sulla gioia di un successo, sul tripudio per un'impresa agevolmente conquistata.

La forza di quel grande artista risiede nell'ammissione di una fragilità, non già nella tracotanza di rimuoverla.

Ogni uomo magnifico contiene una debolezza che lo impreziosisce.

L'idea di stemperare il dolore fino alla presunzione di poterlo estirpare totalmente dalla vita di un adolescente non nasce spontaneamente in una generazione di genitori alla ricerca di una nuova rassicurante identità. Proviene anche da ambienti culturali che la maggioranza dei cittadini ritiene al di sopra di ogni sospetto di manipolazione ideologica: l'apparato scientifico. La pratica di molti psichiatri e gli annunci di scienziati – poco importa se suffragati o meno da prove ineccepibili – possono trasformare un'opinione isolata in pensiero diffuso.

Molti miei colleghi, infatti, ritengono compito di uno psichiatra sradicare dalla vita di una persona – soprattutto se giovane – ogni forma di dolore. Ricordo un aspro scontro radiofonico di qualche anno fa con un noto rappresentante della psichiatria biologica italiana.

Erano le settimane successive al suicidio di Primo Levi e sulle colonne del «New York Times» era comparsa l'opinione di un celebrato allievo del citato psichiatra: se il grande scrittore fosse stato piú attentamente seguito e curato (farmacologicamente, intendeva) non si sarebbe tolto la vita. Ovviamente il suo maestro si dichiarava totalmente d'accordo. Obiettai che il nostro compito non è cancellare le macchie dalla vita di un essere umano, che il dolore è parte della nostra esistenza esattamente come la gioia.

Primo Levi aveva conosciuto sulla propria pelle ciò che di piú terrificante un uomo può concepire: l'olocausto, lo sterminio di milioni di innocenti.

Chi può arrogarsi il diritto di estirpare da un uomo questo ricordo, e l'infinita pena della sopravvivenza? Come sottrarsi dal vivere quotidianamente il senso di colpa di essere ancora al mondo, e non per meriti o valori negli altri assenti, ma solo per un sadico gioco del destino? Come non capire che, a un certo punto del cammino, si possa, voglia chiudere un interruttore e smettere di scrivere, si abbia diritto a pensare alla morte come a un sollievo?

Come può uno psichiatra contrastare tutto ciò? Chi gli permette questo arbitrio? E poi: quale antidepressivo può far scordare il dolore di stare in un mondo che ha osato ciò che nessun dio potrebbe ammettere a se stesso?

Compito di uno psichiatra è accompagnare la crescita, è riconoscere il dolore e non cancellarlo; semmai deve provare a far sí che il danno non si riproduca, che non germogli una pianta infestante l'intera esistenza.

Penso che mio compito non sia colpire il dolore – un segno della nostra esistenza – ma guastarne la cronicità.

Eppure alcuni settori della ricerca scientifica sembrano sedotti dall'onnipotenza di anestetizzare la vita. Qualche settimana fa ne è arrivata l'ennesima conferma.

In un laboratorio statunitense, un gruppo di scienziati ha dichiarato di essere in avanzata fase di sperimentazione di una molecola in grado d'immunizzare alcuni topi dai ricordi del dolore, del trauma.

La sfida è esplicita: mettere in commercio, nel prossimo futuro, un farmaco, un principio chimico in grado di cancellare come un segno di gesso sulla lavagna la memoria di un danno subito, il senso di colpa che vi si accompagna.

L'obiettivo è evidente: si potrebbe cosí costruire artificialmente un superuomo capace di non soffrire, di non provare disprezzo per se stesso, per ciò che ha fatto. Un uomo senza colpe né responsabilità, l'ombra di un'anima chimicamente rimossa. Un simile uomo potrebbe «finalmente» essere libero di massacrare, uccidere, stuprare, torturare senza dover far i conti con la propria coscienza, proprio perché essa sarebbe ogni volta purificabile, lavata e centrifugata da un nuovo modello di lavatrice psicologica, ennesimo esempio di confessione e assoluzione laica.

Si tratterebbe del primo farmaco costruito per debellare non piú un morbo, un virus, un batterio, ma l'etica umana, ovvero la nostra stessa ragione sociale.

La valenza metaforica è grande: eppure, la notizia non è in antagonismo con quanto culturalmente in buona parte condiviso, ovvero con l'idea che il dolore debba essere emendabile. L'icona contemplata da parte dell'umanità occidentale è il mito della perfezione, l'ossessione dell'impeccabile: il corpo e la mente devono soggiacere alla valutazione non tanto di ciò che è importante o funziona, ma di ciò che piace; e ciò che piace dev'essere indiscutibilmente privo di dubbi, nei o imperfezioni.

È il trionfo del verosimile, il meglio del peggio del falso. La natura dell'uomo è limitata di per sé, l'intelligenza umana risiede nell'esercizio del dubbio e il dolore è elemento costitutivo della vita proprio perché lo è il crescere.

Cancellare la dimensione del dolore dalla vita di un adolescente significa dunque portarlo all'irresponsabilità, ma anche indurlo alla piú nefasta onnipotenza.

Eppure una componente rilevante della nostra cultura ha negli ultimi anni cavalcato la chimera della cancellazione del disagio in quanto forma inclusa nell'imperfetto. Questa ossessione della normalità porta a limitare l'espressione stessa delle umane passioni e conduce i sistemi educativi a una catastrofe: lo smantellamento dell'autenticità delle relazioni e delle emozioni.

La fatica necessaria e funzionale alla crescita è ben simboleggiata dalle diverse tappe dell'evoluzione.

Nessuna cosa importante può essere o apparire semplice. Gianni Rodari scriveva in una sua splendida poesia che dobbiamo insegnare ai bambini a fare le cose difficili. Non è la versione aggiornata di un antico sadismo degli adulti nei confronti dei giovani, al contrario vuol dire speranza, severa fiducia in loro e in noi, assunzione della responsabilità a fiancheggiarli in un processo di crescita che costruisca la loro identità, e verifichi la nostra.

Non di rado mi è capitato di vedere, in case in cui abitano dei bambini, gli spigoli dei mobili ricoperti da un'imbottitura di gomma. Il significato è disarmante: si vuole evitare a tutti i costi che il bimbo incontri – dunque conosca – il dolore, e con esso la frustrazione. I genitori di oggi sembrano ossessionati dall'idea di dover azzerare qualsiasi forma di «limite». Come se, invece, proprio l'esperienza del limite (l'ostacolo da superare) non fosse di fondamentale importanza nella maturazione psicologica di un figlio. Come può un bimbo imparare quant'è duro il legno di un mobile se non ci sbatte mai contro? Qualcuno ha imparato ad andare in bicicletta senza essere mai caduto e sbucciato un ginocchio?

Una bella canzone di Pino Daniele dice che, per insegnare a un bambino cos'è la vita, bisogna fargli sentire con la mano la differenza tra l'acqua fredda e quella calda. Sarà banale, ma è vero.

Qualche tempo fa, chiacchieravo di famiglie viste dall'interno con un mio vecchio amico pediatra: tra i genitori che si rivolgevano a noi, quali stili educativi ci risultavano piú frequenti in rapporto alla crescita dei bambini e alla loro salute? e come li rilevavamo? Gli feci l'esempio della febbre.

Prendiamo i comportamenti dei genitori ai primi sintomi di influenza del figlio (magari 36,8 e un po' di mal di testa): nella mia esperienza, piú tachipirina si somministra, piú è evidente come quella madre o quel padre temono che la pur minima sensazione dolorosa incrini il perfetto andamento della quotidianità di un bambino, e dunque quella polverina antipiretica aiuta a esorcizzarla.

Invece l'esperienza della malattia è fondamentale in tutte le fasi di crescita, per almeno due ordini di fattori.

Il primo riguarda la conoscenza del proprio corpo. Per usare una metafora cara a James Hillman, mente lucida della psichiatria contemporanea, nessuno di noi si accorgerebbe di avere un piede se ogni tanto non entrasse un fastidioso sassolino nella scarpa. Quella pietruzza è interpretabile come un sintomo, una «nevrosi», un corpo estraneo, dunque dà fastidio, dunque lo si vorrebbe eliminare: invece è utile, persino indispensabile.

La malattia – con il suo significato metaforico – è fondamentale perché insegna a *riconoscere* il corpo: proprio in quanto è riscaldato dalla febbre esso pulsa, dice di sé, infastidisce, dunque attrae la nostra attenzione. Si comporta esattamente come un narcisista, cioè come «deve» fare un adolescente che cresce anche in proporzione all'attenzione che riceve. Quel dolore, quel fastidio permettono l'esperienza primaria della conoscenza di sé: attraverso la malattia – ovvero l'eccezione alla regola – il bambino riesce a capire dove e come suda, dove e come la pelle s'alliscia o si raggrinza, dove e come reagisce allo stimolo.

Prevenire ossessivamente ogni forma di malattia e di dolore – escludere l'eccezione, ossequiare la regola, divinizzare la norma – significa impedire al bambino di accrescere la confidenza con se stesso, rendendogli cosí piú accidentato e difficoltoso il percorso di costruzione dell'autostima.

Gli effetti di questa «pedagogia debole» sono drammaticamente evidenziati dal fenomeno dei suicidi e tentati suicidi compiuti da studenti bocciati o respinti. Un brutto voto non può rappresentare una «causa» di comportamento suicidario (tutt'al piú un fattore precipitante, la goccia che fa traboccare il vaso), ma esemplifica l'innaturale gracilità con cui un adolescente arriva ad affrontare la prima esperienza di reale frustrazione, devastante proprio perché non preceduta da altre.

La seconda ragione che rende l'esperienza della malattia fondamentale per crescere è che essa contiene il senso della relazione affettiva. Mettiamo che un bimbo abbia mal di gola, che quindi al pomeriggio non possa andare a giocare a pallone con gli amici e sia costretto a rimanere a casa: quel malessere, quell'impedimento creerà l'occasione perché sua madre torni a casa un po' prima del previsto, magari solo per fargli la spremuta d'arancia e raccontargli una storia sdraiata sul lettone vicino a lui.

La malattia si trasforma cosí in relazione affettiva che si trasmuta, a sua volta, in esperienza sensoriale. Quel mal di gola avrà il sapore delle arance rosse, l'odore della pelle della mamma che sta vicino a raccontare. Questa opportunità di sentire rappresenta dunque una delle modalità che fanno crescere la struttura emotiva del bambino e dell'adolescente.

Ma se quel genitore si affretterà a usare subito gli antibiotici o riempirà il bicchiere con acqua e antipiretico, la relazione perderà sapori e odori e quell'occasione di crescita fallirà, sensorialmente deprivata.

I motivi che dovrebbero distogliere i genitori dall'eccessiva tutela nei confronti dei figli vanno oltre.

Spesso ai genitori sembra di non avere competenze educative. Ad esempio, non riflettono mai abbastanza sull'effetto devastante del rendere evidente una preoccupazione eccessiva, ovvero del comunicare ansia a chi dovrebbe essere protetto: ciò induce una perdurante insicurezza in chi sta crescendo.

Piú angoli smussati, piú antipiretico, piú biciclette con le ruotine laterali: piú dimostrazione di disistima da parte di chi invece dovrebbe educare e piú terrore di sbagliare in chi deve imparare a vivere.

Ancora. Si tende a infarcire la vita dei figli con comodità di ogni tipo.

Una signora viene a parlare di sua figlia, che chiama in continuazione «la mia bambina»; mi viene spontaneo chiedergliene l'età, «mi fa ventiquattro anni ad aprile...» risponde la madre con l'espressione di chi si sente padrona perfino del compleanno della sua creatura (l'amor latino di cui ho parlato in precedenza). Non c'è da stupirsi che il problema di questa donna adulta fosse il non riuscire in alcun modo a fidarsi mai, in nulla, di una giovane donna.

Questa generazione di genitori ha figli che faticano a svincolarsi dalla comodità di dipendere: gli uni e gli altri non riescono a considerare funzionalmente limitato nel tempo il ruolo di genitore «attivo».

È pur vero che oggi una serie di fattori esterni rende i processi di autonomia piú complessi e lenti. Si pensi, ad esempio, alla difficoltà di reperire case a prezzi abbordabili, al mercato del lavoro e alla precarietà a esso correlata, alla diffusione sul territorio delle agenzie educative che non rende piú necessario l'allontanamento da casa. Mi piacerebbe che qualche parlamentare proponesse una legge che vietasse a uno studente di frequentare un'università a meno di qualche centinaia di chilometri dalla famiglia, in modo da facilitarne lo svincolo.

Se per educare è fondamentale dare l'esempio, per riuscirci occorre essere autentici, cioè vivere e sentire secondo la propria interiorità. Molti genitori sono però talmente ossessionati dall'idea di proteggere i figli, da nascondere persino il proprio modo di reagire, inibendone le espressioni piú spontanee. E ciò è facilitato dalla cultura della «normalizzazione» delle emozioni o del loro contenimento.

In un piccolo paese lombardo, a margine di un incontro pubblico, una madre mi racconta che qualche settimana prima era stata urgentemente convocata dalle maestre della figlia, molto preoccupate per il brusco cambiamento comportamentale della piccola: «Abbiamo cercato di capire cos'è successo, e, dopo varie insistenze, la bambina ci ha detto che lei in questo periodo piange molto, ma è vero?» «Certo, è mancata mia madre e per me è stato come mi fosse caduto il mondo addosso... mi capita di piangere molto spesso...» aveva risposto la signora. «Sí, va bene... ma cerchi di controllarsi un poco, non si faccia vedere cosí da sua figlia, rischia di spaventarla...» era stato il consiglio delle insegnanti.

Dunque, per una certa tradizione educativa, le emozioni rappresentano un materiale pericoloso, scivoloso: occorrerebbe controllarle, gestirle in nome di una «normalità» comportamentale che dovrebbe tranquillizzare i figli. Come non capire, invece, che un adulto è credibile – dunque rassicurante – proprio nella misura in cui riesce a essere autentico in ogni espressione emotiva?

Chissà per quanti minuti, e dove, è lecito piangere la perdita della propria madre, secondo quelle insegnanti.

Se un bambino vede che la mamma non riesce a controllare le lacrime – ma è anche capace di spiegare con chiarezza ciò che le sta accadendo, altrimenti si tratterebbe di una comunicazione di pura angoscia – impara che è lecito esprimersi, che non ci si deve vergognare di ciò che si prova. E quella mamma trasmetterà fiducia nel figlio, dimostrandogli di ritenerlo capace di capire proprio ciò che non è facile spiegare.

Al contrario, un adulto che trattiene l'espressione del proprio dolore tenderà a controllare qualsiasi altra espressione emotiva, compresa la gioia o la spensieratezza: semplicemente avrà paura di esprimersi e preferirà rifugiarsi in un piú confortevole e facile formalismo emozionale.

Una delle domande piú imbarazzanti che mi capita di rivolgere a un adolescente è «raccontami l'ultima volta che hai visto tuo padre e tua madre darsi un bel bacio appassionato». Risposta piú frequente: «Non ricordo bene, comunque sono passati molti anni...»

Imparare a controllare le emozioni significa inoltre, lungo lo scorrere della vita, pensare che si possa prescindere da esse, soprattutto dalle piú forti.

Ovvero compiere scelte che privilegino altre priorità.

Ci sono genitori che s'illudono di riuscire a non influire affatto sulla struttura emotiva dei figli e genitori che pensano di poterla determinare totalmente.

L'educazione emotiva non ha a che fare con la genetica: i disturbi psichici, cosí come la struttura di personalità, non sono patologie ereditarie – non vi è stata mai una prova scientifica seria che siano inscritti nel Dna – ma sono comunicabili. Cioè influenzabili dal contesto familiare in cui un individuo nasce e cresce.

Il tratto ansioso di una madre, ad esempio, non si trasferisce ai figli attraverso il patrimonio genetico – infatti i fratelli non hanno mai identiche caratteristiche psicologiche – ma ne influenza la crescita inducendo una tipica modalità «familiare», riconoscibile dal modo sia di affrontare gli eventi della vita (in questo caso, «ansioso»), sia di costruire relazioni affettive. Per continuare nell'esempio, una persona ansiosa o ipocondriaca insegnerà al figlio a essere egocentrico, a pensare a sé, in quanto questo è ciò che accade a una persona che manifesta tali sintomi (non si trasmettono infatti i sintomi di un disagio, ma la particolare modalità attraverso la quale quel disagio può manifestarsi).

Aver coscienza del proprio mondo emotivo e del significato di manifestarlo a chi sta imparando a vivere significa dunque essere educatori piú consapevoli e maturi, quindi allevare figli piú forti e meno ricattabili.

Lo studio della vita di un grande maestro può essere di aiuto, in quanto permette di trasformare alcuni contenuti metaforici di quell'esistenza in istruzioni per l'uso della nostra quotidianità, soprattutto per quanto riguarda gli aspetti educativi.

Glenn Gould è stato uno dei piú straordinari ed eccentrici interpreti di musiche per organo e pianoforte, compositore anch'egli. È morto a cinquant'anni, nel 1982. Su di lui, le sue manie e i suoi riti bizzarri si narrano leggende che ne hanno arricchito fama e gloria.

Si accosta alla musica ancora bambino, tra i tre e i quattro anni: sua madre, pianista, gli insegna a leggere gli spartiti quando nemmeno sa scrivere, a quindici anni già si esibisce come solista con la Toronto Symphony Orchestra. Non sono molte le notizie di sé che ha appuntato e di interviste ne ha rilasciate ben poche, anche per questo su Glenn Gould il reale s'intreccia con il mito.

Si narra che abbia iniziato a suonare sull'organo di una chiesa del quartiere dove abitava a Toronto e che una mattina proprio in quella chiesa sia entrato, casualmente, un notissimo impresario musicale americano.

Ascoltando quelle note e riconoscendo una vocazione assoluta in chi le suona, questo signore chiede di parlare alla madre del piccolo prodigio. Glenn, nascosto nei pressi, non perde una parola del colloquio.

L'impresario dice che il bambino possiede un talento raro, che è pronto a occuparsi di lui e dei suoi studi, assicura alla signora che il bambino diventerà un assoluto fuoriclasse in fama e ricchezza.

«Niente affatto», risponde la madre, «non voglio che mio figlio diventi un *enfant prodige*, un fenomeno da baraccone. Glenn deve restare ancora con me qui... voglio che passi ancora del tempo a sbagliare...»

Se davvero cosí sembra siano andate le cose, quel bambino è diventato uno dei piú famosi pianisti del mondo anche perché aveva dietro di sé una madre che non aspettava il momento di celebrarlo e celebrarsi: sapeva bene, o comunque intuiva, che il talento va rafforzato con il dolore (gli errori) e la forza di riuscire a superare i propri limiti. Perché – questo è il punto fondamentale – ciascuno di noi ha il diritto di pensare che la vita è una lunga strada, dove si può e si deve poter tentare, sbagliare e riprovarci ancora.

Solo in questo modo si rafforza la stima in noi stessi e la capacità – sublime attributo che la psicologia chiama meccanismo di *coping* – di «far fronte» agli eventi buoni o cattivi che la vita ci regala.

Non credo che avrei mai il coraggio di andar per mare a bordo di una barca capitanata da chi non abbia conosciuto le tempeste, possibilmente molte e terribili. Invece il mio amico Mauro Pelaschier gli oceani del pianeta li ha attraversati tutti, su ogni tipo d'imbarcazione e in ogni condizione: con lui mi sentirei al sicuro, come con tutti quelli che rispettano e temono la natura.

Cerco di spiegarmi meglio usando, come spunto di riflessione, il significato di alcuni verbi e sostantivi.

Si prenda, ad esempio, la parola «perito». Un etimo possibile può essere tratto dal participio passato del verbo latino *periri*, ovvero «provare», che si trova nel composto *experiri*, «fare esperienza»; per questo si usa dire che il «perito» è persona che ha accumulato esperienza.

Quella parola, tuttavia, potrebbe essere anche interpretata come participio passato del verbo latino *perire*, composto da *per* («oltre») e *ire* («andare»), ovvero «morire di morte non naturale, andar distrutto, perduto».

Dunque si potrebbe concludere – utilizzando entrambi i significati per ottenere un senso ancor piú metaforico della parola – che per essere esperti occorre perdersi, per acquisire esperienza e capacità occorre andare oltre i propri limiti, provare e rischiare anche di naufragare.

Analogamente, il verbo *errare* può assumere il doppio significato di «commettere errori» e «vagare senza meta»: potremmo dunque azzardare che per veleggiare nella vita (e non sempre si può pretendere di possedere una meta chiara) occorre assumere l'onere e il coraggio di sbagliare. Potremmo anzi dire che, senza mettersi nella condizione di commettere errori, non si può realmente vivere.

Ho riletto *George Gray*, di Edgar Lee Masters, dall'*Antologia di Spoon River*.

Molte volte ho studiato
la lapide che mi hanno scolpito:
una barca con vele ammainate, in un porto.
In realtà non è
questa la mia destinazione
ma la mia vita.

Perché l'amore mi si offrí e io mi ritrassi dal suo inganno;
il dolore bussò alla mia porta, e io ne ebbi paura;
l'ambizione mi chiamò, ma io temetti gli imprevisti.
Malgrado tutto avevo fame di un significato nella vita.
E adesso so che bisogna alzare le vele
e prendere i venti del destino,
dovunque spingano la barca.
Dare un senso alla vita può condurre a follia
ma una vita senza senso è la tortura
dell'inquietudine e del vano desiderio –
è una barca che anela al mare eppure lo teme.

L'educare possibile

L'idea di far fare ai bambini e agli adolescenti cose difficili, di metterli nelle condizioni di sbagliare e di riprovarci implica il coraggio di credere nelle loro potenzialità: ecco perché è un'idea poco popolare tra gli educatori. Con qualche lodevole eccezione.

Maria Montessori è stata pioniera anche in questo. Ha avuto il coraggio di affermare che ogni bambino possiede un proprio talento (che è cosa diversa dalla genialità: il primo s'accompagna alla consapevolezza, la seconda è un frutto del tutto misterioso e involontario, quindi inconsapevole). Tutti dunque possiedono un talento, non solo i primi della classe ma anche quelli su cui nessuno scommetterebbe un soldo: è raccapricciante scoprire che molti insegnanti puntano esclusivamente sui «bravi», come se talento e rendimento scolastico fossero sinonimi.

Chi ama il jazz ne ricorda certo uno straordinario interprete: Michel Petrucciani. Non era nato fortunato: il corpo era un groviglio di muscoli, nervi e ossa, gli organi vitali compressi, come usciti da una centrifuga, non da un utero. A stento il fiato per parlare, a grande fatica saliva sullo sgabello per arrivare alla tastiera.

Eppure, contro ogni evidenza, qualcuno – un maestro nel piú nobile senso del termine – deve avere pensato che anche quel bambino deforme poteva nascondere dentro di sé un talento e forse, intuendo proprio questo, lo ha fatto sedere di fronte a un pianoforte, semplicemente aspettando.

Proprio quel dolore ha dato a Michel la forza di «andare oltre», di stupire se stesso prima degli altri.

Quel maestro ha permesso a Petrucciani di rendere straordinaria la sua vita breve, a noi di godere per sempre della sensibilità raffinata di un uomo contenuta in un involucro disgraziato e incongruo.

Quest'idea di educare è entrata con la furia di una tempesta anche nella vita di un altro leggendario artista: Ray Charles, «the Genius».

Un recente bel film di Taylor Hackford – *Ray*, appunto – ha messo in luce un aspetto della sua biografia che mi è sembrato fondamentale.

Il piccolo Ray, che ha appena perso tragicamente il fratellino, soffre per un'infezione agli occhi che lo porterà rapidamente alla cecità. La madre, sola, analfabeta e poverissima, non ha strumenti per far sí che il figlio non si perda, ma solo una possibilità: farlo crescere piú forte possibile. Un obiettivo quasi disperato per un bimbo povero, cieco e nero nello Stato piú razzista degli Usa.

Una sequenza del film ritrae il piccolo Ray mentre entra in casa: l'infezione gli ha già quasi completamente oscurato la vista, ormai vede solo ombre sfuocate. La madre lo sente entrare, l'osserva strusciare lungo le pareti, procedere a tentoni piangendo e implorando aiuto: lei si nasconde serrando in gola il suo terribile sconforto.

Ray sbatte contro un mobile, inciampa in uno scalino: la madre trattiene disperatamente le lacrime, ancora in silenzio. Sente che l'unico modo per salvare il figlio è far sí che nel tempo piú breve possibile egli possa costruire i propri anticorpi psicologici per sovvertire il piú cinico e scontato dei destini. «Ricordati: tu non sei un disgraziato», continua a ripetergli.

Ray Charles è diventato colui che abbiamo ascoltato, conosciuto e amato proprio grazie a una donna senza cultura né denaro, ma con un talento insuperabile di educatrice.

In alcuni miei libri precedenti (*Non siamo capaci di ascoltarli* e soprattutto *Noi, voi*) ho indicato l'autostima, l'autonomia e la creatività come i pilastri fondamentali di ogni progetto educativo. Spesso si ritiene che le si apprende nel corso dell'esistenza: è vero solo in parte.

Per spiegarmi vorrei prendere a prestito – e reinterpretarlo a modo mio – un esempio citato da Donald Woods Winnicott, pediatra e psicoanalista inglese pioniere del pensiero che ha rivoluzionato lo studio del rapporto madre-bambino.

Immaginiamo di essere seduti in un salotto dove arriva velocissimo un bambino che da qualche settimana ha imparato a gattonare: conquista in un battibaleno il centro della stanza e comincia a guardarsi attorno. È improvvisamente colpito da un meraviglioso bicchiere di porcellana rossa appoggiato su un tavolo non lontano. Lo fissa. E che fa? Decide di andare a prenderlo!

Dirigendosi senza incertezze verso quel bicchiere, dimostra di godere di una prima grazia naturale – l'autostima – ed esprime come a muoverlo sia un'emozione di piacere. In altre parole, in quel bambino si può riconoscere una sorta di «tropismo psicologico» (in biologia, per tropismo s'intende una risposta a uno stimolo esterno che determina il movimento dell'organismo verso una particolare direzione, come capita ad esempio ai salmoni che dall'oceano si dirigono, appunto per tropismo, verso i ruscelli scozzesi dove deporre le uova). E tale meccanismo lo porta a soddisfare le proprie esigenze emotive.

Non è un percorso scontato, se si pensa a quante volte nella vita si compiano scelte davvero basate sulla semplice necessità di soddisfare le proprie emozioni. Quante volte, in amore ad esempio, si tende invece a «far piacere» all'altro (su qualche testata di letto matrimoniale, ai tempi delle nostre nonne, avevano inciso: «Non lo faccio per piacer mio, ma per render grazie a Dio»), piuttosto che rispettare anche le proprie esigenze?

La seconda azione che quel bimbo compie è appunto l'andare verso ciò che gli piace. Ed ecco emergere un'altra grazia: l'autonomia. Egli infatti fa istintivamente riferimento a se stesso, inconsapevolmente intuisce di avere dentro di sé le risorse necessarie a soddisfare il proprio progetto, non le cerca fuori di sé.

Anche questo potrebbe sembrare scontato, ma non lo è: quanti adulti non fanno che cercare nell'altro una conferma alle proprie decisioni? quanti dipendono dal giudizio altrui e lo temono? quanti diffidano di ciò che suggerisce loro il proprio istinto e prendono in considerazione quasi soltanto ciò che pensano gli altri?

Quando poi il bambino, avvicinatosi finalmente al tavolo, capisce che il magnifico bicchiere è collocato troppo in alto per lui... che cosa fa? Inventa qualcosa ancor piú stupefacente di ciò che ha fatto finora, mette in atto una risorsa fino ad allora a lui sconosciuta, compie uno sforzo sovraumano: si alza in piedi!

La terza grazia: la creatività, cioè l'arte di sapere che, quando te la vedi brutta nella vita, non hai solo una soluzione possibile, ma due, tre, forse anche quattro per provare a salvarti la pelle.

Il piccolo sa bene che non appena si alzerà, cascherà, ma ci prova comunque. Infatti si alza, cade e si rialza, per cadere di nuovo. Facile e scontato perfino questo? Già molto meno, se si pensa con sincerità alla propria esperienza di adulti.

Quel bambino dunque dimostra come già all'origine l'essere umano possiede gli strumenti fondamentali per crescere psicologicamente forte. È proprio la natura che lo prevede: infatti, quando incontriamo una persona che ci colpisce positivamente diciamo che è un tipo «originale», che assomiglia cioè a quando è nato, ovvero che ancora non è guastato da una pessima educazione.

Cosa fa infatti il cattivo educatore? Prende quel bicchiere e glielo porge, magari dicendogli: «Tesoro mio, non c'è nessun bisogno che fai tutti questi sforzi, non è necessario cadere e rialzarsi ogni volta, ci sono qui io e ti posso aiutare… io ti voglio bene…»

Un gesto cosí l'abbiamo chiamato spesso «amore», invece è un tranello. Se quel bambino potesse chiedere a quel genitore apparentemente cosí buono e comprensivo: «Grazie, ma il tuo aiuto è gratuito? O devo pagare un prezzo per la tua generosità?», l'adulto dovrebbe rispondere, se fosse sincero: «Be', proprio gratuito no, ci sarebbe un piccolo obolo da versare, che tuttavia puoi anche dilazionare lungo tutto l'arco della tua esistenza: devi dipendere da me. Io ti facilito la vita, tu non devi fare sforzi o affrontare inutili pericoli a patto che tu mi riconosca il ruolo di salvatore. In qualsiasi cosa d'ora in poi ti voglia cimentare, dovrai chiedere il mio aiuto o il mio consenso o il mio giudizio... »

Provate ora a immaginare quel bambino cinquant'anni dopo: magari è diventato un bravo commercialista o ha percorso un'onesta carriera di insegnante. Poniamo il caso che abbia ancora in vita la mamma, ormai oltre la settantina. Ci sarebbe da scommettere che l'anziana signora ripeterebbe la stessa telefonata fatta per decenni: «... hai visto che tempo fa oggi? Guarda che piove, ti sei ricordato di metterti l'impermeabile? Copriti bene che fa freddo... » Penserebbe di avere, certo, un figlio ormai piú che maturo, ben avviato professionalmente, ma un uomo che dev'essere ancora controllato, guidato come un bambino perché altrimenti, se lasciato in balía di se stesso, chissà cosa sarebbe capace di combinare. «... ah, se non ci fossi stata io, quante broncopolmoniti si sarebbe preso... » penserà tra sé e sé l'anziana mamma, orgogliosa del proprio ruolo salvifico.

Di persone dipendenti dall'altro, cresciute nel timore di sbagliare è disseminato il pianeta. Hanno trascorso l'esistenza nel gregge, mai un pensiero originale, mai un giudizio proprio. Quadrupedi, non già bipedi; non persone allevate all'idea di dover essere orgogliosi di stare al mondo, alla consapevolezza che ci vuole coraggio a difendere ciò che si pensa anche, e soprattutto, a costo di essere contro la volontà altrui. Coraggio e abnegazione: doti con cui un genitore può provare a educare i figli, a patto che riesca a rimanere ai margini di quel processo. Dimostrerebbe di possedere, in questo modo, la dote sovrana dell'educatore: l'esserci senza esserci, presenza senza invasione.

A questo punto un dubbio può affiorare: se il gesto di porgere l'ambito bicchiere rosso al piccolo deciso e gioioso esploratore gattonante è cosí facilmente identificabile come «nocivo» per la sua futura esistenza, perché rappresenta uno degli atteggiamenti piú comuni tra i genitori?

I motivi possono essere diversi, ne accenno due.

Uno è il ruolo che la dipendenza conferisce a chi la induce, ovvero al genitore. È infatti evidente che il rafforzamento del ruolo salvifico permette di riempire un vuoto di senso che spesso padri e madri percepiscono oggi piú che mai, dal momento che il compito di tutela primaria (procurare un tetto, cibo, vestiti, istruzione ecc.) è assicurato dal benessere economico e da agenzie extra-familiari. Rimanendo dunque di competenza fondamentalmente genitoriale soprattutto il ruolo educativo, l'induzione di una dipendenza emotiva si è diffusa e praticata nelle famiglie proprio in quanto deresponsabilizzante.

Una seconda spiegazione potrebbe derivare da ciò cui la somma dei tre elementi fondamentali descritti – autostima piú autonomia piú creatività – può portare: la crescita di una persona fondamentalmente libera. E non è affatto provato che sia la libertà quello che la maggioranza degli adulti desidera per i propri figli.

Infatti è difficile che un padre che possieda, ad esempio, un avviato gabinetto dentistico o un noto studio notarile rinunci all'idea che il proprio figlio o figlia lo ereditino, e difenda invece la loro libertà di seguire una propria passione.

Ancor oggi una parte dei genitori è indotta a ritenere

che la soddisfazione delle ambizioni dei figli non possa né debba essere alla base della loro scelta di vita, ma che le economie domestiche e il prestigio sociale della famiglia abbiano a contare, in definitiva, molto di piú.

Fredda serata d'inverno, splendida enoteca a Pietrasanta: lungo salone illuminato soltanto da candele, pareti imbottite di centinaia di bottiglie, pavimenti di vecchie marmette a disegni geometrici conservano al locale un'atmosfera semplice, intensa identità familiare.

Ceno con Zucchero Fornaciari e altri amici musicisti nell'ultima stanza in fondo: la vecchia cucina dove un cuoco sapiente arrostisce bistecche e salsicce sulla griglia di un camino di pietra serena.

Brace odorosa, carne al sangue, qualche bottiglia di vino rosso corposo: l'ideale per scaldarsi parlando di musica. Si discute se creatività e talento siano grazie naturali o se possano essere acquisite dall'esperienza e rafforzate dall'educazione magistrale.

Zucchero mi racconta i suoi inizi in piccole orchestre nei locali della Versilia: amori e musica stemperati all'alba, sogni e illusioni da giovani artisti generosi. Poi aggiunge: «Una sera mi capita d'incontrare un signore di un'importante casa discografica, ascolta suonare il mio gruppo e poi mi chiede di lavorare per lui. Mi offre un contratto, ma non per un long-playing e basta: per cinque. Sapeva che il mio primo disco sarebbe stato scadente e forse anche il secondo, ma sapeva anche che, se davvero avessi avuto talento, prima o poi sarebbe venuto fuori... e mi dava il tempo necessario perché facessi emergere ciò che avevo dentro...»

Oggi sembra siano rari i manager dotati di fiducia e coraggio, capaci di credere e puntare su un giovane artista: «Oggi o funzioni subito o niente, sei morto, non interessi piú a nessuno, sei definitivamente fuori dal mercato», conclude Zucchero con lo sguardo velato da un'amara ironia.

Dove sono finiti i maestri, i talent-scout in grado di identificare nella massa la persona che ha qualcosa da dire? È come se non ci fosse piú chi è in grado di costruire un piccolo progetto per un giovane artista, aprendogli una strada, sapendo aspettare che quel bocciolo si apra e profumi.

Sembra che non vi sia tempo per i giovani, e i giovani non sempre hanno o trovano la grinta per riprovare.

I cataloghi degli editori sono pieni di meteore: pubblicare un buon romanzo, magari di successo, e poi scomparire può fare molto male soprattutto se l'identità dell'autore è ancora giovane e incompiuta. Il vero maestro è colui che riesce a far volare scoprendo le qualità del discepolo, ma deve essere anche capace di farlo atterrare morbidamente, in attesa di un nuovo slancio. Deve insegnare a non temere i trampolini di lancio, ma nemmeno a sottovalutare l'importanza di un buon paracadute.

Si parla tanto di eclisse della creatività, di scomparsa dei talenti, molto meno delle disabilità degli adulti a credere nei giovani e nelle loro capacità, a sfidarle.

La creatività mi sta molto a cuore, non solo per questioni familiari (ho passato l'infanzia nell'odore di acquaragia, abbagliato dai colori dei miei nonni pittori), ma soprattutto perché essa porta direttamente alla sensibilità, ovvero avvicina alla qualità superiore dell'uomo.

Il massimo della creatività comporta un'inibizione della normalità, intesa come rigidità del pensiero: il creativo è mentalmente flessibile, dunque psicologicamente labile.

Qualche anno fa sono stato invitato a un'edizione del festival di San Remo; in quell'occasione ricordo di aver affermato esattamente ciò che ho appena esposto a un settimanale di musica. Mi sembrava di aver detto cose scontate, invece ho suscitato, non volendolo, un putiferio: nessuno in quell'ambiente artistico pareva in grado di ammettere di essere psicologicamente fragile, appunto labile. Nemmeno i musicisti sembravano capire che non si tratta di un difetto ma di un pregio, quasi che anche loro si fossero fatti incantare dal mito della normalità, del piú pedante ossequio alla funzionalità sociale.

La creatività porta alla sensibilità (e viceversa): essa funziona come un palloncino che piú si gonfia (di talento) e si dilata, piú aumenta la propria superficie di contatto con la realtà meno appariscente del mondo, ovvero l'inquietudine e il dolore i quali s'infrangono nell'anima dell'artista rendendola porosa alla fragilità.

Per questi motivi il creativo ha un'enorme capacità di rapporto empatico con ciò che lo circonda. Non ho mai conosciuto la vita di un grande artista – e sfido chiunque a studiarne le biografie da questa angolatura – senza trovarvi matasse complesse, appassionate, arrovellate da una conoscenza diretta del dolore: la semplice e fatua solarità non può produrre nulla di creativamente rilevante, semmai porta a replicare ciò che è stato già inventato ma non scopre il nuovo, perché questa operazione chiede molto a se stessi.

Ecco perché tra creatività e dimensione del dolore c'è un nesso che si chiama sensibilità, ed ecco anche una possibile spiegazione del perché tante persone la temano e la vivano come un pericolo.

«Mi sono accorta che mio figlio sta crescendo sensibile, troppo sensibile, me lo dicono anche gli insegnanti... e se dovesse soffrirne, quando diventerà grande?», mi dicono spesso dei genitori.

Chissà dove la fantasia li sta conducendo, chissà come vorrebbero i loro figli per affrontare bene l'esistenza: cinici, indifferenti, insensibili? E ciò li porterebbe a non soffrire? Certo li porterebbe a non gioire, a non conoscere alcun travaglio emotivo, ma soltanto ad astenersene: significherebbe educarli all'anestesia. Perché la vita sognata da molti genitori per i loro figli dev'essere un'autostrada senza curve, senza dossi, senza salite? Perché si vuole prescrivere un'esistenza in cui non ci si accorga di nulla, in cui sia preferibile far finta di niente? Il dolore, la sensibilità – che non vuol dire apprensione – sono per molti sinonimi d'intralcio, aggravano la vita che si vorrebbe come un *prêt-à-porter* a buon prezzo, qualcosa che non deve essere scelto ma solo indossato, senza chiedere troppo.

Uno dei modi piú antichi e subdoli per inibire e controllare il senso di autostima nei bambini e nei giovani – quindi la forza di crescere – consiste nell'iniettare loro sotto cute l'idea di accettare i propri limiti: una vera e propria ossessione per i nostri metodi educativi, una mortifera antitesi alla pedagogia della libertà.

L'esperienza mi indica la via opposta: a non aver limiti. Mi rendo conto di non essermeli mai imposti: non per onnipotenza narcisistica, piuttosto per ottimismo, per un personale senso di speranza.

I limiti vengono dalla realtà e pensare solo realisticamente, sovente, è segno di mancanza d'ambizione e di fantasia.

Credo piuttosto negli squilibri moderati dell'uomo, nei suoi percorsi sragionevoli.

L'antitesi equilibrato/non equilibrato mi sembra priva di significato: a volte anche l'equilibrio può diventare un limite. La visione ragionieristica della vita – quella contenuta e tratteggiata da una continua giustapposizione di categorie e loro correzioni – non mi interessa, la trovo ristretta, asfittica, segnale di ossessioni nascoste o irrisolte.

Una volta le nonne intimavano ai nipoti «prima o poi dovrai mettere la testa a posto!», ma qual è il posto giusto, quello dove la testa dovrebbe stare?

Sarebbe come educare i figli all'idea che chi ama debba porre dei limiti al proprio affetto: ma chi ama non calcola il desiderio, non conta i baci, non misura gli abbracci. Perché cerca l'altro, non se stesso nell'altro: amare non è ricerca di somiglianze ma di diversità, non necessità d'uguaglianze ansiolitiche ma bisogno di mirabolanti discrasie.

Chi ama, ama. Scrive Erich Fried, grande poeta austriaco.

«È assurdo
dice la ragione
È quel che è
dice l'amore

È infelicità
dice il calcolo
Non è altro che dolore
dice la paura
è vano
dice il giudizio
È quel che è dice l'amore

È ridicolo
dice l'orgoglio
è avventato
dice la prudenza
è impossibile
dice l'esperienza
è quel che è
dice l'amore...»

Chi ha paura delle emozioni – proprio perché, per definizione, contraddittorie e improvvise – vive veramente? O ciò rappresenta l'antitesi della vita?

Scellerato è colui che agisce senza conoscere i propri limiti, ragionevole chi, verificandoli, vuol capire come superarli.

L'idea del limite – e la sua intrinseca, purtroppo persuasiva, forza pedagogica – nasce per controllare le persone, per costringerle a crescere all'interno di uno steccato, a vivere mortificandosi: costituisce la via pedagogica alla frustrazione, un progressivo annientamento di aspettative e delle piú elementari ambizioni esistenziali.

Le regole sono evidentemente fondamentali. Vale in senso assoluto il rispetto per e degli altri, ma non riguarda sempre e necessariamente il rispetto nei confronti di se stessi: se esso, infatti, diviene sinonimo del non osare mai, come si fa a sapere cosa si è veramente in grado di fare, quindi chi si è veramente? Chi e che cosa si sta dunque rispettando?

Una ragionevolezza cosí intesa può essere castrante: rischia di tarpare le ali, impedisce di volare verso una vita piena.

Se è dunque necessario insegnare il rispetto del limite sociale (regole etiche che segnano l'appartenenza a una comunità e ostacolano gli arbitrii), trovo invece manipolatorio, quindi autoritario, fondare l'intera educazione individuale, l'intera preparazione all'esistenza sull'idea di limite.

Essa non può aiutare l'adolescente a costruire la propria identità: al contrario, facilita la sua ricerca su ciò che può trovare qui e ora, rinunciando per sempre al coraggio di osare altrove.

Un limite fondamentale che Bernard Bensaïd, medico e psicoanalista francese, mi ha voluto spiegare, alcuni anni fa, con una storiella metaforica.

È notte. Un signore, rincasando, vede un uomo cercare qualcosa sul marciapiede alla luce di un lampione. «Cos'ha perduto?» chiede rallentando il passo. «Le mie chiavi di casa», risponde l'altro. Allora si ferma ad aiutare lo sfortunato; passa un po' di tempo, ma le chiavi purtroppo non si trovano. A quel punto chiede: «Ma è proprio sicuro di averle perse qui?» «Veramente no, ma qui c'è la luce», risponde l'uomo.

Dunque non è mai il pozzo a essere troppo profondo, ma la corda a non essere abbastanza lunga.

Mi capita spesso d'incontrare genitori che temono il confronto con i figli. Come se un contrasto, una sana litigata potesse compromettere chissà quale equilibrio mentale.

Ma un ragazzo cresciuto con tutti «sí» non conosce la frustrazione né il significato positivo del confrontarsi, ritiene l'altro un concorrente e mai una risorsa fondamentale per la propria crescita.

Forse, si tratta anche di effetti a lungo termine della passività indotta dalla televisione e piú di recente dalle tecnologie virtuali, che hanno sí arricchito le capacità cognitive dei fruitori – memoria, velocità del pensiero, attenzione – ma parallelamente atrofizzato quelle relazionali e affettive.

Un ragazzo cresciuto davanti a uno schermo è portato a temere qualsiasi relazione diretta, in quanto foriera di confronti e possibili frustrazioni.

Televisori e altri piú recenti strumenti di comunicazione sono tipi di elettrodomestici: perché allora non accenderli solo quando ci occorrono e spegnerli quando non servono piú? Chi lascerebbe aperto per ore il frigorifero?

Che differenza c'è tra un telefonino e un citofono, a parte il fatto che il cellulare si porta con sé? Eppure nessun ragazzo personalizzerebbe un citofono con colori e piccoli oggetti amorosi come fa col telefonino: evidentemente il rapporto con questo strumento è diventato cosí intimo perché è la sostituzione virtuale della comunicazione faccia a faccia, è diventato il corrispettivo della sua intimità.

Il problema dunque non è criticare la comunicazione virtuale, che comunque esiste, quanto segnalare ciò che ne favorisce il dilagare, ovvero il vuoto da cui si alimenta.

Pur cresciuto in una famiglia laica, ho trascorso parte della mia adolescenza dai preti, precisamente presso l'Antonianum di Padova.

La mia frequentazione era facilitata dalla vicinanza a casa di quella parrocchia e dalla presenza di campi per giocare a pallone, pallacanestro, rugby. Tra quei boschetti e quei prati potevo, in assoluta sicurezza, correre in bicicletta e giocare con gli amici. C'erano anche i gesuiti, naturalmente, con le loro scuole di catechismo, i riti, le messe; ma c'erano anche i fili di liquirizia e la cioccolata calda, il cineforum alla domenica pomeriggio, le gite e i soggiorni in montagna d'estate e a Natale.

Insomma l'Antonianum era il luogo dove, non solo per me ma per intere future classi dirigenti, era possibile formarsi: tra i calciatori in erba e i chierichetti c'erano preti e boy-scout, dunque adulti piú o meno giovani con cui generazioni di adolescenti potevano parlare, confrontarsi, trovare risposte, impostare un proprio giudizio sul mondo.

Oggi – non sono passati nemmeno quarant'anni – tutto questo non esiste piú. Il famoso collegio universitario dell'Antonianum, che ha alloggiato migliaia di studenti universitari di tutt'Italia, è stato venduto: al suo posto, mi hanno detto, hanno realizzato una gran quantità di miniappartamenti. Anche il cineforum della domenica è sparito. Tutto finito, alienato per sempre.

Mi chiedo dove vadano oggi i ragazzi di quella città, dove passino il loro tempo fuori di scuola. Semplice, stanno a casa propria, piú precisamente nelle loro camere da letto arredate dai genitori come perfetti loculi tecnologici con tutto il necessario per rimanere totalmente isolati e comunicare solo virtualmente con il mondo esterno. Non è proprio la stessa cosa rispetto al sapore delle liquirizie e dei bomboloni alla crema, al sudore di una partita di pallone, all'eccitazione di una rissa non troppo presto sedata, alla complicità di un segreto detto a un amico all'ombra di un albero.

Da laico potrei sentirmi totalmente disinteressato alla trasformazione dell'Antonianum in miniappartamenti, ma da cittadino cosciente non posso non preoccuparmi per la perdita definitiva di un luogo d'aggregazione giovanile di cosí forte valenza: non è difficile immaginarne gli effetti negativi sulle nuove generazioni anche perché non è stato rimpiazzato da alcun altro luogo urbano. Quei campi da calcio, quei boschetti sono stati sostituiti dalle camere da letto hi-tech.

Eppure gli amministratori delle nostre città non sembrano aver capito – e con loro nemmeno molti cittadini, nemmeno la Chiesa – il grande vuoto che negli ultimi decenni è calato attorno e dentro ai ragazzi. Nessuno sembra essere stato capace di sostituire i luoghi della nostra infanzia con altri spazi piú aperti a tutti. Gratuiti, intelligenti, accoglienti, colti, divertenti: educativi.

Il problema dunque non è ritenere la televisione piú o meno responsabile per ogni danno perpetrato sui giovani, quanto piuttosto offrire alternative reali ai nostri figli. In altre parole, non sono soltanto i programmi di Maria De Filippi e simili a nuocere, ma il fatto che soltanto questi siano gli appuntamenti nel panorama pomeridiano di un adolescente.

La consapevolezza di ciò dovrebbe indurre i cittadini adulti a indignarsi e a creare le condizioni di un cambiamento.

Pur fuori da ogni generica criminalizzazione dei media, non può essere taciuta l'importanza educativa degli strumenti di comunicazione, dunque la responsabilità di chi li crea e di chi li gestisce.

Pensare e mandare in onda un programma significa contribuire alla costruzione della cultura e dei linguaggi delle giovani generazioni, dunque la televisione non può esimersi dall'assolvere un ruolo primario nell'educare.

Tra gli innumerevoli possibili esempi di mancata assunzione di tale responsabilità, vorrei citare quanto è accaduto all'ultimo festival di San Remo.

Per la serata inaugurale di quel programma, la prima rete Rai ha infatti deciso d'invitare come ospite d'eccezione – se lo ricorderanno in molti – niente di meno che Mike Tyson, ex campione del mondo di pugilato con passato di risse, carcerazioni, accuse di stupro: non una leggenda dello sport, soltanto un brutale picchiatore con qualche dente di meno in bocca e un tatuaggio inquietante su una guancia. Una presenza raccapricciante, senza storia né pathos, uno dei tanti ragazzi di strada cresciuti con cuciti addosso l'odio e la voglia di diventare, a tutti i costi, miliardari.

Faticavo a capire il senso di una scelta del genere, operata oltretutto dalla rete ammiraglia della televisione pubblica in un orario di massimo ascolto familiare e in occasione del piú importante evento popolare dell'anno: forse soltanto interessi legati alla pubblicità o alla necessità di stupire un pubblico altrimenti in fuga.

Quasi un italiano su due era davanti al televisore a vedere quel fenomeno da baraccone seduto su un trespolo: la polemica che ne seguí durò lo spazio di un mattino. Probabilmente erano davvero troppo pochi a stupirsi, quella sera.

A volte però le coincidenze aiutano a capire.

La mattina seguente sono invitato dalla Questura di Terni a un seminario sulla violenza che si scatena settimanalmente tra i giovani supporter delle squadre di calcio. Seduti a fianco a me, noti rappresentanti delle Federazione Italiana Gioco Calcio affermano che trovare un arbitro volontario per una partita di un qualsiasi girone dilettanti è diventato quasi impossibile: nessuno è disposto a rischiare la propria incolumità fisica per dirimere una prevedibile e preventivata rissa tra tifosi e calciatori. Né riesco a immaginare quanto si spenda in Italia per assicurare un minimo di tranquillità intorno agli stadi: milioni di euro ogni domenica.

L'evento mediatico di San Remo e la violenza giovanile sono facce di un unico fenomeno, talmente ben costruito da sembrare prodotto dalla mente malata di un occulto quanto surreale regista, con l'obiettivo di diffondere e far perdurare nella cultura della nostra comunità la piú brutale violenza, in barba a qualsiasi principio di tolleranza o appello alla solidarietà.

Se fosse vero, un progetto cosí abietto non avrebbe bisogno di un'organizzazione complicata, sarebbero sufficienti poche e semplici fasi.

Basterebbe promuovere il valore educativo della violenza, inteso come qualità della persona, capacità individuale di emergere, strumento indispensabile di affermazione sociale. Per farlo, occorrerebbe sbandierarne senza pudore un emblema. Ecco infatti che il piú popolare show televisivo dell'anno trova il vessillo perfetto: Mike Tyson, il boxeur galeotto.

Questo il messaggio lanciato ai giovani dal cinico regista dell'orrore, coerentemente con valori in gran parte condivisi: se volete aver successo non occorre cultura, bastano muscoli possenti; non bisogna cercar di diventare miti e civilizzati, ma rimanere selvaggi come i gorilla di montagna nostri antenati.

Qualcuno potrebbe obiettare che un'intervista a Tyson, per quanto veicolata da una trasmissione di enorme impatto, non possa di per sé costituire una significativa induzione dei giovani alla violenza.

Il problema vero è che quell'intervista esprime un clima culturale di complicità con la violenza di cui la televisione è, coscientemente, parte.

Un altro esempio? Basta accenderla il sabato sera alle venti – un orario piú familiare di cosí...– per constatare che una rete di Mediaset manda in onda *Wrestling Smackdown*, ignobile spettacolino acquistato dagli Usa – ovvero il peggio della cultura americana, a metà strada tra cowboy di periferia, immondizia hollywoodiana e clown dilettanti – dove energumeni grossi almeno il doppio del signor Tyson si sfidano in duelli finti fatti di ogni genere di bestialità e di scurrilità. Il tutto condito da un commento

– questo made in Italy – che rende il tutto piú accattivante utilizzando il gergo tipico delle trasmissioni d'intrattenimento per giovani: ammiccante e ironico. E non tutti i ragazzi hanno gli strumenti per giocare con quell'ironia.

Ma il progetto del nostro cinico regista occulto non poteva certo finire qui.

Una volta garantita la «base culturale» del proprio consenso, bisogna creare le condizioni perché la violenza insegnata e divulgata possa liberarsi appieno. Ecco dunque che i giovani – ragazzi e anche ragazze, come dalle piú recenti statistiche sulla diffusione di criminalità e bullismo – sono portati a vivere al chiuso, piccoli animali in cattività: camerette insonorizzate, grigi corridoi scolastici, bar fumosi, discoteche assordanti. Niente aria aperta, fantasia, luce, stimoli alla creatività, spazi all'emotività: e quando quest'ultima viene cosí a lungo repressa e compressa, prima o poi dovrà pur scoppiare. E infatti deflagra immancabilmente: ogni sabato notte dopo la discoteca, ogni domenica allo stadio, qualche altra sera davanti all'unico pub del quartiere.

E intanto, dal lunedí al sabato, cosa devono fare gli adolescenti per non deludere il regista? Nulla: annoiarsi, rimbecillirsi passando il proprio tempo a credere di comunicare col mondo via tv o cellulare. Ma possono anche adattarsi ai riti perbenisti voluti dai genitori: piscina, palestra, stare ore su compiti che una scuola inefficiente non riesce a smaltire.

Forse l'obiettivo inconfessato del nostro surreale regista occulto è proprio questo: far crescere un piccolo esercito di giovani sufficientemente violenti pronti per l'uso, distruggere o assecondare quella o quell'altra ideologia, servire umilmente la malavita. Un piccolo esercito di quadrupedi obbedienti, al posto di ragazzi e ragazze che avrebbero potuto respirare il – pericoloso? – profumo della libertà.

Ecco perché intervistano Mike Tyson e non Alda Merini.

Esagerazioni? Trascurabili opinioni personali? Può darsi, eppure da anni sono testimone diretto di quanto ho descritto.

È difficile, infatti, che passi una settimana senza che un giornalista mi chieda di commentare l'ennesima violenza perpetrata da gruppetti di ragazzi e ragazze di qualsiasi strato sociale. Di solito sono cronisti di quotidiani di provincia, zone periferiche assai interessanti e significative per provare a capire questo malridotto e complesso territorio.

Ogni tanto però accade qualcosa che attira anche l'attenzione dei media piú importanti, «il caso» cui tutti, per un attimo, sembrano interessati.

Ha iniziato un gruppo di studenti di uno dei piú prestigiosi licei di Milano, il Parini, subito dopo l'hanno imitato ragazzi di un liceo in Calabria e poi ancora di molte altre realtà.

Si tratta di uno dei tanti episodi di bullismo, da tempo tra le condotte giovanili piú diffuse. Questa volta l'atto vandalico è piú grave del solito: il gruppo entra nella scuola nottetempo spaccando le finestre, apre i rubinetti dei lavabi di un bagno, li blocca in modo che l'acqua possa esondare, poi scappa. Alla riapertura della scuola, l'istituto è inagibile e viene evacuato.

Cosa fa piú scalpore in questa vicenda? l'idea che il bullismo sia arrivato a tanto, o che ne facciano parte studenti di un liceo prestigioso, i figli della buona borghesia, i rampolli del privilegio? tanto vandalismo, cinismo, vigliaccheria son diventati caratteristiche della personalità anche di ragazzi «perbene»? ci siamo forse già scordati di Novi Ligure, di Leno, dei tanti misfatti compiuti in questi ultimi anni proprio da adolescenti «perbene»?

Pier Paolo Pasolini l'aveva pur stigmatizzato, l'indomani del massacro delle ragazze al Circeo. Piú di trent'anni fa. Forse invano.

Fondamentale nel meccanismo mentale che produce comportamenti simili negli adolescenti – che quindi, per definizione, «devono» essere eclatanti – è la certezza della visibilità: ovvero ciò che molti adulti hanno consegnato ai giovani come un valore aggiunto del loro proprio agire, del proprio essere.

Esattamente questo è accaduto anche stavolta: l'inondazione ha permesso a centinaia di migliaia di cittadini di sapere che loro, i piccoli delinquenti del Parini, esistono. Quegli adolescenti sono usciti momentaneamente dall'anonimato: per una volta tanto il liceo, il quartiere, la città, le famiglie, gli amici, i sociologi, i giornalisti, gli psicologi, tutti parlano di loro. Non ci sarebbero riusciti semplicemente studiando molto, passando l'esame di maturità a pieni voti, leggendo con gusto e passione Sofocle o Buzzati.

No, per esserci bisogna esagerare, anche nella banalità, anche nel dimostrare indifferenza verso cose e persone. Non l'hanno pensato solo gli studenti del Parini, chissà quanti altri in giro per l'Italia avranno sognato di farlo: «loro sí che sono dei miti», si saranno detti.

Non si tratta solo dell'effetto perverso di un contagio imitativo, quanto piuttosto dell'agghiacciante condivisione di un punto di vista: quello che fa credere a un adolescente di essere una nullità se non inserisce, nella propria noiosa quotidianità, una chimica in grado di fargli vivere l'attimo della ribalta; non importa come, basta che sia facile e alla portata di chiunque. Non occorre merito, intelligenza, talento: basta rompere il vetro di una finestra della propria scuola e il tuo titolo in prima pagina non te lo toglie nessuno. Oltretutto, le conseguenze disciplinari non sono nemmeno cosí drammatiche: inondata la scuola, subita una blanda reprimenda di genitori, gli insegnanti avevano dapprima proposto una sospensione da scuola di quindici giorni (agghiacciante: l'agenzia che dovrebbe essere chiamata a educare è la prima ad abdicare proprio nel momento in cui ve ne sarebbe piú bisogno!) poi però li hanno tutti promossi, mentre il tribunale dei minori opta per una messa alla prova per qualche mese. Stemperata la breve paura, quei ragazzi torneranno nel gregge, si confonderanno nella massa fino alla prossima bravata, alla prossima chimica.

A qualcuno tra coloro che hanno seguito sui quotidiani la vicenda, non sarà sfuggito che in quel gruppo di studenti vi erano anche delle ragazze.

Quando, anni fa, cercavo di dire che il dato piú inquietante nel mondo della piccola criminalità giovanile era proprio la crescente presenza femminile, mi si ribatteva che erano dati falsati dal fenomeno migratorio (effettivamente una parte del problema è legato alle giovani extracomunitarie). Ora le cronache sono davanti ai nostri occhi e mostrano come le ragazze siano precocemente inquinate, prima dei ragazzi, dalla perdita di progettualità che sta intossicando le giovani generazioni.

Le ragazze sono in genere piú sensibili dei maschi coetanei, quindi sentono prima la mancanza di prospettive (*hopelessness* la chiamano gli inglesi, ovvero perdita di speranza, disperazione). Non sarà poi un caso che protagonista della storia di ordinaria malinconia giovanile, raccontata superbamente dallo scrittore/insegnante Marco Lodoli su un quotidiano qualche tempo fa, fosse proprio una ragazza...

Una conferma di quest'inquietante considerazione mi viene da un seminario di aggiornamento per insegnanti di scuole medie che ho tenuto in una cittadina ligure.

La preside mi sottopone il caso di un gruppo di ragazze che si diverte a scrivere all'interno della porta dei bagni maschili nome, numero di cellulare e specifica tipologia di prestazione sessuale di una compagna di classe. La prescelta incarna l'identikit perfetto della molestata: grassottella, timida, introversa e molto brava a scuola, ovvero diversa.

La vittima viene immediatamente bersagliata da sms e foto pornografiche via telefonino dai maschi dell'istituto e non solo. I genitori delle molestatrici, convocati a scuola e messi a corrente dell'accaduto, manifestano la piú scontata espressione di meraviglia e impotenza.

Questa volta però la scuola, almeno parte di essa, sembra reagire, come dimostra con grande efficacia la lettera che mi invia la preside di quell'istituto qualche settimana dopo i fatti. Ne riporto qualche brano.

> Ho fatto tesoro di un suo suggerimento – «aiutatele ad aprirsi, a spiegare il loro gesto, magari in assemblea» –, ho invitato le

protagoniste, le ragazze accusate, le compagne di classe interessate, a un primo incontro con me, la vecchia Preside, visto che tutti i colleghi hanno ammesso di non essere in grado di affrontare la cosa con convinzione.

In Aula magna erano una quindicina. Delle grafomani mancava solo una, la piú giovane, ammalata; le accusate c'erano tutte e si è aggiunta qualche amica. Le ho molto provocate, costrette a spiegare il significato delle loro frasi e a farlo di fronte alle calunniate, ho insistito perché confermassero o meno gli insulti, poi abbiamo parlato di sesso. Perché usare volgarità a sfondo sessuale per offendere e ferire? Perché il sesso suggerisce loro solo immagini, situazioni pornografiche? Ho cercato di farle pensare a due persone che si amano, che provano sentimenti cosí intensi da volersi mettere in gioco in modo totale, tanto da esaltare i loro corpi come i loro cuori e le loro anime. Ho chiesto loro di riflettere sul fatto che i gesti degli uomini e delle donne, che regalano gioia e non fanno del male ad alcuno, diventano «sporchi» solo se vengono pensati da menti sporche. Poi ho congedato tutte e me ne sono andata.

Ci siamo riviste una settimana dopo, le stesse con qualche amica in piú. Hanno parlato solo loro. Il gioco delle scritte era iniziato per «lasciare in questa scuola un segno del nostro passaggio», cosí hanno esordito le ragazze prossime alla licenza media. Volevano che di loro rimanesse un segno e volevano regalare un ricordo affettuoso alle amiche che resteranno ancora un anno: i «T.V.B., TUA PER SEMPRE, TUA AMICA FOR EVER...» erano per loro «cose belle da conservare». Su questa prima serie di messaggi si è innescata una reazione a catena, con inserimenti critici, poi offensivi, cui seguivano risposte sempre piú pesanti: una escalation forse inaspettata e incontrollabile da parte loro, che ha coinvolto anche molte «insospettabili» e subdole graffitare. Soprattutto, però, è stata sorprendente la loro reazione all'accusa di usare il sesso solo in funzione volgare e offensiva: le ragazzine «bene», quelle che sono sempre educate e controllate, hanno ammesso di provare spesso gli stessi stati d'animo, che si guardano bene però dall'esternare, convinte come sono che l'argomento sia disdicevole. Le altre, quelle «chiacchierate» e spesso emarginate per i loro comportamenti apparentemente disinibiti, le loro frequentazioni di maschi piú grandi, il loro viso un po' truccato e gli abiti osé – e fra queste, le piú criticate da compagni e mamme perbenino – sono state splendide. Il concetto di «sporco» le aveva fatte riflettere e ne avevano tratto lo strumento per reagire con serena consapevolezza alle malignità degli altri e per rivendicare dignità ai loro atteggiamenti di ragazzine forse troppo precoci, secondo il criterio degli adulti, ma certo non stupide, cattive e nemmeno corrotte se non nei giudizi dei bigotti.

Hanno aperto il loro cuore, in quella frettolosa riunione costantemente minacciata dal campanello, come mai avrei sperato che facessero, e abbiamo concordato: la scuola fornirà uno spazio bianco, grande, libero dove scrivere messaggi di ogni tipo – se scriveranno parolacce probabilmente verranno visti e ne risponderanno –, dal prossimo anno scolastico gli incontri con la Preside diventeranno una routine, un giorno alla settimana, a partecipazione assolutamente spontanea sugli argomenti piú disparati, «senza rete» per nessuno.

Il grande tabellone bianco su di un lato dell'atrio c'è già. A me è rimasto il regalo della loro commozione, della loro fiducia e quella frase scappata a Mau alla fine: «Peccato non averle fatte prima, le scritte sui muri: avremmo potuto parlare tanto...» Mi è rimasta una domanda piena di sensi di colpa: perché in una scuola come la nostra, cosí attenta alla relazione con gli alunni, disponibile all'accoglienza, in cui è estraneo il concetto di esclusione ed emarginazione, nessuno è riuscito ad ascoltare queste ragazzine in crisi? Chi siamo veramente, noi insegnanti: parolai incompetenti, educatori frettolosi e distratti, vittime del sistema e della burocrazia? Grazie per avermi prestato attenzione.

Non credo comunque che l'esempio ligure costituisca un episodio marginale o poco rappresentativo. Una recente indagine svolta nel Regno Unito dall'associazione benefica Nch rivela che il bullismo tende ad avvalersi sempre piú dei nuovi strumenti di comunicazione, di cui appunto gli adolescenti sono i massimi fruitori: il quattordici per cento dei ragazzi e oltre il venti per cento tra le ragazze sono vittime della violenza telematica.

Anche se il fenomeno del bullismo al femminile non è una novità, la sua declinazione tecnologica offre però lo spunto per un'ulteriore riflessione sui nostri adolescenti.

Le nuove forme di teppismo esprimono infatti una violenza ancor piú temibile di quella «classica» fatta di vandalismi e parolacce: anzitutto, essa richiedeva quanto meno una relazione diretta tra vittima e carnefice, il che ne circoscriveva i casi. L'uso dei telefonini (sms, foto e filmati) rappresenta invece una minaccia piú difficile da arginare e quasi incontrollabile, aprendo a chiunque la «carriera» di bullo/a.

Inoltre, al teppista di un tempo era richiesta l'appartenenza a un gruppo, la distinzione gerarchica tra leader ed esecutori: tutto visibile, dunque arginabile. Oggi, chiunque può perseguitare un altro senza dover osservare le regole di una banda, né sottostare a un capo.

Il bullismo quindi contribuisce a diffondere una cultura in cui il coraggio sembra aver perduto di fascino, non è richiesta nemmeno forza fisica, non occorre emergere tra pari. Anch'esso dunque educa gli adolescenti a nascondersi, a non assumere mai alcuna responsabilità in rapporto ai propri comportamenti, visibili soltanto a carnefice e vittima. Probabilmente questa tendenza a esercitare una violenza mediata non piú dalla prestanza ma dalla furbizia ha contribuito a rinforzare uno stereotipo femminile e quindi ad agevolare la diffusione del fenomeno tra molte ragazze.

È significativo anche il luogo dove la violenza viene esercitata. Non piú alla luce del sole, non piú in corridoi o cortili, fra la gente: la vittima può essere perseguitata nella propria camera da letto, di notte.

Il bullismo tecnologico permette di violare la privacy piú intima, di non lasciar tregua: la vittima deve arrivare ad aver paura di accendere il telefonino o di aprire la propria casella di posta elettronica. Un sottile sadismo in cui molte giovani femmine sembrano primeggiare.

Altro esempio. Questa volta siamo in una scuola media superiore a West Yorks, Inghilterra. Protagonisti un gruppo di quindicenni, vittima designata un bambino di undici.

I bulli, durante un intervallo, circondano, spintonano e gettano a terra il malcapitato; lo picchiano selvaggiamente fino a spezzargli un braccio.

Durante il pestaggio, uno degli assalitori estrae il telefonino – con videocamera – immortalando da vicino le varie fasi della violenza, compresa la frattura del braccio.

Poi, via internet, invia la documentazione ad amici e compagni di scuola.

L'associazione d'idee ci richiama le immagini atroci dei terroristi che in Iraq sequestrano e sgozzano le loro vittime sotto l'occhio di una telecamera.

La violenza si è appropriata di uno strumento di ulteriore malvagità: ieri le immagini di conflitti e stragi erano documentazioni militari o servizi di inviati di guerra, alcuni di questi memorabili per la denuncia universale in cui sapeva tramutarsi un'inquadratura fulminea; oggi in tv, internet e nuove tecnologie comunicative passano immagini che hanno fini strategici – ottenere consenso, ricattare, esercitare pressioni politiche o economiche – e che scovano dentro di noi, soprattutto tra i piú giovani, la morbosità.

Oggi possiamo vedere in diretta una decapitazione, la paura, il pianto, la disperazione di un uomo cui la morte si avvicina, l'atto del boia, la sua determinazione, il sangue, la testa mozzata, il corpo che si affloscia, le urla dei fanatici. Possiamo vedere in diretta ciò che nemmeno una rete televisiva è in grado di documentare: basterebbe ricordare l'uso dei telefonini per realizzare brevi filmati nell'immediatezza dei recenti attacchi terroristici accaduti a Madrid, a Londra, a Sharm el Sheik.

Tutto possibile da casa con un click, basta una rapida connessione e il nostro salotto o la camera di un ragazzo si trasformano in un patibolo, in una galleria dell'orrore: immagini talmente potenti che qualsiasi indignazione diviene afona.

Un esercizio alla clandestinità e all'indifferenza che deve piacere sempre di piú agli adulti, visto che, proprio in queste settimane, negli Stati Uniti è stato messo in commercio un cellulare con tre tasti perché possa essere facilmente utilizzato anche dai bambini piú piccoli.

Il tutto nel nome della libertà d'informazione.

Eppure ora che i ragazzi hanno visto – perché è arrivata sul loro computer – a cosa può giungere la violenza umana, siamo cosí sicuri che cresceranno migliori, piú consapevoli, piú maturi?

Chissà se quei bulli inglesi hanno voluto scorrere fino all'ultimo fotogramma il video di quei massacri.

È la libertà senza maestri, l'educazione senza regole etiche che può portare i piú giovani a far propria la barbarie, a replicarla. Le nuove tecnologie comportano nuove responsabilità da parte degli adulti.

Anche le nuove forme di bullismo dunque si adeguano all'idea che non esistano piú luoghi pubblici dove giocare e crescere, ma solo camere da letto illuminate da schermi di computer. La violenza, un tempo fisica, si è trasformata in psicologica, dunque subdola. Forse anche in questo molti adulti sono stati irresponsabili maestri.

Il discorso torna inevitabilmente alle regole e, specularmente, all'assenza di chi dovrebbe applicarle con amore severo.

I sindaci, soprattutto di paesi e piccole città, sono diventati negli ultimi anni osservatori involontari delle incapacità educative di molti genitori, in particolare dei padri.

Per riuscire ad arrivare a Lainate occorre passare qualche ora incolonnati tra camion, pulmini stipati di operai, berline di manager attaccati al cellulare. Superato l'immenso serpente di strade intasate, mi conducono finalmente in uno dei pochi luoghi umanizzati di quell'immensa periferia milanese: una parrocchia all'ora del tramonto, ragazzi e ragazze giocano, corrono nel campetto di calcio, guardano la televisione nella sala vicina al bar.

C'è la Coppa dei Campioni, sta giocando il Milan: alla conferenza vengono quasi solo donne.

A cena il sindaco sfoga la propria amarezza: qualche sera prima una pattuglia di carabinieri scopre un gruppo di sette ragazzi, tutti minorenni, intenti a svitare le lampadine di un semaforo; li ferma e li porta in caserma. I carabinieri convocano i genitori. Si presentano due madri soltanto per dire che i figli non avevano fatto nulla, erano lí per caso e dovevano essere rilasciati immediatamente. Una ricorda loro «delicatamente» che il marito fa l'avvocato.

Diversa area geografica, stessi problemi.

Un altro sindaco, stavolta di un paese in provincia di Treviso, mi racconta tra il divertimento e la preoccupazione quel che gli è accaduto qualche giorno prima. È tempo di campagna elettorale: gli impegni politici e amministrativi lo costringono a lavorare fino a tardi in municipio. Una sera esce quasi a mezzanotte e in fondo ai giardini vede tre ragazzi accanto ai cartelli elettorali: due ci stanno urinando sopra. Urla, si avvicina: sono i figli adolescenti di cittadini che conosce bene. Li costringe a entrare con lui in municipio, telefona ai genitori. Del primo, nessuno in casa; del secondo risponde il padre: «Ma ti pare un buon motivo per svegliarmi a quest'ora? Ne riparleremo domani, «notte...», e riattacca.

Un padre che non abbia avuto un padre è uomo instabile; un maestro che non abbia avuto un maestro è pericoloso.

Molto si è detto in questi anni sulle fragili radici dell'identità di chi è cresciuto deprivato di quella complicità severa di cui i padri dovrebbero essere portatori. Poco si è riflettuto, invece, sulla latitanza delle figure magistrali, di coloro cioè che sanno essere autorevoli.

La mancanza del padre può implicare carenza di regole morali e comportamentali; la mancanza di un maestro induce nei bambini e negli adolescenti una perdita di progettualità, induce miopia.

Educazione è esempio, in particolare esempio silenzioso nei mille piccoli e apparentemente insignificanti gesti della quotidianità; compone un lessico familiare che ognuno di noi riconosce come segno distintivo della propria identità.

Vorrei fare due esempi opposti: su ciò che di positivo si rischia oggi di perdere, su ciò che di negativo potrebbe affermarsi ancor piú.

Mia nonna materna era una vera regina nel preparare i passatelli, un impasto tipico della bassa Romagna (impreziosito da una grattugiatina di scorza di limone e di noce moscata): si mangiano in brodo o piú raramente asciutti. Inconsapevolmente, forniva, alle figlie prima e ai nipoti poi, un silenzioso e importante caleidoscopio sensoriale e affettivo, un messaggio capace di sopperire alle difficoltà e ai limiti della comunicazione emotiva dei genitori della sua generazione.

Quei gesti, quelle ritualità contenevano la magia della manualità, la consacrazione del saper fare, replicare e rendere migliore una cosa buona e bella: il piacere del ricevere, costruire e dare a propria volta (una sorta d'inconsapevole *know-how* affettivo).

Impastare è usare il tatto, muoversi con la sensualità che viene dall'assecondare il sapere delle mani dosando, toccando, osservando, assaggiando, sporcandosi di profumi antichi. I sapori, ovvero sublime confondimento sensoriale. Impastare vuol dire anche odorare, le mani sapranno di farina, di scorza di limone e di spezie ancora per qualche ora, dopo la preparazione del piatto. E annusare, naturalmente.

La preparazione di un cibo dice di noi: per molti della mia generazione un odore legato a una certa pietanza significa infanzia, e con essa gli echi, le parole, le urla ma anche le carezze, gli schiaffi, le risate di un'età pienamente vissuta e mai per sempre emotivamente tramontata.

Ricordo un bel film di un regista greco, Tassos Boulmetis, *Un tocco di zenzero*: il nonno, che aveva una bottega di spezie in un mercato a Costantinopoli, insegnava al nipote come una cartolina che arriva da lontano non debba essere solo guardata, ma possibilmente immersa nel sacco della cannella o del pepe in grani, in modo che il piacere di osservare sia arricchito da quello di annusare. E tutto si componeva in un'esperienza educativa di indescrivibile e rara magia.

La manualità del cucinare insegna anche ad assaporare un gusto lento del tempo, dunque i termini dell'ascolto, di parole e musiche, la colonna sonora della nostra vita: un'«inutile» chiacchierata, il narrare storie. Un enorme potenziale educativo, soprattutto dal punto di vista emotivo.

È il tempo lento della mitezza: non si può educare senza esser capaci di scegliere la mitezza.

Il maestro è mite per definizione.

Il secondo esempio riguarda un aspetto apparentemente banale della nostra quotidianità.

Osserviamo la gente che gremisce una pizzeria la sera del sabato: quanti padri si affrettano a tagliare la pizza a un figlio che ha già dieci o dodici anni? Pensiamo a ciò che succede ogni mattina in tantissime case: quante mamme continuano a rifare il letto a figli che magari studiano già all'università?

La manualità educa a costruire un saper fare individuale, dunque a una forma di libertà; ma quella stessa manualità, quando arriva a imbastire queste servili ritualità domestiche, collabora alla tessitura di un pesante legame di reciproca dipendenza.

Eppure ho appena fatto due esempi tra i piú comuni nel nostro panorama familiare, perché dunque i genitori vi ricorrono cosí frequentemente?

Mettere le mani nel piatto o nel letto di un figlio è rassicurante quanto mantenere integro un cordone ombelicale.

La pratica del piccolo ostinato aiuto materiale a un figlio è invasiva, penetra totalmente nella sua intimità.

In entrambi i casi, si tratta di ritualità ansiolitiche, ambigue, ben lontane da una valenza educativa.

Compito di un genitore moderno potrebbe dunque utilmente essere riscoprire e rinominare gesti e riti della quotidianità, da un lato per conferire senso a ciò che rischiamo di scartare con grave danno per l'apprendistato emotivo dei nostri figli (la manualità affettiva), dall'altro per valutare con maggiore criticità ciò che tendiamo a perpetuare senza una ragione educativa.

Ho paura però che i passatelli o le tagliatelle le nonne e le mamme non li facciano quasi piú ai loro bambini. Il rito della manualità culinaria si è trasferito dalle cucine sature d'emozioni agli ipermercati illuminati dai neon.

Negli enormi zaini da sherpa himalayani, da cui le nostre piccole creature sono gravate ogni mattina per andare e tornare da scuola albergano non solo libri e vocabolari, ma anche «le merendine», ovvero il sostitutivo inerte dell'abilità culinaria.

Quasi impossibile per una madre o un padre opporsi a ciò che una sempre piú invadente pubblicità propone e impone.

I dati piú recenti sono allarmanti e provengono dagli Usa, il Paese piú obeso del mondo, ma da qualche anno anche l'Europa sembra voler allinearsi, anche se qualcuno cerca di resistere a costo di trasformare bambini e adolescenti in clienti di dietologi, personal trainer, psicologi.

In realtà, la scelta dei cibi cela un acuto bisogno di relazione.

Negli Stati Uniti il cambiamento nel modo di alimentare i figli è avvenuto infatti per esigenze squisitamente organizzative: la famiglia americana ha smesso da decenni di esistere in quanto gruppo affettivo complesso e aggregato, diventando una sommatoria di individui ciascuno con i propri tempi, la propria rigida quotidianità.

Dietro a qualche immagine pubblicitaria di famiglia che siede attorno al tavolo della cucina alle sette di mattina per scaldarsi un toast o bere un succo vitaminico, c'è l'esatto contrario: la fretta, la corsa all'ufficio o a scuola, lo sfiorarsi di sguardi proiettati altrove. E poi un silenzio che dura la giornata intera.

In questo disfacimento di ritualità collettive, la relazione affettiva deve recuperare sui propri sensi di colpa, e il cibo è tradizionalmente uno strumento adatto.

La merendina, infatti, non riempie un bisogno nutrizionale, quanto piuttosto seda l'insicurezza dei genitori: se il figlio mangia vuol dire che sta bene e dunque il padre e la madre non stanno sbagliando con lui; se invece rifiuta il cibo, automaticamente si sentono in colpa, pensano subito di essere inadeguati.

La merendina ha successo perché risponde a bisogni indotti in bambini e adolescenti dalle pubblicità: e a questi bisogni è finalmente semplice, gratificante, rispondere.

D'altro canto, la valenza subliminale del messaggio mediatico non fa leva sui contenuti nutrizionali, ma sull'identità: se un bimbo si presentasse a scuola con un sano sfilatino imbottito di salame, sarebbe estromesso dal gruppo di amici; invece quel tipo particolare di snack dice chi è quel giovane, certifica l'avvenuto adeguamento ai tempi e alle mode, conferma che sei socialmente accettabile. Ciò vale per i ragazzi, ma anche, e forse ancor di piú, per i genitori.

L'induzione a simili consumi cela un'altra insidia: la tendenza a una crescita autarchica. La pubblicità non riuscirà mai a fare comunicare generazioni diverse attraverso uno stesso prodotto: la merendina è e rimane cibo per bambini, solo per loro. L'ormai obsoleto pane e mortadella era trasversale: lo mangiava il nonno, lo portava il papà al lavoro e il bambino nella cartella.

Oggi, attraverso la somministrazione di tortine o biscotti di riso soffiato, un adulto vuol comprare anche un pezzo dell'identità di quei giovani, tale proprio nella misura in cui li distingue dalle generazioni precedenti. Una identità pagata a caro prezzo: isolamento, creazione di compartimenti stagni all'interno di un nucleo familiare, rinuncia a un'appartenenza trans-generazionale.

Il problema – il veleno – non si nasconde dunque tra i tassi d'obesità (cosí visibili), ma nella fruizione sempre piú solipsistica del cibo all'interno della rete familiare e nella scomposizione della stessa. In futuro potremmo trovarci a mangiare ognuno il proprio pasto da solo, ognuno alla propria ora, ognuno davanti al proprio elettrodomestico, tristi e autarchici.

Una scuola concreta

Dopo tanti anni che giro l'Italia a tenere conferenze, ho imparato a non chiedere prima a quale pubblico mi dovrò rivolgere. In questo modo non rischio di subire l'influenza dell'ambiente e mi sento piú libero di dire ciò che ritengo utile, anche a costo di urtare qualche suscettibilità.

Una sera d'inverno l'appuntamento è in una scuola di Monza. All'ora pattuita mi presento al cancello dell'istituto: il giardino, i viali ben curati, l'ampiezza dell'atrio dovrebbero farmi presagire che sto per entrare in un luogo non proprio popolare, ma la mia distrazione, o forse la stanchezza, mi conducono fino alla cattedra dell'aula magna senza dar troppo peso a quegli indizi.

Argomento della conferenza è il ruolo della scuola in rapporto all'educazione dei ragazzi. Cosí, nelle parole introduttive, cerco di chiarire il mio punto di vista sulle aspettative e sui compiti cui una scuola oggi dovrebbe rispondere. Noto però una crescente aria di sufficienza nelle persone che mi stanno ascoltando, soprattutto in chi mi siede a fianco: il preside dell'istituto. Non è irritazione, semmai quella sensazione di noia che si vede specchiata sul viso delle persone quando ascoltano qualcosa a loro già ampiamente noto.

La discussione che segue chiarisce in parte il mio presentimento: quel liceo già da anni aveva messo in atto molto di ciò che avevo descritto a proposito di un nuovo «modello di scuola» cui far riferimento.

Altre volte mi era capitato di esporre considerazioni simili e la reazione del pubblico aveva, in genere, marcato due modalità di risposta: da una parte chi – quasi sempre i genitori – auspicava quei cambiamenti, dall'altra chi – in genere gli insegnanti con piú anni di carriera – affermava trattarsi di un'irrealizzabile utopia.

A Monza invece, ad ascoltare gli interventi e le domande delle persone che riempiono la sala, quell'idea sembra quantomeno assai piú vicina che altrove a concretizzarsi. Il segreto dell'apparente diversità tra questa realtà e le molte altre che ho conosciuto nel Paese è facilmente comprensibile: si tratta di una scuola privata, le cui rette non sono certo alla portata di qualsiasi cittadino e ciò permette di realizzare una buona parte almeno di ciò che da tempo vado sperando.

Non si tratta di una fantasia, ma piú semplicemente di ciò che in buona parte d'Europa è realtà operante da anni, largamente condivisa da famiglie e corpo insegnante: quando una qualsiasi persona di buon senso cerca d'immaginare un'esperienza educativa pienamente inserita nel piú ampio contesto sociale ed economico, insomma una scuola adatta ai tempi che viviamo, non se la raffigura certo fatiscente nelle strutture, funzionante solo qualche ora al mattino, con docenti mal pagati e mai valutati nelle loro capacità didattiche, in grado soltanto d'insegnare la propria materia e non già di occuparsi della complessa personalità adolescente con cui hanno a che fare.

Non è dunque poi cosí strano che cittadini benestanti vogliano, anzi pretendano, per i propri figli una scuola molto distante da quella quotidianamente frequentata dagli altri.

Durante il piccolo rinfresco organizzato nei locali della presidenza al termine dell'incontro, faccio una scoperta divertente.

Un signore, credo un rappresentante dei genitori, mi tesse le lodi di quella realtà e si dichiara felicemente sorpreso nell'aver percepito da parte mia – che evidentemente non potevo conoscere la filosofia cui quell'istituto s'ispira – una sintonia particolare. Continuando a discorrere della loro scuola, ed essendosi ormai convinto della mia totale estraneità al contesto, mi sussurra: «Ma allora proprio lei non sa nulla di questo liceo... e non sa nemmeno che tra gli iscritti ci sono anche i figli piú piccoli dell'onorevole Berlusconi?»

Mai nella vita avrei potuto immaginare di poter parlare nell'istituto frequentato dai figli del primo ministro!

Riflettendoci, la notizia è – spero non solo per me – straordinariamente positiva: come potrei non essere contento che il capo del governo della comunità cui appartengo abbia scelto per i propri figli proprio una scuola pensata, strutturata, organizzata nel modo che vado proponendo?

Mi chiedo anche però se in questo Paese, per aver diritto a una scuola a tempo pieno in ogni senso – ben oltre lo stereotipo di un'etichetta – occorra essere figli di miliardari o di capi di governo: se, infatti, chi può permettersi di scegliere opta per una scuola in tutto simile a un college inglese, perché questo modello non può essere praticabile per qualsiasi altro adolescente? Perché, al contrario, proprio il ministro dell'istruzione del governo guidato dall'onorevole Silvio Berlusconi ha deciso di programmare, attraverso una giustamente contestata riforma, una scuola pubblica che dal punto di vista educativo rappresenta l'opposto di quella scelta dal premier per i propri figli? Se l'onorevole Berlusconi avesse invitato il suo ministro a visitarla, noi cittadini non dovremmo fare i conti con il declino voluto in questi anni da una somma d'incompetenze create da interessi di lobby e di categoria (basterebbe ricordare la povertà culturale e l'arretratezza di certe proposte sindacali).

Non ho mai creduto che una scuola privata possa essere portata ad esempio, anzi ritengo che un istituto che opera una selezione sulla classe sociale dei propri allievi sia di per sé educativamente fallimentare. Proprio perché l'obiettivo è quello di educare e non semplicemente di istruire, un adolescente deve avere l'opportunità di crescere potendo e dovendo confrontarsi con la complessità delle realtà sociali, economiche e culturali: è questo confronto a offrirgli una concreta possibilità di orientamento e di crescita.

Educare non significa infatti occuparsi prioritariamente dei primi della classe (come fanno molti insegnanti oggi, «lasciando perdere» gli altri) o dei figli dei privilegiati, per la semplice ragione che il talento può nascondersi anche tra gli ultimi (anzi penso che sia questo il caso piú frequente).

Non credo si possano nutrire dubbi sul fatto che, per un giovane, venire a contatto, scoprire, essere contaminato da chi dimostra capacità, intelligenza e creatività –

al di là di ogni appartenenza sociale – rappresenti una fondamentale esperienza di crescita: e ciò può avvenire soltanto se la scuola è in grado d'offrire una reale – non virtuale – occasione di scambio.

Penso, ad esempio, al rapporto tra competitività e mitezza.

Se un ragazzo trascorre il proprio tempo in una scuola per miliardari, difficilmente potrà evitare di conoscere la pratica dell'indifferenza, a volte anche della protervia e dell'arroganza, nei confronti dell'altro: tratti spesso comuni a chi ha conquistato il privilegio a colpi di gomito e d'astuzie. D'altra parte è utile ricordare che l'indifferenza è la tipologia di relazione che si può raggiungere esercitando il minor talento possibile.

Consentendo, invece, a un adolescente il confronto con un mondo che vive anche altri valori – la modestia, l'umiltà, il senso empatico della relazione – gli si permetterà di guardare con occhi diversi le differenti realtà e di scegliere consapevolmente a quale appartenere, in quale svolgere la propria esistenza.

Vorrei però tornare alla questione lasciata in sospeso: quale proposta per una scuola adeguata alla complessità delle esigenze di oggi? Quale ruolo, quale organizzazione? Mi avvalgo di un paio di esempi.

Non molte settimane dopo l'incontro con i genitori e gli insegnanti dell'istituto di Monza, ricevo un invito da parte di una scuola di Bari. Anche in questa circostanza utilizzo il metodo di non chiedere null'altro se non l'indirizzo.

È l'imbrunire, la periferia barese è invasa dalle automobili di chi sta tornando a casa dal lavoro. Man mano che mi allontano dal centro della città, il degrado assume le forme ancor piú dense della sciatteria, della sporcizia, del caos: cornice urbana di assoluta disperazione dove sembra impossibile pensare a qualcosa che abbia a che fare con l'educare, ma dove invece s'annida sovente la sorpresa.

Cerco d'immaginare il tipo di scuola verso la quale mi sto dirigendo, penso a uno di quei luoghi tante volte visitati, contagiati da un disordine allegro, animati da coraggio e buona volontà, dove s'incontrano insegnanti sospesi tra l'obbligo a essere valorosi, quasi eroici, e la resa alla marginalità e al disinteresse sociale cui da un tempo infinito sembrano costretti.

Questa volta però la situazione è opposta: fin dall'ingresso, l'impressione è quella di una sorta di enclave svizzera nel cuore del meridione piú martirizzato. Una costruzione moderna con soffitti sostenuti da grandi travi di legno lamellare che rendono quei volumi ancor piú ariosi e alieni al contesto appena attraversato e annusato. Una smisurata palestra sottolinea una presenza forte, quasi intimidente.

Nemmeno questa volta sono in una scuola come tante altre (ma forse è pur giusto che ognuna parli per sé): lo si nota dall'orgoglio con cui la dirigente mi accompagna in un breve giro per farmi conoscere l'ambiente e qualcosa del suo metodo.

Non è una media superiore come a Monza, ma un istituto comprensivo che raggruppa classi di materna, elementari e medie.

Ciò che colpisce è l'organizzazione che disciplina – è proprio il caso di dire – il rapporto tra insegnanti e genitori. Una partecipazione delle famiglie ordita in senso quasi militaresco: a sorte, ciascuna deve riunirne nella propria casa altre per parlare dei programmi e valutare le attività.

La direttrice mi spiega che la palestra non è utilizzata soltanto dai bambini ma anche, la sera, dai loro genitori in modo da creare una comunità coesa e comunicante.

Un foglio attaccato alla porta colorata di una classe attira la mia attenzione: non vi sono indicate direttive riguardanti gli alunni ma ancora i genitori, che devono controllare il lavoro quotidiano dei figli; è appuntata anche la sonata di Bach che la sera dovranno ascoltare insieme (obbligatoriamente quel brano, non altri). Un intreccio che realizza una rete di controllo reciproco tra insegnanti, allievi e famiglie, e sfiora quasi l'ossessione.

Alla fine della visita, mi capita di affacciarmi a una porta lungo il corridoio d'ingresso: la cappella della scuola. Sulla parete di fondo, un grande ritratto non lascia dubbi circa l'ispirazione che disciplina in modo cosí preciso questo istituto: è José María Escrivá de Balaguer, il religioso spagnolo fondatore dell'Opus Dei.

È comprensibile che un'organizzazione come quella descritta abbia i suoi vantaggi: l'estrema coesione del blocco sociale che unisce genitori e insegnanti tende a promuovere unanimità – eccessiva? – nei momenti decisionali, condivisione della «missione» della scuola e (iper)controllo sulla crescita dei figli.

Una realtà che, in modo simile a quella monzese, segnala da un lato l'alta aspettativa di quelle famiglie, dall'altro la difficoltà a decidere da sole cosa fare e come.

Giungo a considerazioni paradossalmente non molto diverse alla fine di un incontro in una scuola nella campagna veronese (anche in questo caso asilo, elementare e media inferiore) a impostazione steineriana (Steiner è il filosofo e pedagogista d'origine austriaca creatore della «scuola Waldorf», ovvero dell'idea di scuola come arte).

Ho detto «paradossalmente» perché potrebbero sembrare due mondi assolutamente diversi e incomparabili: Monza e Bari, luoghi estremamente disciplinati e dediti a una missione precisa; Verona, luogo libero e creativo dove i bambini son lasciati crescere senza imposizioni e dove la cultura d'appartenenza (vale per insegnanti e genitori) fa trasparire tracce di un pensiero volutamente anticonformista, con qualche velleità di antagonismo.

In realtà, in entrambi si nota una ricerca di rigidità, come se le famiglie sentissero un gran bisogno di regole ben chiare, di ricette ben articolate e con poco margine per l'interpretazione, quasi che l'esercizio del dubbio dovesse essere bandito dalla pratica educativa (e ciò proprio in contraddizione con lo stesso pensiero steineriano che aborriva le «ricette pedagogiche»).

In questi ultimi anni, evidentemente, i genitori hanno elaborato un'esigenza d'indiscutibile magistralità, un bisogno di modelli prestabiliti, di impegni precisamente declinati. Che poi il regolamento provenga dall'interpretazione delle idee di Jose María Escrivá de Balaguer o di Rudolf Steiner o di Maria Montessori o di Don Milani poco importa.

Vi sono molti papà e molte mamme che hanno bisogno di essere accompagnati per mano nel proprio mestiere di educatori, tanto quanto lo sono molti insegnanti.

L'educare, faticosamente fuoriuscito dal medioevo dell'autoritarismo, rischia dunque d'incagliarsi tra le nebbie delle rigidità delle nuove pratiche pedagogiche, alla ricerca di un unico faro, di un riferimento non solo teorico, ma soprattutto empirico.

Non voglio essere eccessivamente critico nei confronti di questa diffusa esigenza, anzi cerco di rispettarla profondamente. Credo però che occorra quanto prima passare alla progettazione e costruzione di una fase successiva, senza ignorare le esigenze di magistralità, ma anche senza cadere nell'ovvietà e semplificazione del dogma.

Torno dunque all'idea di progettare una scuola per il futuro della nostra comunità. Ognuna delle esperienze che ho incontrato – ovviamente non solo a Monza, Bari o Verona – converge su un punto fondamentale alla sua architettura organizzativa: il tempo.

La scuola attuale, nella maggioranza dei casi, non dispone di tempo sufficiente e quindi tende a delegarne la necessaria estensione ad altre agenzie: famiglia, associazioni per attività sportive e creative ecc. La questione non è quella, trita e ritrita, del «tempo pieno» o di quello «prolungato» o dei rientri settimanali: opzioni spesso tradotte in un sindacalese che offende l'intelligenza dei cittadini e perde di vista il punto fondamentale. Educare significa aiutare a crescere. Dunque, occorre che chiunque ricopra questo ruolo – ovvero potenzialmente ogni adulto giacché i bambini e gli adolescenti guardano ai piú grandi, anche se in questo caso mi riferisco specificamente agli insegnanti – pensi al tempo come a una dimensione obbligata per capire la complessità di chi sta crescendo.

Basterebbe pensare al possibile ruolo di un servizio semplice come la mensa scolastica. Chi potrebbe negare che pranzare assieme ai propri amici e compagni sia incomparabilmente piú utile per la crescita di un adolescente che riscaldare a casa la cotoletta lasciata dalla mamma prima di andare a lavorare? La mensa scolastica è un laboratorio fondamentale per imparare a vivere: in quel breve tempo, apparentemente senza scopo se non quello nutritivo, si può capire l'importanza del rispetto per l'altro, si può verificare nella pratica di tutti i giorni cosa significhino le differenze individuali. Materie fondamentali per crescere consapevoli.

Si pensi all'importanza della mensa scolastica nella vita di una ragazza che, mettiamo, abbia sedici anni, pesi ventotto chili e alla quale da mesi siano sparite le mestruazioni. Qualche psichiatra la chiama anoressica, invece il suo nome è Valentina, cioè è una persona.

C'è qualcuno che può davvero pensare che sia piú utile per Valentina tornare a casa all'ora di pranzo per guardare da sola il frigorifero, totem della sua infelicità?

Non sarebbe forse meglio per lei rimanere a scuola con altri venti ragazzi e ragazze seduti intorno a un tavolo, dove Patrizia le verrà a sedersi vicino e dopo qualche minuto le dirà: «Come mai non mangi? Guarda che anch'io facevo come te un anno fa... erano mesi che non parlavo piú col mio babbo e per me era un dolore terribile tanto che non mi andava piú di vivere, avevo lasciato anche il ragazzo, non mangiavo, volevo solo dormire, speravo di non svegliarmi piú...»

Cosí quella ragazza troppo magra potrebbe cominciare a pensare di non essere l'unica al mondo a sentire quei dolori dentro, ma che se ne può parlare senza vergognarsi, che non sono patologie da raccontare necessariamente a una psicologa, ma nodi dell'esistenza in cui è strategico poter contare su qualcuno che ti capisca, qualcuno che ti si sieda a fianco.

Naturalmente un tempo pieno scolastico corrisponde a una nuova responsabilità anche per la famiglie: chiudere le scuole il sabato implica la possibilità (ma anche la disponibilità) a esserci per un lungo week-end. Quando un provveditore agli studi di una grande città del nord lo propose alle scuole medie superiori vi fu una protesta di piazza: genitori e insegnanti uniti nella lotta per una scuola mediocre e inutile.

Cose strane, osservazioni avventate? È diventata una utopia pensare che tutte le scuole abbiano una mensa, ovvero un tempo per accompagnarsi l'un l'altro? Non ce lo possiamo permettere economicamente, come dicono al ministero? Eppure i soldi per due scarpe di marca all'anno non sono in pochi a poterli spendere. Dunque?

Dunque si tratta di mancanza di progettualità: quando pensiamo ai nostri ragazzi rischiamo sempre di essere sciatti, di produrre solo idee a buon mercato, e qualcuno si rassicurerà convincendosi che la crescita gioiosa dei propri figli non si costruisce cercando quotidianamente il tempo, ma la si acquista all'ipermercato, con una carta di credito.

Quando un genitore va a colloquio con l'insegnante del figlio, solitamente fa una domanda assolutamente inutile: «Come va mio figlio in matematica, o in chimica, o in italiano ecc.?» La qual cosa è del tutto irrilevante, se vuole capire *come* sta crescendo un ragazzo: andare bene o male in una certa materia non è cosí centrale, rispetto a ciò che dovrebbe davvero interessare a un genitore.

Se va benissimo in matematica, possiamo dedurre che per questo sia sereno? Un genitore dovrà pur essere primariamente interessato a sapere come sta maturando suo figlio o sua figlia: occuparsi o preoccuparsi soltanto delle sue capacità cognitive è tanto limitativo quanto osservarne esclusivamente la crescita somatica. Se si è insufficienti in matematica con qualche settimana di studio si può raggiungere la promozione, ma se non si ha fiducia in se stessi o capacità d'autonomia chi può proporsi per aiutare quell'adolescente?

La scuola, dunque, può e deve avere un compito strategico nella valutazione della serenità con cui un ragazzo o una ragazza sta crescendo.

Probabilmente, allora, la domanda piú interessante va declinata nella sua forma piú breve: «Come va mio figlio?» Fermiamoci lí per un attimo, proviamo ad attivare un contatto e un confronto diretto tra adulti – genitore e insegnante – per chiederci reciprocamente: «Come lo vede lei? È arrivato in questa classe a settembre e ora siamo a maggio: che impressione le ha fatto durante tutto questo tempo? È sempre uguale?» Impossibile, non è un criceto, forse è andato avanti o forse no... E poi, cosa vuol dire «andare avanti» per un ragazzo? Maturare? Essere piú consapevole e sicuro di sé? Essere diventato piú sensibile?

Il mondo della scuola deve assolutamente trovare una propria competenza nel rispondere a queste domande, non può delegarlo ad altri perché è compito di un insegnante saper valutare l'evoluzione – non solo cognitiva, ma anche adattativa, emotiva e relazionale – di un adolescente. Per poi saperla confrontare con chi – il padre, la madre – non può vedere quel figlio o quella figlia alle undici di mattina assieme ad altri trenta o quaranta suoi compagni e compagne. Magari quel genitore riuscirà a parlargli la sera tardi, quando entrambi sono stanchi e comunque quel ragazzo è fuori dall'altro suo ambiente d'appartenenza: ovvio che la valutazione sarà condizionata dal tempo di osservazione, quindi essa ha il bisogno assoluto di complementarsi con ciò che la scuola può offrire in quanto insostituibile luogo di osservazione.

Parlo di genitori ma non vorrei fermarmi a loro. Ho letto recentemente che in un Paese scandinavo hanno deciso di abolire, tranne un incontro semestrale, negli ultimi anni della scuola media superiore, i colloqui con i genitori e di sostituirli con incontri diretti con gli adolescenti. Perché dover dire a una mamma che il figlio sedicenne non va bene a scuola e non dirlo in faccia proprio a lui, con il risultato di responsabilizzarlo immediatamente?

È un ulteriore esempio che porta alla costruzione, sicura e coerente, dell'autonomia di giudizio su di sé di un giovane.

Per far ciò, occorre che la scuola si doti di un tempo di cui al momento non dispone. Non intendo una dimensione solo quantitativa (che comunque ha una fondamentale importanza), ma anche qualitativa. Prendiamone un aspetto chiave: il tempo dell'osservare.

Un insegnante non può certo pretendere di comprendere la crescita di un adolescente soltanto quando lo interroga: la risposta a quelle domande può essere agevolata da una capacità soprattutto mnemonica o ripetitiva e comunque non dice nulla o quasi dell'evoluzione psicologica di quella persona. Per capire qualcosa di piú occorrerebbe, ad esempio, poter osservare un adolescente mentre gioca a pallavolo assieme ai suoi amici: da come quel ragazzo o quella ragazza reagisce alla vittoria o alla sconfitta, da come vive il gruppo, da come ne è al centro o alla periferia, l'insegnante (non solo quello di ginnastica) potrebbe umilmente capire con quale adolescente stia avendo a che fare, aiutarsi a decifrarne i bisogni.

Ma allora occorre creare le condizioni affinché un insegnante possa trascorrere a scuola il tempo necessario per comprendere con chi sta crescendo (perché anche l'educatore cresce educando). E soprattutto si deve formarlo ad accettare questa sfida. Un insegnante laureato in lettere non è detto che sappia insegnare l'italiano: dunque chi valuta quelle capacità di relazione? Chi sa valutare nel corso degli anni le competenze educative di un professore? Quando un ministro, qualche anno fa, provò ad accennare all'argomento ci fu uno sciopero nazionale cui aderirono tutti i sindacati.

Chi difende gli adolescenti dall'improvvisazione e dalle incapacità educative di chi lavora nella scuola? Non certo il ministero, né i sindacati di categoria.

L'annoso dibattito sulla figura del *tutor* fa capire che tutto ciò è molto lontano dall'essere compreso.

Il tutor è una figura centrale in un'istituzione che voglia essere davvero educativa, un adulto di riferimento essenziale per un adolescente, e non solo per conoscenze acquisite ma per capacità empatiche, di ascolto e di relazione. Il *tutor* deve saper assumere su di sé – ed esercitarle – una delle caratteristiche piú alte e raffinate dell'educare: saper comunicare anche senza parole. Per far questo occorre una preparazione specifica, in un ruolo cosí delicato le improvvisazioni possono risultare devastanti.

D'altra parte ho sempre pensato che la professione dell'insegnante non sia e non debba essere un mestiere per chiunque: una comunità civile dovrebbe pur saperlo. Eppure, al ministero dell'istruzione queste semplici parole risultano aliene. E i risultati si vedono.

Qualche tempo fa il preside di un liceo classico di Milano mi ha raccontato di aver chiesto qualche consiglio agli studenti per redigere il piano della «proposta formativa» che l'istituto si apprestava a render pubblica.

Le ragazze e i ragazzi interpellati hanno suggerito – e non si trattava di un'attività prevista come breve o episodica, ma spalmata lungo l'intero anno scolastico – lezioni di danza del ventre. Non volevano essere provocatori, né fare una richiesta esotica (oltre tutto l'ombelico delle ragazze è già molto in vista, in questo periodo, e non ha bisogno di particolari occasioni per essere esibito).

Ciò che quegli adolescenti volevano ricordare a noi

adulti sordastri è semmai che hanno un corpo, non solo una testa, quindi bisogno di comunicare anche non verbalmente: qualcosa che va ben al di là di un insegnamento frontale, ascolto solo se interrogati, espressione di sé solo attraverso parole scritte.

Una scuola oggi avrebbe bisogno di *tutors* complici e preparati, ma anche di maestri di ballo, di poeti, di mimi: i ragazzi imparerebbero a non diffidare del proprio mondo interiore, del proprio bagaglio emotivo. Imparerebbero anche a usarlo, e si arricchirebbero la vita nella vita.

Dunque, un luogo dotato di figure professionali nuove e appassionate, ma anche di un tempo che insegni la necessità di imparare e il diritto a essere ascoltati.

Il tempo, ancora una volta. Un tempo che implichi anche una riconsiderazione della stessa nostra quotidianità. Penso a una ripartizione piú chiara tra tempo dell'apprendimento e tempo delle relazioni familiari e sociali. Si tratta di una necessità dettata anche dai profondi cambiamenti socioeconomici che hanno trasformato l'organizzazione familiare.

Nella provincia di Treviso, le statistiche dicono che oltre il novanta per cento delle donne lavora, ciò significa che dalle otto di mattina alle cinque-sei di sera in casa non c'è nessun adulto (i nonni, come abbiamo visto, sono spesso lontani). Dunque che senso ha obbligare un adolescente a tornare alle due? non fargli perdere l'inizio della trasmissione di Maria De Filippi? non abbiamo nulla di meglio da offrirgli? non è preferibile un luogo educativo con compagni e amici, invece di presenze virtuali?

Guarda caso, né a Monza né a Bari né a Verona sarebbe accettabile l'idea di una scuola che smobiliti all'una e mezza di pomeriggio.

Perché allora non pensare – proprio sull'onda delle esperienze descritte, come di quelle in vigore in mezza Europa – a un tempo scuola utile a un adolescente per essere aiutato e aiutarsi a crescere e imparare, ma anche agli insegnanti per valutare con maggior competenza e profondità la sua maturazione?

Penso a una scuola in grado di esaurire in sé le necessità di studio, di confronto, di ascolto.

Non credo di esser l'unico a sognare una scuola finalmente riscattata da un'antica tradizione sadica: i compiti a casa.

L'ho sperimentato con mia figlia nel suo primo giorno di vacanza alla fine della prima elementare. Mi aveva fatto vedere dei grossi quaderni, e quando le avevo chiesto a cosa servissero, mi aveva risposto candidamente: «I compiti per le vacanze!» Come se un insegnante volesse dire a quella bambina: «Tu vuoi andare al mare, vero? E io ti dico che ci puoi andare ma con i sensi di colpa, e ogni volta che vorrai farti un bagno in piú dovrai pensare a che pagina sei arrivata e a quante te ne mancano... poi arriverà la fine di agosto e tu dovrai telefonare con il patema d'animo alla tua amichetta del cuore per chiederle quante pagine ha fatto, e scoprire che sarà sempre piú avanti di te...»

Una sorta di programmazione all'ansia, un'induzione a vivere il rapporto con la scuola con la stessa angoscia che gli adulti conoscono quando devono affrontare un impegno: vogliamo che fin da piccoli i nostri figli si abituino a sentire quel bruciorino alla bocca dello stomaco che segnala l'avvicinarsi di una scadenza.

Penso a una scuola liberata dalla necessità di ingombrare il restante tempo dei ragazzi con i compiti a casa. Quando chiedo a qualche insegnante di spiegarmi perché si tenda ad aumentare questo carico pomeridiano e serale, mi risponde che cosí imparano un metodo di studio: come se un adolescente potesse apprendere qualcosa da solo, tra PlayStation e internet, tra un concerto rock su Mtv e un panino con la Nutella!

Ma forse un cambiamento in atto c'è, qualche settimana fa ho letto su un quotidiano romano di una rivolta di madri e di padri contro i compiti a casa: era ora! I genitori cominciano ad avere coscienza dell'insensatezza di questa tradizione tutta italiana. Ma soprattutto cominciano a capire che la quantità del lavoro scolastico domestico è inversamente proporzionale alla qualità dell'istituto che i figli frequentano.

D'altra parte non si è mai sentito dire che un operaio della Fiat si debba portare a casa un tergicristallo per rifinirlo! E allora perché dovrebbe essere cosí ovvio sopportare l'idea che i nostri ragazzi inizino a lavorare alle otto di mattina per smettere certe volte a mezzanotte (almeno cosí pretenderebbero certi istituti «paludati»)?

Quando una scuola funziona riesce a essere autonoma, cioè a esaurire entro i propri tempi (che dunque non possono essere quelli attualmente previsti nella stragrande maggioranza dei casi) ogni attività, rimandando al giorno seguente ciò che non è riuscita a fare o a completare. Esattamente come accade in una qualsiasi bottega artigiana.

L'importanza di rendere autarchiche le scuole, inoltre, non riguarda solo l'abolizione di un aspetto deplorevolmente sadico, ma la facilitazione del rapporto fra genitori e figli. Se un adolescente è costretto a rimanere sui libri per tante ore (sviluppando cosí una resistenza inossidabile nei confronti di qualsiasi interesse culturale futuro), non potrà essere disponibile ad alcuna relazione familiare, a parte il breve rito della cena. Come fanno dunque un padre e una madre a discutere e ad ascoltare i propri figli, se sono impegnati in altro? perché gli uni e gli altri non possono sentirsi liberi di passare del tempo insieme senza il tarlo di impegni scolastici casalinghi?

Il modello autarchico non significa – lo dico per evitare una possibile e giusta obiezione – impedire a un adolescente di studiare anche da solo. L'apprendimento è un esercizio individuale – oltre che di gruppo – e questa fatica dev'essere affrontata da ciascuno. Ma la modalità dei «compiti a casa» rappresenta l'esatto opposto: quanti parenti o adulti a pagamento sono chiamati a supplenze pomeridiane? Quanti genitori impegnano cosí i dopocena?

Piú si osserva la scuola dall'esterno, meno si comprendono certe sue regole codificate.

Durante l'anno scolastico sembra che gli insegnanti non abbiano tempo che per seguire i programmi ministeriali, poi arriva giugno e tutto si ferma senza alcun comprensibile motivo: troppo caldo? neanche stare a casa a giugno o luglio rinfresca; bambini e adolescenti stanchi? in ogni caso non hanno certo bisogno di tre mesi di riposo: un tempo infinito che porta alla noia; insegnanti da far rifiatare?

La comunità paga anche l'estate della scuola, senza protestare; anzi le famiglie italiane si trovano costrette a spendere denaro per baby-sitter e iscrizioni a campi estivi delle piú diverse ispirazioni; oppure a pregare i nonni di intervenire in qualche modo: nessuno sembra aver mai pensato che «la tassa sull'estate» sia iniqua e rappresenti una delle cartine di tornasole del malfunzionamento dell'istituzione scolastica.

Perché, dunque, interrompere un'attività educativa così importante?

Se d'estate l'attività potesse continuare con modalità e in luoghi diversi da quelli tradizionali, ciò potrebbe rappresentare un utilissimo ausilio alla crescita.

Che cosa fanno gli operatori di un campo estivo che un insegnante non sarebbe in grado di organizzare? Teoricamente nulla, anzi potrebbe essere molto utile continuare l'osservazione di un bambino o un adolescente anche in un ambiente diverso dalle quattro mura scolastiche: se Marco o Valentina sono messi nella condizione di dover tirare su una tenda in un bosco, l'insegnante con loro ha l'incomparabile possibilità di comprenderne il grado di autonomia piú facilmente (e da un'angolatura diversa) che durante l'anno scolastico (con l'unica eccezione, guarda caso, della settimana bianca o di una gita primaverile).

La differenza tra il delegare quest'opportunità a un professionista dell'animazione estiva e il farla rientrare tra i compiti di un educatore è fondamentale: si tratta di unificare un processo conoscitivo attraverso le varie possibilità espressive del bambino e dell'adolescente, invece di stratificarle, differenziandole, tra un'agenzia e un'altra.

Se la nostra Valentina va a scuola, poi a nuoto e poi ancora frequenta un corso di scultura e pittura, avrà di fronte a sé una pletora di educatori ognuno dei quali la guarderà crescere ma ciascuno per conto proprio, utilizzando personali schemi interpretativi senza mai l'opportunità di confrontarli, correlarli: ma Valentina è innanzitutto una persona, non già una sommatoria di capacità o un inventario di comportamenti. Chi può dire di conoscerla davvero? L'insegnante, il maestro di nuoto, l'artista: ognuno pensa di sapere qualcosa di lei, ma in realtà ciascuno di questa costellazione di adulti conosce solo un aspetto di Valentina.

Un ulteriore esempio tratto da una mia esperienza diretta.

Per un paio d'anni sono stato consulente di un'azienda che si occupa di turismo giovanile inteso sia come gite scolastiche, sia come vacanze estive, organizzate in proprio. Abbiamo realizzato un progetto (soggiorno di due settimane in un casolare vicino a Volterra) con l'obiettivo di stimolare i giovani partecipanti (pre-adolescenti) a sviluppare il massimo grado possibile di autonomia.

Quando l'idea fu presentata, i responsabili dell'organizzazione registrarono un grande consenso da parte delle famiglie. Nel momento in cui però i genitori si accorsero che la prima regola del protocollo d'intesa era la proibizione di portare con sé il cellulare (un telefono fisso funzionava nel casale ogni sera per un paio d'ore), sorsero dubbi pesanti e fu molto difficile riuscire a convincerli della bontà dell'idea: eppure non è difficile comprendere che un figlio che telefona poco si sta divertendo di piú di uno che telefona alla mamma sei volte al giorno.

Vengo al punto. Di fronte a questa diffusa fragilità di competenze educative familiari, chi può davvero sentirsi in grado di rassicurare padri e madri sulla capacità di autonomia dei figli: gli insegnanti di scuola o gli operatori di quel casale toscano? Questi ultimi, evidentemente. E allora, se la scuola è cosí impossibilitata a valutare un fondamentale elemento di crescita, come fanno i genitori a credere nella maturazione dei figli se non li iscrivono a quei rari luoghi dove ciò rappresenta l'obiettivo da conseguire? Di qui la necessità di pensare a un progetto educativo unitario che, oltre agli insegnanti, possa avvalersi di figure professionali con formazione diversa (ognuna valutabile nelle proprie capacità) e di tempi-spazi differenziati in cui mettere in pratica tutto questo.

Il tempo della crescita, il tempo dell'educare hanno dunque anche una dimensione spaziale, esterna ma anche interna all'agenzia educativa tradizionale. Se si chiede agli studenti come progetterebbero la propria scuola, difficilmente si ottengono risposte banali.

È esattamente ciò che mi è capitato in un liceo scientifico del Trentino.

In particolare, un ragazzo mi suggerisce una proposta straordinaria: «A me piacerebbe che la mia scuola avesse un suo proprio centro, ovvero un'idea, un luogo per tutti noi che la frequentiamo: dovrebbe essere uno spazio tipo una piazza, anzi un mercato, un *suk* arabo, per esempio...» «Un *suk* arabo in Trentino?» chiedo incuriosito. «Certo, un luogo dove ognuno di noi potrebbe portare ed esporre le proprie mercanzie, cioè le nostre fantasie, aspettative, progetti di vita, ma anche sogni, curiosità, passioni...»

Quel ragazzo di Val di Non dice a tutti una cosa fondamentale: la crescita deve possedere un centro proprio, ha bisogno di un luogo per rappresentarsi: il teatro della vita che si dispiana e s'arriccia. Il loro luogo, il loro tempo.

Una scuola centrata sui ragazzi, non sui professori, non sul preside. Una quotidianità non imperniata sui frenetici, insulsi tempi di vita dei loro genitori.

Quel ragazzo indica il senso del crescere, la via dell'educare. Un luogo dove un insegnante potrebbe umilmente osservare, da dove cominciare a sentire, prima di voler capire; un tempo in cui concedersi la necessità di ascoltare, prima dell'improbabile lusso di comprendere. E cosí potrebbe fare un genitore, cosí un sindaco, cosí un nonno. Un luogo visibile tra loro e per noi.

Un *suk* che permetta ai ragazzi di essere da qualche parte – la loro – e di appartenervi: se cosí fosse, riconoscerebbero e rispetterebbero quel centro perché lo sentirebbero finalmente e pienamente proprio, mattone fondante la propria cultura, le proprie emozioni, i propri linguaggi. La propria vita.

E se quel *suk* emergesse anche tra le nebbie di adulti

vaganti insicuri e restituisse loro la gioia di scommettere assieme, di credere che il futuro sia sfida possibile, miraggio concreto, augurio colorato, allora quel ragazzo a nome di tutti i ragazzi e le ragazze della nostra comunità avrebbe fatto il piú sorprendente regalo a chi è piú grande di loro: la possibilità per ognuno di invecchiare meno egoista, meno cieco, piú sensibile all'aria attorno a lui.

«Ed eccoti in marcia per il tuo paese lontano, al di là delle sabbie e benedetto dalle acque, risalendo le distese fra un pozzo e il seguente come gradini di una scalinata... e insieme a dei muscoli ti si struttura un'anima».

Antoine de Saint-Exupéry

Indice

p. v *Prefazione all'edizione tascabile*

La gioia di educare

3 Non siamo capaci di ascoltarli

131 Voi, noi

241 I figli non crescono piú

245 *Parte prima*. La fatica di crescere

331 *Parte seconda*. L'educare possibile

377 *Parte terza*. Una scuola concreta

Stampato per conto della Casa editrice Einaudi
Presso Mondadori Printing S.p.a., Stabilimento N.S.M., Cles (Trento)

C.L. 19497

Edizione						Anno			
2	3	4	5	6	7	2008	2009	2010	2011